Klaus Möckel:
Hoffnung für Dan
Aus dem Alltag mit einem behinderten Kind

Mit 8 Fotos

Deutscher
Taschenbuch
Verlag

dtv

Auf die ursprüngliche Verfremdung der Namen von Dans Eltern wurde in der Taschenbuchausgabe verzichtet.

Ungekürzte Ausgabe
April 1993
Deutscher Taschenbuch Verlag GmbH & Co. KG, München

ISBN 3-355-00251-8
Umschlaggestaltung: Dieter Brumshagen
Umschlagfoto: Brigitte Sellin
Gesamtherstellung: C. H. Beck'sche Buchdruckerei, Nördlingen
Printed in Germany · ISBN 3-423-30355-7

Für Dans Mutter

1

Zehn Minuten mit der Straßenbahn, dann umsteigen und nochmals fünf Minuten fahren – ein kurzer Weg, trotz der Wartezeit am Anfang und zwischendurch. Kein Vergleich zu früher, als wir nach Steinberg mußten durch die halbe Stadt, ein gutes Drittel des Tages war schon wegen dieser zweimaligen Kutscherei weg. Der lange Weg von der Straßenbahnendhaltestelle zur Einrichtung ging in die Beine, und wenn der Junge sich abends sperrte, wußte man nicht, wie nach Hause kommen.

Jetzt, na ja, irgendwie schafft man es schon. Irgendwie schaffte man es ja auch damals, selbst wenn er sich in den Schmutz kniete, in die Pfützen, so daß Hosen und Unterhosen pitschnaß wurden, vor Dreck klebten, selbst wenn einen die Taxifahrer stehenließen, weil ihnen dieses Kind zu schwierig schien, wenn die Leute verständnislos, bedauernd oder indigniert zu einem herüberstarrten, wenn Dan sich mit all seiner Kraft dagegen stemmte, in die Bahn einzusteigen, wenn er brüllte und sich die halbe Fahrt über wie ein kleines Tier unter dem Sitz verkroch.

Ich erinnere mich an einen Abend, da er sich losgerissen hatte und mitten auf die Straße lief. Sieben Jahre muß er immerhin gewesen sein oder acht. Ich konnte nichts dagegen tun; es geschah so überraschend, daß ich nicht zum Eingreifen kam. Er lief ohne erkennbaren Grund auf die Fahrbahn und legte sich lang auf den Bauch.

Eine Riesenaufregung: Ein LKW rutscht mit quietschenden Bremsen auf ihn zu, der Gegenverkehr stoppt, nachfolgende Wagen hupen, eine Straßenbahn, zum Glück noch ein Stück entfernt, bimmelt wie verrückt, die Passanten bleiben stehen und schimpfen, eine alte Frau neben mir jammert wie aufgezogen »Ogottogottogottogott«. Der Fahrer des Lastwagens klettert gestikulierend und fluchend aus seiner Kabine; nein, es ist nichts passiert, Dan ist nicht zu Schaden gekommen, niemand hat sich bei dem jähen Bremsvorgang verletzt, nicht mal einen Auffahrunfall hat es gegeben. Nur mir stockt der Herzschlag, schmerzt mit einemmal die linke Brustseite, und ich bringe kein Wort heraus. Weiß nicht, wie ich auf die Fahrbahn komme, jedenfalls muß ich ziemlich blaß aussehen, denn der LKW-Fahrer, der drauf und dran ist, den Bengel zu vermöbeln (würde er's doch tun!), wird plötzlich ganz still. Er faßt mich am Arm und sagt: »Nun, nun, nun, junge Frau, beruhigen Sie sich, ist ja noch mal gut gegangen.« Gut gegangen, na schön, auf seine Weise hat er recht, bloß mir ist hundsmiserabel. Ein Gefühl inneren Elends, das sich nicht in Worte fassen läßt. Die Leute drängen sich um uns, gaffen. »Was ist los, warum geht's hier nicht weiter?« Andere lassen ihrer Entrüstung freien Lauf, sparen auch nicht mit guten Ratschlägen: »Hat man so was schon erlebt; kann die nicht besser aufpassen; eine Tracht Prügel hat er verdient, daß er nicht mehr weiß, was vorn und hinten ist.«

Er aber, der Sünder, einen Blick wie ein König, liegt auf der Straße, ohne sich um den Trubel zu scheren. Nein, er ist nicht gewillt, klein beizugeben, das Feld zu räumen. Als dann die Dämme in mir endlich brechen und ich ihn voller Wut und Verzweiflung anbrülle, ihn schüttle, zieht er bloß den Kopf ein. Völlig verspannt und verstockt, da helfen weder Schläge noch Zureden. Wir kennen das schon, es gäbe in dieser Situation nur ein Mittel: ihn eine halbe Stunde irgendwo einzusperren und zu sich kommen zu lassen. Aber wir sind ja unterwegs, mitten in der Stadt, und er liegt gut auf dem Asphalt. Ein warmer Tag, die Sonne scheint, ich erinnere mich genau. Ich versuche ihn am Arm zu packen und hochzuziehen – man glaubt nicht, was ein siebenjähriger Junge für eine Kraft entwikkeln kann. Er macht sich steif wie ein Brett und knurrt vor Empörung. Schließlich packt ihn der LKW-Fahrer und schleppt ihn zurück auf den Fußsteig. Wo er gekränkt noch zwanzig Minuten hocken bleibt. Ich komme mehr tot als lebendig nach Hause, heule den ganzen Abend.

Oder an jenem Tag im Winter – das muß ein Jahr früher gewesen sein –, als er gleichfalls unvermutet die Straßenseite wechselt. Keine Ahnung, was ihm in den Sinn gekommen ist, vielleicht hat er drüben etwas Interessantes entdeckt; er geht ein paar Meter vor mir, unmöglich, so ein Kind immer an der Hand zu führen, er macht das nicht mit. Er läuft los, zielgerichtet, ohne nach links und rechts zu schauen, und natürlich ohne sich nach mir umzudrehen, mitten in den Verkehr hinein. Ich sehe seine braune Pelzmütze zwischen den Fahrzeugen, die wild zu hupen beginnen, dahinwandern und renne wie gehetzt hinterher. Ich kriege ihn in der Straßenmitte zu fassen, bin völlig außer Atem, aber er ist gut gelaunt und geht brav mit zurück. Er versteht nicht, warum ich ihn schüttle und ausschimpfe. Erst jetzt wird er bockig, hält sich an den Laternenpfählen fest, als ich weiter will. Der Heimweg wird zur Qual, nicht zuletzt wegen der vorwurfsvollen Blicke der Leute, die alle Schuld mir geben. Dan ist nicht bereit einzulenken, er nimmt es übel, wenn man ihn tadelt, selbst wenn er weiß, daß er den Bogen überspannt hat. Gerade dann. Er begreift die Gefahren nicht, denen er sich aussetzt. Da er nichts hören kann und die Verständigungsmöglichkeiten mit ihm gering sind, ist es so gut wie ausgeschlossen, ihm Zusammenhänge zu erklären.

Fest steht, daß man sich mit solch einem Kind einen besonderen Lebensrhythmus zulegt, eine Art zu existieren, an die man vorher nicht im Traum gedacht hat. Ich gehe auf der Straße, ich sehe normale Kinder und denke: Warum gerade er, warum gerade du, oder genauer, ich denke es schon nicht mehr, ich zwinge mich, es nicht zu denken, ich weiß, daß es sinnlos ist. Ich bleibe stehen, schaue eine beliebige Hauswand an, zähle die Autos, die vorbeisausen, lenke mich ab. Gestern, auf dem Weg zur Tagesstätte, ertappe ich mich, wie ich die Fenster der gegenüberliegenden Häuserfront auf ihre Größe, ihr Aussehen hin vergleiche. Vier solche, zwei solche, eins doppelt unterteilt, eins sechsfach. Das heißt, ich ertappe mich nicht, ich tu das bewußt, um mein inneres Gleichgewicht wiederzufinden. Plötzlich ein kleines Mädchen: »Was is'n da, Tante, an dem Haus?« – »Was da ist? Nichts. Der Vogel dort drüben auf dem Dach, siehst du?« – »Da ist aber gar kein Vogel, ich seh keinen.« – »Doch da war einer, ist grade weggeflogen.« Die Kleine schaut mich an, fünf Jahre mag sie alt sein, rot und weiß gestreiftes kurzes Röckchen, gelbe Bluse, Stupsnase und große braune Augen. Dann trollt sie sich. Zehn Meter weiter schreit sie: »Du spinnst ja, Tante« und rennt eilig davon.

Ich spinne, ich bilde mir was ein, schön wär's. Eher hab ich mir früher was eingebildet, als ich dachte, alles würde normal und gut verlaufen. Es gibt Dinge, schlimme Dinge, die werden erst Wirklichkeit, wenn sie einem selbst zustoßen. Der Autofahrer, der täglich von den Unfällen in der Zeitung liest, der den verbeulten Wagen des Nachbarn vorm Fenster stehen sieht, glaubt nicht ernstlich, daß ihm selbst so was passieren könnte. Zu seinem Glück vielleicht, er hätte sonst keine ruhige Minute mehr. Zu seinem Unglück aber, wenn ihm durch Leichtsinn wirklich was geschieht. Wenn er nicht aufpaßt, fürs Leben zum Krüppel wird oder andere zum Krüppel macht. Wenigstens kann man den Autofahrer rechtzeitig warnen. Trink und rase nicht, halt die Augen offen, sei vorsichtig, sei dir der Gefahr bewußt!

Aber wer hat mich gewarnt, uns, Klaus, und wenn, wovor hätte man uns warnen sollen? Vielleicht wäre es sinnvoll gewesen, einen leisen Zweifel am allzeit glücklichen Verlauf des Schicksals und der Allmacht der Ärzte in uns zu wecken – wir hätten nicht so unvorbereitet dagestanden. Wir hätten uns auch besser gegen gewisse schematische Auffassungen zur Wehr setzen können, die uns zum Verhängnis wurden. Gegen die Meinung, daß für einen Säugling Muttermilch in jedem Fall das Beste ist. Natürlich, an Ratschlägen fehlte es nicht. Den Schwangeren wird ja allerhand mit auf den Weg gegeben.

Tu das nicht, laß jenes sein. Keine Tabletten, keinen Alkohol, kein Nikotin. Ich beachtete all diese Mahnungen genau, verhielt mich der Vorschrift entsprechend. Dennoch haben wir dieses Kind. Vierzehn Jahre ist Dan jetzt alt. Äußerlich sieht man ihm nicht einmal viel an. Allerdings schlägt er oft einen sonderbar hinkenden Gang an, vor allem, wenn er aufgeregt ist. Wenn er abgelenkt ist, zerstreut, ärgerlich. Daß er ziemlich normal wirkt, hat Vor- und Nachteile. Mit Dan fällt man zunächst weniger auf, muß aber später, wenn er sich ungewöhnlich benommen hat, mehr erklären. Manche Leute sind schwer von Begriff, wollen mitunter auch nicht verstehen.

Zwanzig Minuten Weg von unserer Wohnung bis zur Tagesstätte, in der Dan zur Zeit noch betreut wird. Bis halb acht bringen wir ihn hin, um vier holen wir ihn ab. Von Montag bis Freitag – abends und am Wochenende ist er zu Hause. Da muß man sich dann was einfallen lassen, denn allein will und kann er nicht runter. Der Verkehr, die anderen Kinder. Er versteht ihre Spiele nicht, stellt sich nicht auf sie ein, stört sie, und das kann übel für ihn ausgehen. Kinder sind großartig, aber auch rücksichtslos und aggressiv, wenn sie den Außenseiter erkennen, das Besondere nicht erklärt bekommen. Also geht Klaus mit ihm, während ich den Haushalt mache. Essen koche, erledige, was sonst zu tun ist. Oder ich nehme ihn in die Küche mit. Ich schäle Kartoffeln, er darf sie in Stücke schneiden. Darf Pudding einrühren, zuschauen, mit Wasser pantschen. Auch Wäsche waschen wir gemeinsam, zu dritt, wir haben ein relativ großes Bad. Aber der Tag ist lang, und bis zum Abend muß man viele Ideen haben. Und das an jedem Wochenende, und das an den Feiertagen und im Urlaub, der für uns kein Urlaub wie für andere Leute ist.

2

Der Gedanke, von Dan, Klaus und mir zu berichten, kam uns schon vor Jahren, damals, als wir den ersten Schock wenn auch nicht verdaut (wie könnte man das jemals), so doch hinter uns hatten. Er meldete sich von Zeit zu Zeit erneut, besonders nach jeder Krise, und jetzt, da wieder alles in der Schwebe ist, da sich die ständige Anspannung sehr unfreundlich auf mich ausgewirkt hat, nimmt er konkrete Gestalt an. Wem das Herz voll ist, dem läuft der Mund über. Ja, es stimmt, die Erfahrungen, die sich angesammelt haben, wollen ausgesprochen sein, die Erlebnisse drängen auf die Lippen. Dennoch fällt es mir schwer, darüber zu reden. Denn es ist ja nichts ausgestanden, wir haben uns – bis zu einem gewissen Grad – an unsere Situation gewöhnt, aber an jeder Erinnerung klebt zäh der Schmerz. Es gibt Wunden, die vernarben nicht, sie tun weh wie am ersten Tag. Stochert man in ihnen, brennen sie nur stärker. Warum also in der Vergangenheit wühlen, wenn die Gegenwart dadurch eher schwerer wird. Die allein hart genug ist.

Da war vorige Woche dieses Gespräch mit der Leiterin der Tagesstätte, es ging um Dans künftigen Weg. Um seine Perspektive, wie wir das mit großem Wort nannten, obwohl von Perspektive, bei Licht besehen, nicht die Rede sein kann. Er wird ja keinen Beruf erlernen, nie selbständig werden. Die Aussichten, ihn für einige Stunden am Tag in einer geschützten Werkstatt unterzubringen, unter besonderen Bedingungen also, sind zwar gut und, wenn man so will, ein Erfolg unserer Anstrengungen, doch er wird immer jemanden für die restliche Zeit brauchen. Für uns bedeutet das eine weitere Beschneidung unserer ohnehin eingeengten persönlichen Sphäre. Oder konkret: Dans Betreuung auch in der Woche ab Mittag. Wie aber hält man das durch, und was wird aus der Arbeit. Ich versuche sachlich zu bleiben, das Für und Wider darzulegen – die Ruhe ist nur äußerlich. Wir debattieren, ich höre zu und rede, doch plötzlich wird mir übel. Ein Druck auf der Brust, Schwindelgefühl, der Atem wird knapp. Ich kenne das bereits, habe es aber nie ernst genommen. Auch diesmal stehe ich auf, will zum Fenster gehen, da knicken mir die Beine weg. Irgendwas prägt sich noch ein – die großen erschrockenen Augen der Leiterin, die auf mich zukommen.

Oder ist das schon nach dem Schwächeanfall, als ich auf dem Sofa liege, schweißnaß am ganzen Körper, um mich herum die Erzieherinnen, die zu Hilfe geeilt sind. Ich weiß es nicht, es ist auch gleich, jedenfalls ist keine Rede mehr von Dan, es geht erst mal um mich. Ich müsse sofort zum Arzt, sagen die Frauen, so was dürfe man nicht auf die leichte Schulter nehmen, ob mir das öfter passiere, ich hätte ihnen einen schönen Schrecken eingejagt.

Ich versuche, mich zu erheben, ich schaffe es mit Mühe, aber mein Kopf bleibt sonderbar wirr und leer. Außerdem tut mir die linke Brustseite weh, der linke Arm ist ganz taub. Die Leiterin will den Notarzt rufen, doch ich wehre mich dagegen, womöglich muß ich noch ins Krankenhaus. Schließlich nimmt mir die Leiterin das Versprechen ab, gleich am nächsten Tag zum Arzt zu gehen, dann fährt sie mich mit ihrem Wagen nach Hause.

Am darauffolgenden Morgen, alles scheint wieder normal, trabe ich zur Poliklinik – Klaus hat mir noch zugeredet. Die Ärztin untersucht mich und runzelt die Stirn. Sie hat zu hohen Blutdruck festgestellt; in meinem Alter nicht ganz üblich, meint sie. Sie versucht, die Ursachen zu finden, fragt mich aus. Als ich von Dan erzähle, wundert sie sich nicht mehr. »Da sich an Ihrem Problem kaum was ändern wird, Frau Möckel, müssen wir sehen, wie wir für Entlastung sorgen. Ich verschreibe Ihnen was, aber das allein tut's nicht. Sie müssen mal ausspannen, ich werde eine Kur für Sie beantragen.«

Sie ist in Ordnung, die Ärztin, sie hat keine Zeit für überflüssige Worte, aber man kann mit ihr reden. Um genaueren Aufschluß über meinen Blutdruck zu bekommen, schickt sie mich zur Augenspiegelung. Ergebnis: Der Augenhintergrund ist bereits bleibend verändert, jetzt muß das Nötige getan werden, damit sich dieser Zustand nicht weiter verschlechtert. Was für mich bedeutet: Tabletten auf lange Zeit und bewußter Abstand von Dingen, die mich aufregen. Was auch heißt, wenigstens für die nächsten Tage: Urlaub vom Streß. Also liege ich auf dem Bett und versuche abzuschalten. Zu lesen, Radio zu hören. Doch das gelingt nicht, die Gedanken bedrängen mich, sie lassen sich nicht zurückhalten. Sie laufen und laufen, eine Kugel, die ins Rollen gekommen ist. Ich liege da und denke darüber nach, wie es war, als uns dieser erste Schlag traf. Ich wühle in der Vergangenheit, obwohl ich weiß, daß ich mir im Augenblick kaum damit nütze. Vielleicht, daß ich ruhiger werde, wenn ich mir das alles mal von der Seele geredet habe.

Angefangen hat es gleich nach der Geburt, aber damals kannten wir die Zusammenhänge noch nicht und konnten unmöglich die Folgen ahnen. So stellte sich die erste Schockwirkung später ein, zu jenem Zeitpunkt, als wir das mit Dans Gehör erfuhren. Als wir uns Gewißheit verschaffen wollten und sich unsere vagen Befürchtungen bestätigten. Nein, wir hatten dieses Ergebnis nicht erwartet, wenn wir auch in den Wochen vorher unruhig gewesen waren, uns gewundert hatten. Warum hatte Dan als Baby nur für so kurze Zeit gelallt und es dann wieder sein lassen, warum reagierte er auf unsere Rufe nicht, wo blieb sein erstes Wort? Es gab Zeichen, die wir nicht verstanden, die wir sogar vergnüglich fanden. Relativ früh schon, als er noch im Wagen lag, hatte uns sein verständiger Blick aus großen blauen Augen erfreut. »Der weiß bereits alles über die Welt«, sagte die Nachbarin, und wir nickten geschmeichelt. Schaute er so wissend drein, weil er nicht durch Geräusche abgelenkt wurde? Kulissen aus Watte um ihn her, mit Gestalten, die den Mund aufsperrten, ohne Laute hervorzubringen. Mehrfach fiel uns auf, daß er unter den Bögen der Hochbahn Angst bekam, wenn oben Züge donnernd dahinratterten. Nur lautes Dröhnen erschreckte ihn. Wir lachten darüber, hielten das für ganz natürlich. Erst später vermutete ein Bekannter, daß Dan vielleicht was mit den Ohren haben könnte. Häufige leise Quietschtöne, kein Sprachansatz – so ähnlich habe sich ein kleiner schwerhöriger Neffe verhalten. Wir erschraken, stellten selbst Tests an. Bauten uns hinter ihm auf, riefen, klopften, klatschten. Das Ergebnis dieser Versuche war nicht eindeutig, manchmal reagierte er, dann wieder nicht. Er schien das Schrillen des Telefons zu hören und das Quietschen der Straßenbahn, die um die Ecke fuhr. Andererseits bemerkte er es kaum, wenn einer von uns überraschend das Zimmer betrat.

Es war mein, unser erstes Kind – wir hatten keinerlei Erfahrung. Aber hätte nicht den Ärzten etwas auffallen müssen, mit denen ich in den anderthalb Jahren seit seiner Geburt wahrhaftig nicht zu selten zu tun gehabt hatte? Die mich und ihn behandelt hatten, von denen ich alle möglichen Verhaltensregeln bekam, nur keinen Hinweis in dieser entscheidenden Sache. Ich wies schließlich in der Mütterberatung auf unseren Verdacht hin, bekam eine Überweisung zur Nordklinik. Klaus nahm einen Tag frei, es war klar, daß wir bei dieser wichtigen Untersuchung beide anwesend sein wollten.

Ich weiß den Tag nicht mehr, aber es war Herbst. Ich erinnere mich an den häßlichen Wind, der mir die Haare durcheinanderbläst, und an die schon kahlen Bäume, als wir von der Schnellbahn aus auf die Vorortgärten schauen. An den Nieselregen, der die Asphaltstraße glitschig macht. Wir suchen uns abzulenken, reden von neutralen Dingen: von den Büchern, die Klaus in den Tagen vorher verkauft hat, von meiner Schule – sie warten immer noch darauf, daß ich wieder mit dem Unterricht beginne. Dan ist guter Laune, er wippt und strampelt im Sportwagen herum. Als er zu wild wird, nehme ich ihn auf den Schoß und versuche, ihn für die Landschaft zu interessieren.

Doch das gelingt nicht. Dafür hat es ihm meine Kette angetan. Er zieht daran. Vor allem ein großer grüner Stein in der Mitte scheint nach seinem Geschmack zu sein.

Mit dieser Kette beschäftigt er sich dann auch, als wir im Wartezimmer sitzen. Wir sind, um nicht zu früh zu kommen, erst noch im Park spazierengegangen und brauchen nun nicht lange zu warten. Sie nehmen uns das Kind ab und führen es nach hinten. »Bitte einen Augenblick Geduld!« Dann dauert es, dauert. Wir sitzen und starren die weißen Wände an; wir sind zu aufgeregt, um uns zu unterhalten. Zum Glück ist viel Bewegung im Raum, immer neue Mütter oder Väter tauchen mit ihren Kindern auf, werden abgefertigt. Ein ständiges Kommen und Gehen.

Wir denken, er kommt wieder nach vorn, aber plötzlich wird mein Name aufgerufen. Klaus folgt mir, wir brauchen uns nicht abzusprechen. In verschiedenen Räumen sitzen Ärzte und Patienten. Eine Schwester kommt uns entgegen, führt uns in das dritte oder vierte Zimmer. Eine ältere Ärztin, ein junger Arzt und zwei, drei Schwestern stehen um Dan herum.

»Das sieht leider gar nicht günstig aus, Frau Möckel«, sagt die Ärztin, »bitte, schauen Sie selbst.«

Sie stellt Dan mit dem Rücken zu einem großen Gong; der junge Arzt nimmt eine Art Trommelschlegel und schlägt gegen die Blechscheibe. Ein gemäßigtes Dröhnen ertönt, mir tut es bereits weh, aber Dan dreht sich nicht um, horcht nicht einmal auf.

Bei einem zweiten, stärkeren Schlag reagiert er auch noch nicht, erst beim dritten, sehr lauten Widerhall hebt er suchend den Kopf.

Die Ärztin nimmt einen kleinen Wecker und läßt ihn, in der Hand versteckt, neben Dan klingeln. Der Junge deutet durch keinerlei Zeichen an, daß er etwas gehört hat. Erst als die Ärztin den Wecker ganz nahe an sein Ohr heranführt, stutzt er, wendet den Kopf.

»Sie brauchen sich keine Sorgen zu machen«, sagt die Ärztin betont forsch, »sprechen lernen diese Kinder.«

»Diese Kinder?«

»Kinder mit einer solchen Schädigung, meine ich.«

»Aber er ist doch nicht taub?« flüstere ich.

»Er hat den Wecker doch gehört!« ergänzt Klaus.

»Sind Sie der Vater?«

»Ja.«

»Sie müssen sich damit abfinden«, sagt die Ärztin. »Ihr Kind hört so gut wie nichts. Aber ich gebe Ihnen eine Überweisung in die Zentralklinik. Nur dort kann das genau und endgültig ermittelt werden.«

3

Ich wüßte nicht, was werden sollte, wenn ich die Arbeit nicht hätte. Natürlich bin ich in meinen Möglichkeiten beschränkt, kann an manchen Tagen lediglich für zwei, drei Stunden an die Schreibmaschine, finde an anderen gar nicht die Gelegenheit, muß oft abends ran, um die Termine zu halten. Meiner Zeitknappheit wegen übersetze ich nur relativ kurze Texte, Erzählungen oder kleine Romane bis zu zweihundertfünfzig Seiten. Einmal, am Anfang, habe ich mich auf eine größere Sache, etwa vierhundert Manuskriptseiten, eingelassen. Wenn ich wenigstens eine lange Zeitspanne zur Verfügung gehabt hätte. Aber die Frist war knapp, das Buch sollte schnell herauskommen, und ich saß die halbe Nacht. Obwohl ich bereits erschöpft war, wenn wir den Jungen im Bett hatten. Klaus nahm mir Dan ab, so gut es ging, stellte die eigene Arbeit zurück. Dennoch blieb genug für mich zu tun, es war eine einzige Hetzerei.

Aber ohne meine Übersetzungsarbeit – nein. Das ist der einzig wirksame Ausgleich, der Boden, auf den ich mich zurückziehe, wenn ich nicht mehr weiter weiß, wenn mir unsere Situation zu Bewußtsein kommt, wenn ich verzweifelt bin. Klar, immer hilft das auch nicht, es gibt Augenblicke, da grolle ich mir, dem Schicksal, allen Leuten, die gesunde Kinder haben, so daß ich keine Zeile lesen, geschweige denn aus dem Russischen ins Deutsche bringen kann. Dann brauche ich einen langen Anlauf, jemanden, der mir gut zuredet, dann scheint mir auch diese Arbeit nur eine zusätzliche Belastung. Doch wenn ich mich erst mal aufgerafft habe, verlieren die anderen Probleme einen Teil ihrer Bitterkeit. Wenigstens vorübergehend. Nicht daß sie verschwinden – sie sind nicht mehr ganz so niederdrückend. Ich suche für die Redewendung »Aus einem Lied kann man kein Wort entfernen« eine deutsche Entsprechung, ich mühe mich ab, ärgere mich, weil nichts den Sinn voll wiederzugeben scheint, und befreie mich dabei unmerklich von Fesseln, die mir Dans Behinderung auferlegt. Eine Schein-Freiheit? Meinetwegen. Auf jeden Fall rückt sie einiges zurecht, stellt Proportionen wieder her, die verschoben werden, wenn man sich in seinen Schmerz einspinnt. Der Blick wird wieder nach außen gelenkt. Abgesehen davon, daß es immer ein gutes Gefühl ist, etwas zu schaffen. Die Tage, an denen die Übersetzungen dann gedruckt als Buch ins Haus kommen, entschädigen zwar nicht für alles, aber doch für manche Anstrengung und Aufregung.

Es war nicht leicht für mich, dieses Mittel der Selbstbewahrung zu finden. Ich war Lehrerin gewesen, für Deutsch und Russisch, hatte meine Arbeit gern getan und nie die Absicht gehabt, diesen Beruf aufzugeben. Aber mit Dans Geburt war alles anders gekommen. Erst mußte ich ein Jahr aussetzen, dann kam das zweite hinzu, und schließlich wurde klar, daß wir unser Kind weder in einer Krippe unterbringen konnten noch jemanden für seine Betreuung fänden. Das aber bedeutete: Ich würde zu Hause bleiben müssen. Für Dan dasein, den Haushalt versorgen, und das auf Jahre hinaus.

Ich hatte mir das natürlich anders vorgestellt. Sich einige Monate von dem Trubel, den Problemen in der Schule erholen – nichts dagegen einzuwenden. Aber auf lange Zeit tagtäglich nur die Wohnung, den Jungen sowie abends und an den Wochenenden den Mann, das füllte mich nicht aus, schon der Gedanke daran machte mich verrückt. Ich fühlte mich auch viel zu jung dazu, die anderthalb Jahre, in denen ich nun bereits so lebte, reichten mir. Dazu kam, daß Dan schon damals schwierig war. Er schlief schlecht, war zappelig, quietschte viel. Ich brauchte etwas, was mich auf andere Gedanken brachte. Und ich hatte ja studiert, war nicht die Schlechteste gewesen, konnte gut Russisch. Wenn man eine Sprache nicht pflegt, entgleitet sie einem. Die Grammatik verliert sich, die fremden Wörter verblassen. Ich wollte nicht alles verlernen. Außerdem konnten wir das Geld gebrauchen. Damals gab's nicht wie heute Kredite für junge Eheleute, und uns fehlte noch die Hälfte der Wohnungseinrichtung. Wenn wir auch bescheiden lebten, so hatten wir doch bestimmte Wünsche und Vorstellungen, und der Verdienst meines Mannes war nicht gerade üppig.

Klaus und ich beratschlagten, wir gingen die wenigen Möglichkeiten durch, die mir unter diesen Umständen blieben. Dolmetscher fiel weg, ich konnte nicht tage- oder wochenlang herumreisen. Da ich einen Bekannten bei der Volkshochschule hatte, dachte ich zunächst an Abendstunden. Sprachunterricht hätte ich geben können, aber wir verwarfen das wieder. Ich wäre zu sehr gebunden gewesen, und Klaus hätte nach Feierabend Dan betreuen müssen. Dann hätte er aber ein Hobby, das er mit größter Leidenschaft pflegte, völlig in den Wind schreiben können: die Pusselei an eigenen literarischen Texten. Das waren Skizzen über Alltagsbegebenheiten, ein wenig melancholisch, ein wenig skurril, ein wenig ironisch und am Ende mit einer kleinen Pointe. Die Pointe zu finden war das schwierigste, von ihr hing der Wert der ganzen Geschichte ab, und er verbrachte Stunden damit, über einen bestimmten Satz am Ende zu grübeln. Diese Stunden, in der letzten Zeit ohnehin rar geworden, konnte ich ihm nicht wegnehmen, ich wollte es auch nicht.

Wir überlegten, ob wir eine Anzeige in die Zeitung setzen sollten: »Erteile Nachhilfeunterricht...« Ein paar Stunden in der Woche hätten mir für den Anfang genügt, und es gab ja immer Schüler und Studenten, die ihre Zeugnisse aufbessern wollten. Wir hätten das vielleicht versucht, wäre mir nicht der Zufall anderweitig zu Hilfe gekommen. In Gestalt eines ehemaligen Verehrers, der bei einem Berliner Verlag eine kleine Jugendreihe herausgab. Als ich eines Vormittags mit Dan durchs Zentrum kutschte, sprach er mich unvermutet an. Ich hatte ihn ganz aus den Augen verloren, wußte nichts von seiner Arbeit, erkannte ihn mit seiner Halbglatze und dem rund gewordenen Gesicht kaum wieder. Aber ich freute mich über die Abwechslung: Wir redeten, tauschten Erinnerungen aus und kamen schließlich auf meine Situation zu sprechen. Damals redete ich nicht gern über Dan. Ich begann immer gleich zu heulen, dabei wußte ich lediglich von seinem Hörschaden. Aber mein Bekannter muß mich ausgefragt haben, denn ich erzählte von meinen Problemen und daß ich nicht wieder in der Schule anfangen konnte. Da schlug er mir vor, es mit Übersetzungen zu versuchen. Er brauchte gerade jemanden für eine Erzählung, vierzig bis fünfzig Seiten, relativ leichter Text. Ich müsse allerdings zunächst eine Probe liefern.

Die Sache ließ sich gut an und gab mir Auftrieb. Zwar hatte ich anfangs mit der Wortwahl Schwierigkeiten, verhedderte mich auch hin und wieder bei langen Sätzen, aber es machte Spaß. Lehrgeld zahlt jeder, und bei mir lagen die Kosten nicht über dem Durchschnitt. Ich fing mit Abenteuererzählungen an, die mir einigermaßen flott von der Hand gingen, und wagte mich dann langsam an schwierigere Texte. Sofern mir die Verlage welche überließen – ich war ja nicht die einzige Anwärterin. Zugute kam mir ein Schreibmaschinenkurs, den ich im ersten

Jahr nach Dans Geburt besucht hatte. Es muß kurz nach seiner Ernährungsstörung gewesen sein; ich erinnere mich, daß ich die Zeit zwischen seinen Mahlzeiten nutzte; nur mit Mühe brachte ich alles unter einen Hut. Ich besuchte die Übungen nicht ganz bis zum Schluß, hab's aber geschafft, mit zehn Fingern und blindschreiben zu lernen.

Ich schreibe die Rohfassung mit der Maschine, redigiere von Hand und tippe auch das endgültige Manuskript selbst. Das ist mir lieber, als wenn ich's weggeben müßte. Schwierige Passagen spreche ich oft mit Klaus durch.

Das Übersetzen fällt mir nicht immer leicht, es gibt ja solche und solche Texte. Kompliziert wird's, wenn der Autor mehr bieten will, als er kann, wenn er den Stil aufbläht, pseudophilosophisch ausschmückt, wenn er unlogisch wird oder schludert. Aber ich bin froh, daß ich gerade diese Arbeit habe. Es war Glück, daß ich umsatteln konnte, mir einen Beruf erarbeiten, den ich zu Hause ausüben kann. Jeder, der ein solches Kind hat, muß sein Leben neu organisieren. Und es wäre ganz bestimmt falsch, die Hände in den Schoß zu legen, sich selbst zu bedauern, zu warten, daß jemand kommt, der einen tröstet und die Probleme löst.

4

Das wichtigste im Umgang mit Dan ist Geduld, man braucht sie zu Hause und unterwegs: Geduld, Engelsgeduld und als Voraussetzung dafür Zeit. Nur ja keine Termine oder Verabredungen, wenn ich mit dem Jungen irgendwohin muß. Der lange Weg nach Steinberg zum Beispiel barg die vielfältigsten Möglichkeiten für unvorhergesehene Aufenthalte. Beim Umsteigen vom Bus in die Straßenbahn und dann auf dem letzten Stück der Strecke. Ein Wunder, daß wir es morgens meist bis acht schafften. Wir brachen allerdings auch zeitig auf.

Als er noch sehr klein war, staunte Dan stets und ausgiebig die Häuserecken an. Dort, wo sie sich kantig von der übrigen Landschaft und vor allem vom Himmel abhoben. Was er genau betrachtete – ob es wirklich diese Scheidelinie zwischen Dunkel und Hell war oder vielleicht die Mauerkante selbst –, haben wir nie herausbekommen. Wir fragten ihn, wobei wir die Kante berührten, mit der Hand drüberstrichen: »Ist das schön? Gefällt es dir?« Dan schaute uns einen Augenblick lang mit seinen großen Augen an, in denen tief innen ein fast verständiges Lächeln aufglomm, und versenkte sich erneut in sein Problem. Fünf Minuten lang stand er so, zehn Minuten, eine Viertelstunde. Im Winter, bei größter Kälte. Ich sehe ihn noch vor mir, mit seiner Zwergenmütze und seinem dick gefütterten Anzug, und ich sehe vor allem mich, die trotz Stiefeln und Handschuhen an Händen und Füßen friert, die weiter will und der es nicht gelingt, ihn wegzulocken. Mit Zureden, mit Bonbons und ähnlichem ist da nichts zu machen, und gleich gar nichts mit Gewalt. Wenn man ihn fortzerrt, sperrt er sich den ganzen Weg über, vergilt es einem mit tausend kleinen Bokkigkeiten. Setzt sich in den Schmutz und reißt sich los und läuft auf die Straße. Weigert sich, in die Bahn einzusteigen, macht sich beim Fahren ständig an der Tür zu schaffen. Stößt die Leute an, zupft sie am Mantel, tritt ihnen auf die Füße, nur um mich zu ärgern. Mitunter heule ich vor Wut und Hilflosigkeit. Die vorwurfsvollen Blicke, die wenig freundlichen Worte gehen trotzdem an meine Adresse. »Mein Gott, ist das Kind schlecht erzogen.« Wann habe ich schon die Zeit und die Kraft, sein Verhalten zu erklären.

Oder die Straßenbahnen, die um die Ecke fahren. Das ist eine Leidenschaft, die über Jahre anhält und die er in abgeschwächter Form bis jetzt bewahrt hat. Wir stehen an der Haltestelle, sind gerade ausgestiegen und müssen nur noch über die Straße, um zu Hause zu sein. Eine einzige Minute – schön wär's. Dan beobachtet die Bahn, die links abbiegen will, aber durch den Verkehrsstrom auf der Hauptstraße vorläufig daran gehindert wird. Eine Zwölf, sie steht und steht. Endlich ruckt sie an, legt sich quietschend in die Kurve, an der Oberleitung zuckt ein blauer Funken auf. Ich habe Dan an der Hand, ich muß ihn festhalten, weil er unberechenbar ist. Vorsichtig versuche ich ihn wegzuziehen, denn wir erwarten am Abend Besuch, und ich muß noch einiges vorbereiten. Aber Dan gibt nicht nach, erst muß die Bahn ganz um die Ecke sein. Und natürlich tritt ein, was ich befürchtet habe: Mit schwachem Rattern nähert sich die Gegenbahn. Befindet sich bereits in unserem Blickfeld, will gleichfalls in die Kurve einbiegen. Doch das geht noch nicht, denn inzwischen rollt auf der Straße wieder der Autoverkehr. Zuerst auf der Haupt-, dann auf der Nebenstraße. Auch diese zweite Bahn steht und steht. So wie Dan, so wie ich, freilich sind unser beider Gefühle recht unterschiedlich. Er ist vergnügt – da er mein Bestreben merkt wegzukommen, bereits etwas störrisch vergnügt –, in mir dagegen regt sich Unwille. Tag für Tag das gleiche, und heute fehlen mir die Minuten. Der Zorn steigt, ich spüre: Lange werde ich's nicht mehr aushalten. Zum Glück naht die Bahn nun, und Dan läßt sich etwa drei Meter in Richtung Bordsteinkante ziehen. Doch heimlich, unbemerkt hat sich von hinten eine Vierundzwanzig herangepirscht.

Weshalb wohnen wir nur in einer so verkehrsreichen Gegend. Dan, ein wenig Hinterlist im Blick, bremst meinen Rückwärtsgang. Stemmt sich, wird bockbeinig. Ich zerre ihn am Arm, er zerrt zurück. Bis mir der berüchtigte Geduldsfaden reißt: Ich will nicht mehr warten. Trotz der Leute, die mittlerweile interessiert zu uns herschauen, versuche ich dem Jungen durch Gesten klarzumachen, daß ich mich nicht ständig nach seinen Wünschen richten kann. Daß meine Zeit bemessen ist, besonders heute, daß es Pflichten für mich gibt. Daß er sich wenigstens manchmal fügen muß. Ich rede auf ihn ein, die Antwort ist ein unwirsches Knurren und Sichversteifen. Inzwischen hat die Vierundzwanzig gehalten, die Fahrgäste sind aus-, die Wartenden eingestiegen, aber der PKW-Verkehr fließt erneut – weiter als bis zur Kurve kommt die Bahn nicht. Ich ertrag's nicht mehr, ich zerre Dan unter Aufwendung aller Kräfte hinter mir her über die Straße und lasse ihn auf der anderen Seite los. Soll er stehen und sich die Bahnen bis nachts um zwölf anschauen, mir ist das egal. Ich verschwinde im Hausflur, steige die vier Treppen bis zur Wohnung hoch, öffne. Ich bin außer mir, mein Puls rast. Und doch nehme ich mir nicht mal Zeit, den Mantel abzulegen. Wie ich bin, renne ich ans Fenster und starre hinunter. Er ist weg, offenbar ist er im Haus, denn auf der Straße gibt es keinen Auflauf, nichts Besonderes. Ich sause wieder zur Tür, im Hausflur höre ich ihn scharren und ärgerlich brummen. Aber es dauert lange, ehe er die Freundlichkeit hat, weiter nach oben zu kommen. Wenn ich mich nicht überwinden und ihm zwei Treppen entgegengehen würde, käme ich heute überhaupt nicht mehr zu meinen Vorbereitungen.

Manchmal meinen Bekannte, das sei bei ihren Kindern auch so, das zeige sein Interesse für die Dinge. Mag sein, daß sie zum Teil recht haben. Dan erkundet die Welt auf seine Weise, und wir sind bestimmt die letzten, die ihn daran hindern. Doch diese Art, sich zu interessieren und dabei hartnäckig auf dem eigenen Willen zu beharren, beschwört für uns immer wieder schwierige Situationen und Konflikte herauf. Dan erziehen hieß zunächst nachgeben und sich auf ihn einstellen. Ein außerordentlich komplizierter Lernprozeß, bei dem uns kaum Hilfe zuteil wurde. Im Gegenteil. Die Menschen messen mit der Elle des Normalen, erkennen zwar theoretisch das Ungewohnte an, haben aber in der Praxis oft kein Verständnis dafür. Und keine Zeit. Wir freilich müssen uns diese Zeit nehmen. Was macht man aber, wenn ein Termin eingehalten werden soll, wenn man zum Zahnarzt will oder sich zu Hause die Handwerker angesagt haben. Der Junge muß in die Tagesstätte gebracht werden, er hat keine

Ahnung von unseren Pflichten, er sieht unterwegs einen Maurer, der Ziegelsteine über ein kleines Fließband ins erste Stockwerk eines Hauses befördert, einen Mann, der Kohlen in einen Keller schaufelt, und steht wie angegossen. Natürlich ist es faszinierend, zuzuschauen, wie die Briketts von einem riesigen Haufen auf dem Gehsteig durch eine Luke nach unten geworfen werden. Dan wird das Feld nicht räumen, bevor nicht der letzte Handgriff getan ist.

»He, Junge, macht wohl Spaß, aufzupassen, wenn andere arbeiten.«

»Er ist gehörlos, er will wissen, wohin die Briketts verschwinden.«

»Na, dann komm mal her und wirf einen Blick in den Keller. Der ganze Verschlag da unten soll voll werden.« Der Arbeiter lächelt breit.

Klaus schiebt Dan näher an die Luke heran, läßt ihn hinunterschauen. Als er dann aber weiter will, sperrt sich der Junge.

Sie stehen fünf Minuten, schließlich sagt Klaus: »Der geht nicht, bevor der ganze Haufen weg ist.«

»Von mir aus kann er zugucken«, erwidert der Arbeiter.

»Die Sache ist nur, daß ich's ausgerechnet heute eilig hab.« Der Arbeiter zuckt die Schultern, was soll er dazu sagen.

»Sie könnten wohl nicht mal um die Ecke verschwinden, eine Pause machen?« fragt Klaus zögernd. »Wenn er sieht, daß es nicht weitergeht, kommt er vielleicht mit.«

Der Arbeiter, ein Mann mittleren Alters, ist verblüfft. Er richtet sich auf und schiebt die Mütze ins Genick. Sicherlich denkt er, daß sich der da trotz allem ein bißchen zu sehr mit seinem Bengel hat. Dennoch sagt er gutmütig: »Na meinetwegen, rauch ich eben 'ne Zigarette.«

Dan knurrt enttäuscht, als der Mann die Schaufel zur Seite stellt und ins Haus geht. Er läßt sich auch nicht sofort dazu bewegen, seinen Beobachtungsposten aufzugeben. Doch nach zwei, drei Minuten, nach einiger Drängelei und gutem Zureden ist es geschafft. Da nichts mehr passiert, verliert er an Kellerluke und Kohlenhaufen das Interesse. Klaus kann den Weg fortsetzen. Aber nicht immer wirken solche Tricks, und vor allem findet man nicht immer Leute, die bereit sind, dabei mitzuspielen.

5

Wie soll ich die Gefühle wiedergeben, die wir hatten, als sich unser Verdacht über Dans Hörschaden bestätigte. Die Diagnose in der Nordklinik traf uns hart, wir hatten nicht wirklich geglaubt, daß es so schlimm sein könnte. Aber die Ärztin hatte sich ja nicht endgültig festgelegt, vielleicht war es dennoch nur eine Schwerhörigkeit, und vielleicht ließ sich operativ etwas verbessern. Wir hofften also und sprachen uns gegenseitig Mut zu. Wir waren noch naiv und ahnungslos. Klaus führte immer neue Beispiele der letzten Wochen an, aus denen zu schließen war: Dan bekam doch einiges übers Ohr mit. Wenn er auch nicht alles hörte, taub konnte er keinesfalls sein. Mein Mann versuchte mich auf diese Weise vom Weinen abzuhalten, von einer hemmungslosen Flennerei. Denn das weiß ich noch genau: In mir brannte alles. Ein Schmerz, der von ganz innen kam, der heiß in die Augen stieg und herausdrängte, ohne schwächer zu werden. Als wir bereits wieder in der Bahn saßen, sagte ich: »Stell dir vor, daß er vielleicht nie ein Tonband abhören kann, nie eine Schallplatte.« Eine Schallplatte – wenn ich heute daran denke, muß ich lachen. Als wäre dies das schrecklichste. Aber sie hatten uns ja gesagt, daß er sprechen lernen würde, und wer konnte schon vermuten, daß es für ihn so unsäglich schwer würde, überhaupt Kontakt zur Umwelt aufzunehmen. Ich entsinne mich, wir diskutierten ausgiebig über seine Möglichkeiten, Musik zu hören, ich wischte mir mit Klaus' Taschentuch ständig die Augen, und gegen die Scheiben der S-Bahn klatschte der Regen. Dan aber ließ uns auch bei dieser Fahrt nicht in Ruhe. Er strampelte und kreischte, nach der Untersuchung war er noch aufgekratzter als sonst.

In den folgenden Wochen und Monaten versuchten wir Gewißheit zu erlangen, doch die Spezialisten waren selbst im Zweifel. Immer wieder fuhr ich mit Dan in die Zentralklinik, wo man uns bald kannte. Nochmalige Untersuchung der Ohren, audiometrische Tests, Schlafbeschallung, EEG. Wir saßen in überfüllten Wartezimmern, und Dan brachte mich mit seiner Quirligkeit in Bedrängnis. Was mußte ich mir alles einfallen lassen, um ihn ein paar Minuten auf seinem Platz zu halten. Bilderbücher interessierten ihn nicht, ebensowenig Spielzeug, das für die Kinder bereitgestellt war: Bauklötze, Holz- oder Plastikeisenbahn, Plüschtiere. Das heißt, an manchen Tagen ging es etwas besser mit ihm, erst später kamen wir dahinter, daß das vielfach vom Wetter abhing. Von irgendwelchen Sturmböen und Kälteeinbrüchen. Noch heute reagiert er empfindlich auf Wetterveränderungen, kann unausstehlich sein, wenn fern aus dem Norden, Osten oder Westen eine Kaltfront heranzieht. Der Wetterbericht kündigt erst Tage später an, was er bereits im Kopf hat.

An günstigen Tagen konnte man eher mit ihm spielen, ihn aus kleinen, bunten, verschieden geformten Steinen und Stäbchen Muster legen lassen, mit einem Bleistift Gitter ziehen oder Schlangen malen, die ihn beschäftigten. Mitunter entdeckte er auch eine Tätigkeit für sich, die er mit absonderlich hartnäckigem Eifer bis zur eigenen Verzweiflung betrieb; er wollte nicht mehr damit aufhören, obwohl er bereits vor Erschöpfung weinte. Einmal hatte ich in einer der Wartestunden in einem engen, unbequemen, überhitzten Zimmer nichts anderes zu seiner Ablenkung zur Verfügung als einen Bleistiftstummel und mein Notizbuch. Ohne große Hoffnung, ihn damit reizen zu können, holte ich beides aus der Manteltasche und begann ein Gesicht zu zeichnen. Das Dan, wie ich erwartet hatte, nicht interessierte. Ebensowenig wie die Mischung zwischen Hund und Elefant, die ich danach zustande brachte. Ich versuchte es mit den gewohnten Gittern und Schlangen – Dan strebte von mir fort und mühte sich, die Gardine am einzigen Fenster des Raumes herunterzureißen. Ein Glück, daß er keine Schere in Reichweite hatte. Da kritzelte ich, mehr um mir Luft zu verschaffen, als um ihn zu beeindrucken, die Worte »Dan ist sehr böse« ins Notizbuch und hielt sie ihm vor die Nase. Mit verblüffendem Erfolg. Dan studierte diesen Satz, als verstehe er ihn und wolle ihn auswendig lernen. Plötzlich faßte er meine Hand und stieß sie aufs Papier: Ich sollte weiterschreiben. Ich kritzelte erneut ein paar Wörter hin. Er betrachtete sie weniger aufmerksam als die ersten, bedeutete mir aber, fortzufahren. Ich tat es, und schnell war die Seite voll. Beflügelt von meinem Erfolg blätterte ich um, schrieb weiter. Er schaute sich die Sätze längst nicht mehr an, gönnte mir aber dennoch keine Pause. Mit der Zeit begriff ich, daß es ihm nicht auf die Wörter ankam, sondern auf den Vorgang des Schreibens und darauf, daß die Blätter Linie um Linie gefüllt wurden. Das faszinierte ihn, ich mußte das gesamte Notizbuch vollkritzeln. Eine Woche lang tat mir hinterher die Hand weh.

Heute, wenn ich junge Mütter sehe und Väter, die ihre Kinder anbrüllen oder sogar schlagen, nur weil sie ein wenig unruhig sind, denke ich an unsere Aufenthalte in den Wartezimmern, an die überfüllten Korridore der Klinik. Jene ältere Frau fällt mir ein, die mich auf einer Eisenbahnfahrt ansprach; ich legte gerade wieder meine Muster für Dan. »Sie kennen aber schöne Spiele, haben Sie deswegen mal einen Kurs besucht?«

Nein, gute Frau, ich hätte nicht die Zeit gehabt, und mir ist auch nicht bekannt, daß es solche Kurse gibt. Aber Not macht eben erfinderisch, oder wie der Russe sagt: Nacktheit läßt sich allerhand einfallen.

Die Hörprüfungen brachten nicht die letzte Klarheit. Bei der Spielaudiometrie, wo es darum ging, nach Wahrnehmung bestimmter Töne bunte Knöpfe zu betätigen oder Klötzchen in einen Kasten zu werfen, verfuhr Dan allzusehr nach Laune. Mitunter schien es der zuständigen Psychologin, als vernehme er eine ganze Menge, mitunter hatte sie den Eindruck, er bekomme gar nichts mit. »Einfach nichts zu machen, wahrscheinlich müssen wir noch ein Jahr warten.« Eindeutiger fiel die Untersuchung der Ohren aus. Das Trommelfell, Mittel- und Innenohr waren völlig intakt. Damit aber zerschlug sich die schwache Hoffnung, die wir nach dem Bescheid in der Nordklinik noch hatten, daß etwas mit einem operativen Eingriff zu beheben sei. Die Ursache des Schadens mußte woanders liegen. Im Hirn, an einer Stelle, wo nichts zu reparieren war.

Doch auch das EEG, die Aufzeichnung der Hirnströme, war in Ordnung. »Das bedeutet«, sagte Klaus, der in einem medizinischen Wörterbuch nachgeschlagen hatte, um den genauen Sinn dieser Großbuchstaben herauszubekommen, »daß Dan keinen Tumor im Kopf hat, nicht zu epileptischen Anfällen neigt und so weiter.«

»Und was steht da vom Hören?«

»Vom Hören nichts. Eben nur so allgemein, daß das Hirn richtig funktioniert. Ist doch wichtig.«

Und ob das wichtig war. Bei einem Kind mit Sinnesschädigung ganz besonders.

EEGs wurden in Dans ersten Jahren mehrfach angefertigt, und jedesmal war es für ihn und mich die gleiche Quälerei. Es begann mit dem Protokollieren seiner Krankengeschichte, die von Mal zu Mal länger wurde, setzte sich mit dem komplizierten Anbringen der Elektroden an seinem Kopf fort und ging dann in einen ununterbrochenen Kampf zwischen dem Jungen auf der einen, den Schwestern und mir auf der anderen Seite über. Die geplante Untersuchung ungefährdet über die Runden zu bringen war ein Kunststück. Dan wehrte sich entschieden dagegen, in ein Wesen mit zahllosen Tentakeln am Kopf verwandelt zu werden. Er weigerte sich, ruhig zu sitzen, hatte Angst und war andererseits auch neugierig. Er schielte nach oben und nach den Seiten, versuchte den Kopf zu drehen oder ruckte plötzlich mit dem ganzen Körper. Er wollte die Drähte fassen und nach Möglichkeit abreißen. Ich hielt ihn auf dem Schoß, redete ihm gut zu und suchte ihn durch Streicheln bei Laune zu halten. Die Schwestern wurden nervös, was dem Projekt keineswegs diente. Eine halbe Stunde lang plagten wir uns ab, und am Ende wußte ich nie, ob die Sache nun wirklich gelungen war.

Die EEGs zeigten nichts Ungewöhnliches, hellten aber auch nichts auf. Genausowenig wie eine andere Untersuchungsmethode, die sogenannte »Schlafbeschallung«. Zu ihrem Zweck sollte Dan in einem abgeschlossenen Raum zum Schlafen gebracht werden, ein Bemühen, dem wir von vornherein mit Skepsis begegneten. Denn zu diesem Zeitpunkt hatten Klaus und ich schon mitbekommen, daß unser Kind nicht zu jenen friedlichen kleinen Erdenbürgern gehörte, für die das Leben vor allem aus Essen und Ausruhen besteht. Dan aß mäßig und schlief viel weniger, als es die einschlägigen Bücher für sein Alter vorsahen. Mit Neid blickte ich auf die Knirpse anderer Mütter, die in ihren Sportwagen mitten am Tag einfach so dahinschlummerten. Die in der einen Minute noch putzmunter übers Trottoir rannten, in der nächsten jedoch gleichmäßig atmend in ihren vierrädrigen Beförderungsmitteln lagen. Bei Sonne, Regen, Wind oder Graupelschauern. Meiner, wenn ihm wirklich mal die Augen zufielen, war fünf Minuten später wieder da. Als wollte er nichts vom Weltgeschehen verpassen. Auch abends schlief er schlecht ein, und morgens war er früh wach. Nicht viel später begann dann die Zeit, da er uns Nacht für Nacht aus dem Bett holte und stundenlang, oft sogar bis zum Morgen, wach blieb; da er nur noch ein Nervenbündel war und wir weder aus noch ein wußten.

Bei der erwähnten Untersuchung sollten Dans Reaktionen auf bestimmte Laute getestet werden, während er schlief. Da ich meine Bedenken äußerte, wurden wir auf den frühen Abend, achtzehn Uhr oder achtzehn Uhr dreißig, bestellt. Leider trat ein, was ich befürchtet hatte. Etwa eine Stunde lang bemühte ich mich vergeblich, Dan in dem fremden dunklen Zimmer zum Einschlummern zu bewegen. Bei einem zweiten Termin gelang es, ihn wenigstens für einige Minuten in einen Dämmerzustand zu versetzen. Doch bei den ersten Tönen, die verstärkt durch den Raum schallten, war er wieder hellwach. Er hatte etwas gehört, einen sehr dumpfen oder sehr schrillen Laut; na gut, daß er darauf reagierte, wußten wir schon. Mehr war nicht herauszuholen, die Tests mußten ergebnislos abgebrochen werden.

6

Wir schreiben das Jahr achtzig. Dan unterscheidet sich körperlich kaum von Jungen seines Alters, und wenn einiges für uns leichter geworden ist, so anderes schwerer. Kleine Fortschritte sind unverkennbar: Unser Sohn ist verständiger als früher, schläft besser, wenngleich nach wie vor mit Medikamenten, ist dadurch ausgeglichener. Außerdem haben wir uns an vieles gewöhnt, was uns vorher unerträglich schien. An die Tatsache, mit ihm aufzufallen, stets an ihn gebunden zu sein, an den Gedanken, daß er keine Schule besuchen und keinen Beruf erlernen kann, daß er nie hören und sprechen wird. Er weiß nichts von seiner Situation, er nimmt die Dinge als gegeben, höchstens wundert er sich, wenn wir uns miteinander oder mit anderen Leuten unterhalten. Wir sind so etwas wie Götter für ihn, an die er sich jederzeit halten kann, die alles vermögen und alles wissen. Eine Zeitlang schob er *uns* die Schuld in die Schuhe, wenn *er* sich weh tat. Er knurrte uns ärgerlich an, wenn er sich den Kopf stieß, den Finger klemmte, stolperte oder hinfiel. Er schmollte mit uns, verlangte, daß wir uns mit unschuldsbeteuernden Gesten rechtfertigten. Sogar wenn er sich die Sache eindeutig selbst zuzuschreiben hatte.

Wir gehen durch den Park – ein Miniausflug im schönen Monat Mai, bei dem wir nach langem Winter die nun endlich wieder blühende und grünende Natur genießen wollen –, doch Dan hat nichts anderes im Sinn, als in Papierkörben, hinter Sträuchern und Bäumen leere Flaschen aufzuspüren, die er am nächsten Stein zerschmettern kann. Er läßt sich nicht an der Hand führen, ist aber auch durch nichts von seiner mit Eifer betriebenen Beschäftigung abzubringen, bei der ihm das Bestreben früherer Parkbesucher entgegenkommt, die Natur mit den Erzeugnissen unserer Schnapsabfüllindustrie auszustatten.

»Schau mal, Dan, die hübschen Krokusse dort neben der Bank.«

Der Bengel denkt überhaupt nicht daran, nach den Krokussen zu schauen – Blumen lassen ihn sowieso kalt –, statt dessen hat er auf der entgegengesetzten Seite hinter einem Erdhügel eine von jenen Wodkabuddeln entdeckt, die Halb- wie Ganzwüchsige gleichermaßen in ihren Bann ziehen. Da er weiß, daß wir ihn am Aufheben der Flasche nach Möglichkeit hindern werden, stürzt er sich wie ein Habicht darauf, ergreift sie und rennt damit los, um Vorsprung zu gewinnen. Klaus hinterher, vielleicht kann er sie ihm noch abnehmen, bevor ihre Scherben den moosbedeckten Parkweg zieren. »Gib die Flasche her!« ruft er mehr für sich selbst, denn Dan kann ihn ja einerseits nicht hören und hat andererseits ohnehin verstanden. Der Streit um solche Flaschen geht schon wochenlang und führt für uns vor allem mitten im Großstadttreiben zu ärgerlichen Situationen. Was haben wir nicht versucht, ihn von dieser Manie abzubringen; wir haben ihm sogar eine Zeitlang in der Hoffnung seinen Willen gelassen, er würde der Sache überdrüssig werden. Doch das Gegenteil trat ein.

Dan gibt die Flasche nicht her, aber es findet sich kein

größerer Stein, der seiner Absicht dienen könnte. Klaus packt den Bengel beim Arm und will sich mit Gewalt in den Besitz des umstrittenen Gegenstandes bringen. In diesem Augenblick tauchen direkt vor den beiden aus einem Seitenweg einige Spaziergänger auf. Mißbilligend starren sie den Vater dieses sich wie wild gebärdenden, offenbar tyrannisierten Kindes an. Klaus läßt los, Dan rennt davon, und jetzt hat er den richtigen Stein gefunden. Peng! Doch die Flasche ist nur halb kaputt, und das wird dem Jungen zum Verhängnis. Er greift ein zweites Mal zu, will das Zerstörungswerk fortsetzen und zuckt erschrocken zurück. Kein großer Schnitt, auch kein tiefer, aber immerhin Blut. Die Flasche ist vergessen, die Freude weggeblasen. Den Finger wie ein gefährliches Reptil vor sich haltend, kommt er auf uns zu.

Wenn es schlimm wäre, würde er weinen. Lautlos und mit großen Kindertränen, seine Augen würden in Wasser schwimmen, und er würde so hilflos wirken, daß unser Zorn sofort verflogen wäre. Doch es ist nicht schlimm, es ist nur ein Ritzer, der ihn zwar in seiner Wildheit stoppt, ihn aber nicht dem Schmerz ausliefert. Deshalb macht er ein mürrisches Gesicht, als er uns den Finger hinhält: Da habt ihr's, nun unternehmt etwas. Wir nutzen die Lage natürlich aus, bedauern ihn nicht, sondern bedeuten ihm durch Gesten, daß wir ihn schon hundertmal gewarnt haben, daß so was eben passiert, wenn man Glas zerschlägt und überhaupt unfolgsam ist. Das Ergebnis sind finstere Blicke und Murren. Ihr seid schuld, ihr habt mich zu beschützen, auch gegen meinen Willen. Als wenn das immer so einfach wäre.

Denn es gibt Dinge, die gefährlicher für ihn sind: seinen Tick, sich Fahrrädern entgegenzustellen, ganz nahe an die Autos heranzutreten, die auf der Straße vorbeipreschen. So nahe, daß die Passanten erschrocken aufschreien, die Autofahrer fluchen. Vor allem, wenn er aufgekratzt ist und verspannt, setzt er uns damit zu. Wenn er solche Tage oder Wochen hat, bin ich ständig auf dem Sprung. Aber nicht immer ist ein Eingreifen möglich.

Das mit den Fahrrädern ist ausgestanden – er hat schlechte Erfahrungen gemacht. Es war im Sommer, vor vier oder fünf Jahren, monatelang hatte er uns damit geängstigt, sich bei Spaziergängen oder auf den täglichen Wegen durch die Stadt von der Hand zu reißen und auf die blitzenden Speichen loszugehen. Ein Don Quichotte, freilich ohne Lanze und Pferd. Es reizte ihn auch, weil er wußte, daß wir es ihm ausreden wollten. Die Lockung des Verbotenen, doch wie hätten wir ihm die Gefahr erklären sollen. Es war ein herrlicher Tag im Freibad gewesen, ein Ausflug, der ihm sehr gefallen hatte. Dan liebt das Baden, kann sich stundenlang im Wasser tummeln. Einmal jedoch muß das Vergnügen ein Ende haben, gegen Abend kommt Wind auf, Wolken ziehen sich zusammen, die Sonne schwimmt in bläulicher Milch, die Leute wandern in Scharen ab. Wir rüsten gleichfalls zum Aufbruch, mit Bedacht, weil wir unseren Sohn kennen, packen erste Sachen zusammen, bedeuten ihm, daß er noch einmal ins Wasser darf. Mißtrauische Blicke von ihm, leichter Protest, der sich aber beim Planschen gibt. Doch als es ernst wird, will sich Dan nicht anziehen, kippt die Badetasche aus, sträubt sich auf jede erdenkliche Art. Die Leute schauen herüber – so ein großer Bengel –, manche lachen. Wir versuchen unserem Jungen beizubringen, daß es Abend wird und alle das Bad verlassen müssen, das kann ihn aber nicht überzeugen – einige, besonders die Kinder, bleiben ja noch. Schließlich schaffen wir es doch, ihm die Sachen überzustreifen, dann gehen wir einfach los. So schlau ist er inzwischen, daß er nicht allein zurückbleibt. Er kommt hinter uns hergerannt, hält uns fest, geht ein paar Schritte mit, bleibt wieder stehen. Der übliche Kampf, nervenaufreibend und langwierig, deshalb legen wir draußen, etwa hundert Meter vor dem Bad, eine Pause ein. Wir setzen uns alle drei auf einen Rasenhügel neben dem Weg, der zur Straßenbahnhaltestelle führt. Soll sich Dan erst mal beruhigen.

Was wir all die Wochen verhindern wollten, geschieht in diesem Augenblick. Wir überlegen gerade, ob wir einen Bonbon als Köder einsetzen sollen oder nicht, da kommen vier Radfahrer den Weg entlang. In schnellem Tempo. Kinder, sie spielen das alte Spiel: Wer wird erster. Sie haben nicht mit Dan gerechnet.

Es geht alles blitzschnell. Mit einem Freudenschrei ist Dan aufgesprungen und rennt mitten in den Trupp hinein. Die Kinder sind völlig überrascht, wir gleichfalls. Klingeln hilft nichts, Rufen ebensowenig. Der erste Fahrer kann noch ausweichen, der zweite, ein etwa zwölfjähriger Junge, nicht. Sein Vorderrad erwischt Dan am Oberschenkel, beide stürzen. Ein nachfolgendes Mädchen rast in das Knäuel hinein, das letzte Mädchen reißt den Lenker nach rechts und kommt auf der Wiese zu Fall.

Geheul, vor allem von Dan; der Junge, der nichts abgekriegt hat, schreit: »Bist du blöde?!« Das Mädchen auf der Wiese, das weich gefallen ist, rappelt sich auf und kreischt: »Der spinnt wohl!«

Wir sind sofort bei den anderen, die noch am Boden liegen. Dan zuunterst, wir fragen, ob was wehtut, kümmern uns um sie, schauen den Schaden an. »Müßt ihr denn hier so rasen«, sagt Klaus und verarztet das Bein des Jungen, der als erster gestürzt ist. Mit Gothaplast, das ich stets bei mir trage. Schürfwunden, verbogene Lenker – der Schreck ist zum Glück das Schlimmste. Dan hat's am meisten erwischt. Die Knie sind aufgeschlagen, eine Rißwunde am linken Bein, Blut an den Händen, er flennt und schluckt. Er klammert sich an mich. Ein Gutes hat die Sache: Er ist nun endlich ernüchtert und zahm. Die anderen Kinder, trotz allem etwas schuldbewußt, ziehen schließlich ab, während wir immer noch an unserem Sohn herumputzen und ihn verpflastern. Am besten wär's, ins Bad zurückzugehen, zur Sanitätsstelle, doch wir befürchten – jetzt vielleicht zu Unrecht – neue Komplikationen. Außerdem sind mir plötzlich die Knie weich geworden, ich muß mich hinsetzen. Klaus ist gleichfalls blaß um die Nase, mir fällt's auf, als wir dann endlich in der Straßenbahn sitzen. Viel später als geplant und nicht eben erholt erreichen wir an diesem Tag unser Domizil.

Seither hat Dan Respekt vor Fahrrädern, das Erlebnis hat ihn überzeugt und belehrt. Autos dagegen reizen ihn nach wie vor. Wir müssen auf der Hut sein, eine ähnliche Erfahrung damit können wir unmöglich zulassen. In der letzten Zeit, etwa seit einem halben Jahr, scheint er sich allerdings der Gefahr bewußter zu werden. Er springt zurück, wenn jäh ein Fahrzeug aus einem Seitenweg auftaucht. Was ihn freilich nicht hindert, in bestimmten Situationen doch mit dem Feuer zu spielen, so nahe wie möglich an die Bordsteinkante heranzutreten, wenn ein Laster vorbeibraust, den Kopf vorzuschieben und uns dabei herausfordernd anzusehen.

7

Klaus ist vier Jahre älter als ich. Als wir uns kennenlernten, studierte ich noch, er hatte seine Ausbildung schon hinter sich, arbeitete in einer Vorortbuchhandlung, die bisweilen auch Verkaufstouren in die Umgebung startete. Das war vor allem seiner Initiative zuzuschreiben, er wollte dazu beitragen, die Kultur ins Land zu bringen. Sie arrangierten das vorher, sprachen sich mit dem Bürgermeister und irgendeinem Verantwortlichen des jeweiligen Ortes ab und fuhren dann mit einem PKW los. Ich glaube, es war sogar ein Privatwagen, ein Wartburg-Tourist, den sie mit Büchern volluden. Er gehörte wohl dem Leiter der Buchhandlung.

Wir bekamen zum erstenmal bei einem Buchverkauf miteinander zu tun, ich war damals stets mächtig beschäftigt, neben dem Studium arbeitete ich als Aushilfskraft an der Schule und hatte außerdem eine Hilfsassistentenstelle am Institut. In dieser letzten Eigenschaft sollte ich – gemeinsam mit einem Dozenten – die deutschsprachigen Bestände unserer bescheidenen slawistischen Seminarbibliothek ergänzen. Die Fakultät hatte zu diesem Zweck ein paar hundert Mark zur Verfügung gestellt.

Wir suchten einige Bücher von Tschechow, Dostojewski und dem damals in Mode gekommenen Lyriker Jewtuschenko, aber sie waren nirgends aufzutreiben. So gerieten wir schließlich an Klaus' Buchhandlung. »Fahren Sie mal ins Marienviertel«, hatte man uns im Zentrum geraten, »die haben manchmal noch was, wenn woanders längst Ebbe ist.« Der Tip war richtig, nur der Jewtuschenko war nicht da. Und gerade an ihm lag mir am meisten.

Damals hatte Klaus eine Eigenschaft, die ich ihm im Laufe der Jahre recht und schlecht abgewöhnen konnte – gewiß hat auch unser Leben das Seinige dazu getan. Er gab sich, wenn Gelegenheit war, gern geheimnisvoll geschäftig. So auch in unserem Fall. Er wußte, daß die Bücher, die wir suchten, gefragt waren, und ließ uns erst ein wenig zappeln. Er ging von einem Regal zum anderen, besprach sich mit einer Kollegin und marschierte mehrmals nach hinten, bevor er Tschechows ›Gesammelte Werke‹ und den ›Idioten‹ von Dostojewski anschleppte. Später behauptete er, daß er uns hinhalten und eine Möglichkeit finden wollte, mit mir ins Gespräch zu kommen, denn ich hätte ihm gleich gefallen. Das mag stimmen – dennoch störte mich seine Art. Ich sah seinen Bürstenschnitt, die lässigen Schulter- und Kopfbewegungen, wenn er etwas erklärte, und dachte: Der nimmt sich ganz schön wichtig.

»Na, wie bin ich zu Ihnen?« fragte er mit Beglückermiene, als er uns die Bücher aushändigte.

»Nicht so freundlich, wie Sie vielleicht denken.«

»Bitte?«

»Sie enthalten uns ja das Beste vor.«

»Das Beste, na wissen Sie. Außerdem ist der Jewtuschenko seit Wochen vergriffen.«

»Ich dachte, für einen Mann wie Sie wäre das trotzdem kein Problem.«

Der Dozent, der dabei war, warf mir einen indignierten Blick zu und beeilte sich, dem Kollegen für die erwiesene Gefälligkeit zu danken. Während er bezahlte, sah ich mir noch ein paar Taschenbücher an. Da trat der Verkäufer mit dem Bürstenschnitt erneut an mich heran und sagte: »Vielleicht habe ich doch einen Jewtuschenko für Sie.«

»Was bedeutet ›vielleicht‹?«

»Für den Fall, daß Sie sich mal mit mir treffen.«

»Der Fall ist nicht vorgesehen.«

»Heute abend im ›Alten Kamin‹.«

»Danke, heute bin ich schon vergeben.«

»Dann morgen«, drängte er, »oder übermorgen.«

Ein Kunde sprach ihn an, und ich ging aus dem Geschäft, ohne zugesagt zu haben. Drei Tage danach wartete Klaus vor unserem Seminarraum. Mit dem Jewtuschenko unterm Arm. Er hatte sich viel Mühe gegeben, am Institut meinen Namen und meine Vorlesungszeiten zu erfahren. Das Buch hatte er, wie ich später herauskriegte, seiner Privatbibliothek entnommen. Was ihn gewiß Überwindung kostete. Ich gab es übrigens nicht ans Institut weiter. Es war kein Verlust für ihn, wir haben es noch heute in Besitz.

Die Verkaufstour aufs Land imponierte mir seinerzeit von allem, was Klaus machte, am meisten. Und er hatte wahrhaftig eine Menge Interessen, spielte Turnierschach und Volleyball, sammelte Münzen und wollte unbedingt ein eigenes Buch veröffentlichen. Eine Sache, die er inzwischen ja tatsächlich mehrmals zustande gebracht hat. Während er alles andere aufgeben mußte. So wie ich mein Laientheater aufgab und meine Pläne für eine Dissertation, die mir eventuell den Zugang zur Universität ermöglicht hätte.

Klaus war zwar ein bißchen eingenommen von sich,

aber er hatte Ideen und war kein Egoist. Das mit den Dörfern machte er aus Enthusiasmus, ohne sich Überstunden bezahlen zu lassen oder Erschwerniszulage zu verlangen. Ein paar Wochen später nahmen sie mich mal auf so eine Fahrt mit – diese Arbeit war gar nicht so problemlos. In dem kleinen Ort M. zum Beispiel hatte man unser Kommen völlig vergessen. Keinen Raum vorbereitet, keine Bekanntmachung ans Schwarze Brett geschlagen. Von einem Plakat überhaupt nicht zu reden. Obwohl alles telefonisch abgesprochen war. Aber der Verantwortliche für Kultur war zu einem Weiterbildungslehrgang gefahren und hatte den Buchverkauf verschwitzt. Wenn wenigstens schönes Wetter gewesen wäre, so daß wir einen großen Tisch vors Gemeindeamt hätten stellen können. Aber nein, kalter Wind und Nieselregen. »Unter diesen Umständen hat das keinen Zweck«, sagte der Leiter der Buchhandlung, »fahren wir lieber die sechs Kilometer weiter nach Bingswalde. Sind wir eben schon gegen Mittag da.«

In diesem Bingswalde wollten wir erst am nächsten Tag verkaufen. Wir wollten aber dort übernachten. Der Ort war etwas größer, vielleicht konnten wir schon heute was losschlagen.

Klaus ging nicht auf die Worte seines Chefs ein. »Bei dem Regen sitzen bestimmt 'ne Menge Leute in der Kneipe rum«, sagte er, »warum verkaufen wir nicht einfach in der Kneipe?«

»Geht doch nicht. Der Wirt will Bier und Schnaps an den Mann bringen, keine Bücher.“

»Wir erklären ihm, daß wenigstens er was für die Kultur tun muß, wenn der Gemeinderat so versagt.«

Klaus ging in die Kneipe, und es gelang ihm tatsächlich, den Wirt zu überzeugen. Der Mann kaufte sogar das erste Buch selbst, einen ziemlich teuren Bildband über Hunde, solche Dinge merkt man sich. Der Verkaufstag in M. wurde ein Erfolg, hinterher, im Auto, versicherten wir uns gegenseitig, daß wir Bücher künftig nur noch in

Kneipen anbieten würden. Wir waren einigermaßen aufgekratzt und Klaus lief abends mit so stolzgeschwellter Brust umher, daß ich Mühe hatte, ihn auf den Teppich zurückzuholen.

Bei dieser Tour verkauften wir auch eine Menge Kinderbücher. Sie waren immer beliebt, ob sie nun von Menschen, Tieren, modernen Maschinen oder Reisen in ferne Länder handelten. Klaus' Chef hatte selbst einen Jungen und ein Mädchen, er erzählte, daß sein fünfjähriger Sohn verrückt auf Märchen sei, während die um ein Jahr ältere Tochter Geschichten über Autos und Traktoren bevorzuge. »Die versteht schon jetzt mehr davon als meine Frau, die wird mal einen guten Kfz-Schlosser abgeben.«

Wir redeten dann über Kinder von heute und früher, und Klaus meinte, seine Jungs müßten auf jeden Fall was Technisches lernen. Elektroingenieure sollten sie werden oder irgendwelche raffinierten Mechaniker. Ich hielt mich bei diesem Thema zurück, die Sache war mir zu heikel. Ich hatte mich bis dahin nie ernsthaft mit dem Gedanken an eigene Kinder befaßt. Ich war gar nicht dazu gekommen. Erst war da die Schule mit ihren Pflichten gewesen, dann kam das Studium. Ich hatte zu lernen und auch allerhand Arbeit zu Hause, weil schon damals mein Vater sehr krank war. Ich hatte zwar den einen oder anderen Freund gehabt, doch Kinder, das kam vorläufig nicht in Frage. Nur im Scherz, unter Freundinnen, behauptete ich manchmal, ich würde mir drei stramme Bengel wünschen und zwei zierliche Mädchen. Das gab ein großes Hallo. Ich stellte sie mir schön, gesund und vor allem intelligent vor.

8

Wenn auch die verschiedenen Tests keinen Aufschluß über Dans Hörschädigung gaben – eins wurde immer deutlicher: Es handelte sich zumindest um eine hochgradige Schwerhörigkeit, die vom Gehirn ausging und eine normale Sprachanbildung nicht gestattete. Wir mußten also etwas unternehmen, um Dan beim Kennenlernen und Begreifen der Welt behilflich zu sein. Die Frage war nur, was?

Der Gedanke lag nahe, sich mit Ärzten und Psychologen zu beraten, sich mit Eltern ähnlicher Kinder in Verbindung zu setzen. Die Auskünfte, die wir erhielten, waren beruhigend. Das ginge seinen Gang, sagten Ärzte wie Eltern, mit etwa drei Jahren könne Dan den Schwerhörigen-, oder wenn sich seine Schädigung als stärker erweisen sollte, den Gehörlosenkindergarten besuchen und danach die entsprechende Spezialschule. Selbstverständlich dürfe man sich keinen Illusionen hingeben, für solche Kinder sei es schwerer als für andere, nicht jeder Beruf käme in Frage, aber es gäbe Gehörlose, die sogar die Universität besuchten. Und wenn Dan vielleicht gar künstlerisch begabt sei ...

Je schmaler die Brücke der Hoffnung ist, desto närrischer schwingt sie beim Betreten. Wir sahen unseren Sohn schon Porzellanteller bemalen und historische Gebäude restaurieren. Aber bis dahin blieb noch ein gutes Stück Weg, vorläufig war Dan kaum zwei Jahre alt. Immerhin durften wir die Zeit nicht nutzlos verstreichen lassen. Jeder Fachmann klärte uns darüber auf: Was man beim Kleinkind versäumt, ist später nicht mehr aufzuholen. Doch was war's nun, was man nicht versäumen durfte? Wir wollten es genauer wissen und stießen auf Gemeinplätze. Das Gehirn trainieren, liebevolle Hinwendung. Auf die wenigen konkreten Ratschläge, die wir befolgten – laut ins Ohr sprechen, viel und deutlich mit ihm reden –, reagierte Dan nicht. Wir waren unsicher, hatten Furcht, das Falsche zu tun. Klaus, der ohnehin fürs Wissenschaftliche war, hatte die Mätzchen bald satt. »So geht das nicht, wir brauchen einen Leitfaden. Es muß doch Bücher geben, in denen exakt steht, was bei solchen Kindern unternommen werden muß.« Da er an der Quelle saß, befragte er Kollegen, erkundigte sich bei den zuständigen Verlagen. Eines Tages brachte er zwei Werke mit, auf die wir uns mit Feuereifer stürzten. Es waren hochtheoretische Abhandlungen, sicherlich interessant für Spezialisten, doch ohne die für uns dringend notwendigen praktischen Hinweise. Jahre später (die Wissenschaft möge uns verzeihen) wußten wir nichts Besseres damit anzufangen, als sie Dan zum Spielen und Zerreißen zu geben.

Jedenfalls bemühten wir uns wochenlang vergeblich, Material aufzutreiben, das uns über den Umgang mit gehörlosen Kleinkindern unterrichtet hätte. Wir waren sehr enttäuscht, wir konnten nicht verstehen, daß die Pädagogen und Psychologen, die ständig für eine frühestmögliche Arbeit mit dem geschädigten Kleinkind plädierten, offenbar nichts taten, ihre Erfahrungen der Öffentlichkeit zugänglich zu machen. Damals kannten wir Frau Dr. Flex noch nicht, die, einigermaßen auf sich allein gestellt, sehr um diesen Spezialbereich bemüht war. Zum erstenmal bekamen wir die Schwierigkeiten zu spüren, die jemand hat, der sich abseits der bekannten und für die Allgemeinheit gesicherten Straßen bewegen muß.

Schließlich klagte ich einer jungen Psychologin mein Leid, die manchmal bei den Hörtests zugegen war und mir durch ihre freundliche Art Vertrauen einflößte. Ihre Antwort kam zögernd: »Bei uns ist darüber meines Wissens noch nichts erschienen, aber wenn Sie mir fest versprechen, es nächste Woche wieder mitzubringen, leihe ich Ihnen ein Buch von drüben. Einen Lehrgang in Briefen für Eltern taubstummer Kinder. Bitte behandeln Sie es pfleglich, ich besitze nur dieses eine Exemplar.«

Es war eine in Los Angeles verfaßte, fürs Deutsche

bearbeitete Schrift, durch die wir endlich praktische Hinweise bekamen. Welche Übungen für welche Altersstufen möglich und günstig waren, wie man sich im Umgang mit einem gehörlosen Kind verhalten mußte und so weiter. Sowohl Klaus als auch ich lasen das schmale Buch in einem Zug durch – dann setzte ich mich hin und begann die wichtigsten Passagen abzuschreiben. Mit der Hand, unglücklicherweise war gerade in dieser Woche die Schreibmaschine kaputtgegangen. Ein Kapitel schrieb ich ab, das nächste – abends, sobald er nach Hause kam – Klaus. Und dann erneut ich, immer im Wechsel, soweit die Kraft reichte. Eine Woche später lieferten wir das Buch wieder ab; wir besaßen eine fast komplette Abschrift davon und kannten es inzwischen beinahe auswendig.

Mit diesem Tag begann eine Zeit hartnäckiger Arbeit, die wir bis jetzt fortgeführt haben. Nachdem uns die zuständigen pädagogischen Instanzen einige Jahre später die Hoffnungslosigkeit solchen Bemühens bei Dan bescheinigt hatten, ist sie ausschließlich unser »Privileg« geworden. Wir üben an den Wochenenden vormittags und in der Woche mitunter abends; es gibt Erfolge, doch sie sind gering. Vielleicht wären sie größer, wenn wir mehr Unterstützung gehabt hätten, vielleicht ist alles tatsächlich eine Sisyphusarbeit. Wir trösten uns damit, daß sie Dan zumindest beim Gehirntraining hilft. Außerdem ist es von praktischem Nutzen, wenn man das eine oder andere Wort, das er vom Schriftbild her kennt, bei passender Gelegenheit anwenden kann.

Ich erinnere mich noch an Klaus' erste Versuche, Dan einen Begriff von den Gegenständen zu vermitteln. Laut Lehrbrief sollten wir jeden Tag wenigstens ein paar Minuten üben und dabei alle möglichen Dinge beachten. Zum Beispiel, daß man mit dem Gesicht zum Licht sitzt, damit das Kind jede Mundbewegung beobachten kann. Ich sehe Klaus an unserem Küchentisch und Dan gegenüber auf einem durch mehrere Kissen erhöhten Sitz – die

Gesichter sollten gleichauf sein. Klaus sucht Dans Blick zu fesseln, der vergnügt im Raum umherwandert. Zu diesem Zweck hebt mein Mann einen roten Plastiklöffel in die Höhe und sagt ganz nach Anweisung deutlich, doch nicht übertrieben: »Löffel«. Dan freut sich über einen Sonnenstrahl, der Löffel interessiert ihn nicht. Klaus legt den Löffel zu einem anderen gleichfarbigen, gleichgeformten auf den Tisch und nimmt eine grüne Plastikgabel in die Hand. Er will mit der Gabel genauso verfahren wie mit dem Löffel, eine zweite liegt auf der Tischplatte. Drittes Behandlungsobjekt ist ein Spielzeugmesser – stets mit drei Gegenständen arbeiten! Doch er kommt nicht dazu, denn statt nach der Gabel oder gar auf Klaus' Mund zu sehen, hat sich Dan die beiden Löffel gelangt. Ruhe bewahren, junger Vater, im Buch steht, man soll den Kindern Zeit lassen, ausführlich die Gegenstände zu betrachten! Allerdings betrachtet Dan die Löffel keineswegs ausführlich, er wirft sie vielmehr mit einem Jauchzen zu Boden. Darüber stand im Buch nichts, es sieht aus, als wollte er sich über die Wissenschaft lustig machen. Soll man ihn nun tadeln? Klaus beschließt, so zu tun, als sei nichts geschehen, er hebt den Löffel auf, beginnt die Übung von neuem. Doch anstatt aufzupassen, ergreift Dan diesmal eine der Gabeln, bestrebt, die äußerste der vier Zinken rechtwinklig abzubiegen. Da könnnte man doch gleich auf den Tisch hauen! »Dan!« ruft Klaus und nimmt die Gabel weg. Das war das Falscheste, was er tun konnte, denn nun ist gar nichts mehr drin. Dan ist beleidigt und bockt. Daß man sich nicht aus der Ruhe bringen lassen dürfe, war im Buch übrigens immer wieder betont worden.

Am nächsten Abend versuche ich es, dann wieder Klaus, und mit der Zeit merkt Dan, daß wir etwas von ihm wollen. Ja, er soll den Löffel zum Löffel, die Gabel zur Gabel, das Messer zum Messer legen. Und nicht die Gabel zum Messer, den Löffel zur Gabel, das Messer zum Löffel. Ist doch weiß Gott nicht so schwer zu begreifen. Aber Dan ist oftmals gar nicht gewillt, den Gegenstand überhaupt erst in die Hand zu nehmen. Was mich betrifft, so gebe ich ehrlich zu, daß mir für dieses Spiel die Geduld fehlt. Klaus ist ein ruhiger Bürger und fängt immer wieder von vorn an, mit mir dagegen geht das Temperament durch. Ich, die studierte Lehrerin, brülle Dan an. Aber auf diese Weise sind keine Fortschritte zu erreichen.

Mit den Monaten geht die Initiative in Sachen Lehrarbeit mehr und mehr auf Klaus über. Arbeitsteilung – ich erledige ja fast alle Arztbesuche, kümmere mich um das leibliche Wohl des Jungen, eine Aufgabe, die auch nicht einfach zu lösen ist. Doch sosehr sich mein Mann abmüht, die Ergebnisse, die er erzielt, entsprechen nicht unseren Erwartungen. Obwohl an die Stelle der Löffel und Gabeln bunte Garnröllchen treten: gelb zu gelb, rot zu rot, grün zu grün. Oder kleine Pastikbälle. Doch mit denen spielt Dan nur. Man hat bei ihm zudem immer den Eindruck, daß er sich nicht in die Karten gucken lassen will. Einmal, als Klaus schon ganz verzweifelt ist, legt er plötzlich alle Garnröllchen richtig zueinander. Blitzschnell und fast ohne hinzuschauen. Große Begeisterung bei uns, doch beim nächstenmal macht er's wieder falsch. War das nun Zufall, oder ist es Methode? Am entmutigendsten ist, daß er sich überhaupt gegen das Lernen sträubt. Den meisten Erfolg hat Klaus noch bei der Übung: Gegenstände zu Bildern zu legen oder umgekehrt. Er hat sich viel Mühe deswegen gemacht, hat den roten Löffel, die grüne Gabel, aber auch einen bunten Kinderbesen, einen kleinen Holzhund, eine Kerze naturgetreu auf weiße Pappe gezaubert. Nichts mit abstrakter Malerei, zu der er vielleicht besser befähigt wäre. Manchmal ist Dan immerhin bereit mitzumachen, und dann bewältigt er die Aufgabe ohne weiteres. Also wird er eines Tages auch das Ablesen der Wörter und Sätze vom Mund lernen. Wir dürfen nur nicht die Geduld verlieren.

9

Die Autos, die Straßenbahnen, die Busse, die Eisenbahn. Gefahren lauern überall, auch jetzt noch, Dan ist ja nun zu groß, um an der Hand geführt zu werden. Er ist inzwischen einssiebzig und etwa so kräftig wie ich; gegen seinen Willen geht fast nichts mehr. Als er klein war, hat ihn Klaus manchmal aus einer Pfütze, in die er sich warf, einfach hochgehoben und auf den Schultern nach Hause geschleppt. Wutentbrannt, unter Aufbietung aller Kräfte, aber es war möglich. Jetzt schmeißt sich Dan nicht mehr in die Pfützen, es wäre ihm unangenehm. Doch wenn ihm etwas gegen den Strich geht, läßt er's uns wie damals spüren. Läuft mit Absicht auf die Gleise, sobald sich die Bahn nähert, wirft Steine auf die Straße. Wir schimpfen ihn aus, wir versuchen ihn festzuhalten, aber oft bestärkt ihn das nur in seinem Vorhaben. Am besten wäre es, zu ignorieren, was er tut, doch wie kann man das. Wir wissen, daß er wieder von den Gleisen springt, wenn die Bahn nahe genug heran ist – der Fahrer, der wie verrückt Signal gibt, weiß es nicht. Auch der Mann im Auto ahnt nicht, daß der Stein, flach geworfen, keinen Schaden anrichtet, sondern nur in berechneter Entfernung auf die Straße fliegt. Die Schimpfwörter, die uns erreichen, die wütenden oder entsetzten Blicke, denen wir ausgesetzt sind, treffen uns zwar nicht mehr, doch manchmal kommt es zu Zusammenstößen, bei denen es schwerfällt, die aufgeregten Gemüter zu beruhigen. Deshalb sind wir bemüht vorzubeugen, möglichen Zwischenfällen zuvorzukommen. Vorausschauend leben, diese Devise trifft auf uns ganz direkt zu. Langes Warten an Haltestellen vermeiden – kurze Strecken lieber laufen –, Standorte suchen, wo keine Steine liegen. Was bei den ständigen Ausbesserungen und Schachtarbeiten an Straßen wie Bürgersteigen problematisch ist. Und absolut nicht den Interessen unseres Sohnes entspricht.

Oder das: Eisenbahnfahrten, bei denen man bekanntlich oft wartend auf Bahnsteigen steht. Klaus' Eltern wohnen in Z., einer dreihundert Kilometer entfernten Stadt. Dan liebt Oma und Opa sehr, und für uns sind sie Zuflucht, wenn wir nicht mehr weiter wissen; die anstrengende Reise muß in Kauf genommen werden. Nur wie kommt man mit diesem Kind über die Zeit. Heute ist das kein so großes Problem mehr, er hat sich auf die Länge der Fahrt eingestellt, ist sehr geduldig. Früher waren wir nach der Reise meist mehr tot als lebendig. Dan war unausgeschlafen, quengelig. Er schaute kaum zum Fenster hinaus, zerrte aber ständig an den Vorhängen. Er klapperte mit dem Abfallbehälter oder versuchte, den Fuß auf dem Tischchen am Fenster unterzubringen. Er hatte keinen Blick für Bilderbücher, die wir ihm anboten, schob alles weg. Als Kleinkind interessierten ihn die roten Feuerlöscher, die irgendwo im Gang angebracht waren. Fanden wir einen, waren oft Stunden ausgefüllt. Klaus ging mit ihm zu der betreffenden Stelle – dort stand Dan und staunte. Später waren es die schwingenden Abteiltüren oder bestimmte Lichtreflexe, die an der Wagendecke entlangliefen. Ich denke noch mit Schrecken an eine Fahrt zurück, wo er zu meiner Verblüffung ununterbrochen aufsprang und sich wieder hinsetzte. Das schöne Spiel ›Laurenzia‹: hoch – nieder, hoch – nieder. Der Zug war brechend voll, die Frau Dan gegenüber geriet aus dem Häuschen und wollte sich beim Schaffner beschweren. Andere Fahrgäste mischten sich ein, gegen oder für mich. Ich tat alles, um Dan abzulenken, es gelang nicht, vergeblich bemühte ich mich, den Grund für sein Verhalten rauszukriegen. Bis ich bemerkte, daß er auf den Lichtschein reagierte, der durch die stärker oder schwächer pendelnde Tür stets verändert aus dem Nebenabteil drang. Wir tauschten die Plätze, er konnte jetzt sehen, was er wollte, ohne aufzuspringen und sich verrenken zu müssen, er hatte seine Beschäftigung. Anderthalb Stunden Streit mit ihm, ehe ich begriffen hatte. Manches ließe sich einfacher regeln, wenn man den anderen erst mal zu verstehen versuchte, bevor man ihm den eigenen Willen aufzwingt.

Doch was ist zu tun, wenn man die Absicht Dans sehr wohl begreift, aber gleichzeitig sieht: Er schockiert die Umwelt und bringt sich in Gefahr. So bei den erwähnten Vorkommnissen auf dem Weg zur Tagesstätte, so im vorigen Herbst, als er von Z. aus wieder nach Hause gehen sollte. Schuld war ein Feiertag, der ein verlängertes Wochenende brachte, uns aber wieder einmal vor die Frage stellte, wie wir die Zeit mit Dan am günstigsten überbrücken könnten. Ich hatte eine dringende Arbeit zu erledigen, Klaus erbot sich, für vier Tage mit dem Jungen zu den Großeltern zu fahren. Gewiß eine gute Lösung – wir hatten nur nicht bedacht, daß für Dan, der sonst mindestens eine Woche in Z. blieb, die Rückreise viel zu schnell kam. Obwohl ihm Klaus selbstverständlich am Abend vorher die Koffer gezeigt hatte. Am Morgen, als er aus dem Bett geholt wurde, schüttelte er unwillig den Kopf. Beim Abschied schaute er Oma und Opa kaum an, was freilich nicht allzu ungewöhnlich war. Auf dem Weg zum Bahnhof legte er immer wieder Pausen ein und mußte gedrängt werden. Dann standen sie auf dem Bahnsteig, warteten. Der Zug hatte eine halbe Stunde Verspätung.

Vielleicht hätte man in die Mitropa gehen sollen, doch die Zeitspanne dafür war kurz. Treppauf, treppab mit dem Gepäck, man läßt es, wenn es nicht unbedingt nötig ist. Auf dem Bahnsteig jedenfalls war Dan unruhig, seine Lust am Stänkern wuchs von Minute zu Minute. Er kniff Klaus in den Arm, hob Kippen auf, buddelte Steine aus. Er lehnte es ab, stillzustehen oder sich auf eine Bank zu setzen, lief vielmehr ständig hin und her. Bis dann die Diesellok kam. Eine Durchfahrt. Die Leute wurden aufgefordert, von der Bahnsteigkante zurückzutreten.

Ich sehe die Szene vor mir. Der Bahnsteig ist inzwischen ziemlich bevölkert, die Verspätungsfrist abgelaufen. Als die Lok auftaucht, steht Dan ein paar Meter von Klaus entfernt, schaut ihr aufmerksam entgegen. Sie kommt schnell heran; der Junge tritt zwei Schritte nach vorn.

Klaus erfaßt, was er vorhat, doch er kann nicht eingreifen. Spränge er auf Dan zu, würde der Junge in einer Trotzreaktion nach vorn stürzen. Klaus muß zulassen, was die Leute ringsum vor Schreck den Atem anhalten läßt: daß nämlich Dan ganz nahe an die vorbeifahrende Lok herantritt. Nicht so nahe, daß er hängenbleiben könnte, aber immerhin. Dem Lokführer, der aus seiner Luke schaut, bleibt für Sekunden die Sprache weg. Dann brüllt er los, gibt gleichzeitig so heftig und schrill Signal, daß alles zusammenfährt. Selbst Dan hat es gehört, er lacht und weicht einen Schritt zurück. Jetzt ist Klaus bei ihm, packt ihn am Arm, schimpft. Ein Mann in Zivil nähert sich, zückt seinen Ausweis: Bahnaufsicht. »Sie wissen, daß sich der junge Mann da soeben sehr unvorsichtig verhalten hat; ich hab so was noch nicht erlebt; alle Leute hier warn ja völlig ..., völlig ...« Er findet keine Worte mehr.

Klaus holt nun Dans Schwerstbeschädigtenausweis hervor, versucht die Situation zu erklären.

»Wenn der Junge so schwierig ist, können Sie nicht mit ihm verreisen!«

Eine klare logische Folgerung, nur für uns ist das keine Lösung. Zum Glück rollt nun der verspätete Zug ein, so daß die Auseinandersetzung nicht weitergeführt werden kann. Dan, der diesmal doch mitkriegt, daß er den Bogen überspannt hat, ist jetzt etwas zugänglicher. Der Rest der Fahrt verläuft ohne größere Aufregungen.

10

Wir heirateten im kalten Monat Dezember, eine Woche vor Weihnachten, weil da auf dem Standesamt noch ein Termin frei war. Wir hätten uns nicht unbedingt so zu beeilen brauchen, hätten bis zum freundlichen Frühjahr warten können, doch wir wollten uns für eine Wohnung anmelden. Wir waren der möblierten Zimmer, die noch dazu an den entgegengesetzten Enden der Stadt lagen, überdrüssig.

Es wurde ein Fest im engsten Familienkreis. Der Raum, in dem die Trauung stattfand, war überheizt, und die ganze Gesellschaft schwitzte. Auf dem Höhepunkt der Zeremonie, gerade als uns die Standesbeamtin das Jawort abverlangen wollte, brannte wie in einem Film der Weihnachtsstrauß an. Wir nahmen es für ein gutes Zeichen, das Schicksal würde uns fröhliche Überraschungen bescheren. Das Mittagsmahl, für das meine Mutter gesorgt hatte, war üppig, und der Nachmittag verlief zur Zufriedenheit aller Anwesenden. Nur die Hochzeitsnacht mußte aufgeschoben werden. Gerade als wir angeheitert und etwas mitgenommen in Klaus' Bude angelangt waren, klingelte es an der Tür: ein Freund meines Mannes. Er kam von außerhalb, war ohne Unterkunft und hatte keine Ahnung von meiner Existenz. Wir konnten ihn nicht gut vor die Tür setzen.

An Dan war damals noch nicht zu denken, wir hatten die Wochenenden und den ersten gemeinsamen Urlaub allein für uns. Unvorstellbar! Wir liebten uns und machten Pläne. Ich hatte noch Verbindung zur Universität, wollte eine Dissertation über moderne sowjetische Lyrik schreiben. Klaus bastelte an seinen Skizzen. Zwei oder drei Feuilletonbeiträge waren von einer Literaturzeitschrift gedruckt worden.

Probleme gab es auch, zum Beispiel in der Schule. Man hatte mir eine Rabaukenklasse anvertraut, und ich bekam sie erst nach einiger Zeit in den Griff, als ich nämlich ihren Lieblingslehrer im Tischtennis besiegte. Vorher rannen oft die Tränen, gab es verheulte Abende, an denen mich Klaus trösten mußte. Außerdem war da immer noch, nachwirkend, der Schmerz über den Tod meines Vaters. Er war lange Zeit ans Bett gefesselt gewesen, ich hätte ihn gern noch eine Weile in der Nähe gehabt.

Aber das war das ganz normale Leben mit seinen Höhen und Tiefen. Man geht durch den Tag, die Sonne oben am Himmel ist vielleicht hinter Wolken versteckt, doch es gibt keinen Zweifel, irgendwann wird sie wieder auftauchen. Die Bäume sind kahl, sie werden wieder Blätter tragen, das Eis wird tauen, die Hagelschauer werden vorbeiziehen. Gewiß, da ist der Tod, einschneidend und endgültig, aber er liegt innerhalb der Regel. Und wird, trotz allen Kummers, Erinnerung. In unserem Fall wird Wesentliches nie Erinnerung werden können. Es wächst mit unserem Sohn, überlebt uns. Jahre gab es, da existierte die Sonne nicht mehr. Die Bäume, die Wiesen blieben für mich kahl. So viele Tränen und keine Erleichterung. In der Öffentlichkeit aber die Tünche auf dem Gesicht, wie anders hätte man sich behaupten sollen.

Das erste Frühjahr als Frau Möckel, der erste Sommer. Mit der Wohnung hatten wir großes Glück, wir bekamen sie schon nach einem Jahr. Schwer vermietbar, doch anderthalb Zimmer. Hinterhaus. Außentoilette. Da sie leer stand, hatten wir Zeit, sie auf Vordermann zu bringen. Wir taten es mit Leidenschaft, wenn auch mit mäßigem Geschick. Bekannte halfen, die mehr von der Sache verstanden; recht und schlecht lernten wir, eine Decke zu streichen, eine Wand zu tapezieren.

Diese Wohnung war nach Jahren im Studentenheim – zu viert oder gar zu sechst in einem Raum – und meiner Zeit als Untermieterin – bei einer freundlichen Wirtin, die mich am liebsten ständig um sich gehabt hätte – eine großartige Sache. Man hatte etwas, wo man völlig sein eigener Herr war, wo man die Möbel aussuchte, kaufte und stellte, wie man wollte, wo man nach Gutdünken fünf oder nur zwei Lampen anbrachte, wo man die Türen blau strich oder mit Stoff bespannte. Man drehte den Schlüssel hinter sich im Schloß um und war zu Hause. Schön an dieser Wohnung, die zwei Fenster auf den Hof hinaus hatte und eins auf ein Dach mit bröckelndem, rußendem Schornstein, war ein langer Korridor. Man konnte dort mehr unterbringen als in dem halben Zimmer, einem besseren Verschlag. Klaus entdeckte sein Talent als Tischler und baute Regale, einen Hängeboden. Ich nähte Vorhänge und tüftelte Verbesserungen fürs behagliche Wohnen aus. Glaubte wenigstens, daß es solche würden. Klaus, der sie in die Tat umsetzen sollte, war nicht immer meiner Meinung. Es gab erste Streitereien, die meist bald behoben wurden. Ich brauste schnell auf, war tief gekränkt, wenn ein böses Wort fiel – eine halbe Stunde danach tat mir mein Verhalten leid. Klaus kam nicht so leicht in Wallung, schleppte den Ärger dann aber länger mit sich herum. Ich sehe mich noch neben ihm auf unserer Treppe sitzen – wir hatten eine Treppe in der Wohnung; drei Stufen vom Korridor zum kleinen Zimmer – und Abbitte tun. Ich hatte ihm wegen eines Widerworts die Hand zerkratzt. Er wollte wütend aus der Wohnung rennen, aber ich fing ihn ab. Als ich mich dann auf seinen Schoß gemogelt hatte und meine Ergebenheit zeigte, lachte er plötzlich und sagte: »Ich glaub, was du brauchst, ist ein Kind.« Und ich darauf: »Vielleicht brauchen wir beide eins.«

Wir warteten aber noch damit, wir hatten es dennoch nicht eilig. Wir hatten noch so viel vor im Leben, auf der Landkarte unserer Interessengebiete gab es mehr weiße als bedruckte Stellen. Manchmal, wenn ich auf dem Spielplatz Kinder beobachtete, versuchte ich mich mit dem Gedanken vertraut zu machen, es könnten meine sein. Das sanfte, niedliche Mädchen dort vielleicht oder der kesse Junge. Unter den Kindern im Haus war eins, dem ich mitunter fünfzig Pfennig für Eis zusteckte, wenn es die Eltern nicht merkten. Sie hätten ihm das Geld weggenommen, um Zigaretten dafür zu kaufen oder Bier. Ein Mädchen war das, ein mageres, blasses Ding, oft verängstigt, denn es bekam ziemlich viel Prügel, aber auf seine Art gewitzt. Gesund, woran ich seinerzeit nichts Besonderes fand.

11

Eine Erzählung aus Dagestan liegt auf meinem Tisch, sie handelt von einem Lahmen und einem Einäugigen, die gemeinsam auf dem Weg durch die Berge sind. Der Einäugige versucht Melonen zu stehlen, und der Lahme, der sich vergeblich bemüht, ihn von diesem Vorhaben abzubringen, bekommt die Prügel dafür. Er kriegt sogar noch eine zweite Tracht, die dem Weggenossen zugedacht war.

Ich habe gelacht, als ich die Geschichte las, sie belustigt mich immer wieder, vielleicht gefällt sie mir so, weil ich mir oft selbst wie der Lahme vorkomme, der vom Schicksal gebeutelt wird, ohne was verbrochen zu haben. Ich möchte sie gern übersetzen, am liebsten sofort, doch im Augenblick geht es nicht. Die »Schonzeit« nach meinem Zusammenklappen ist vorbei, ich stehe wieder voll im Programm. Morgens den Jungen versorgen und in die Tagesstätte bringen, danach Einkäufe und (heute zusätzlich) zur Ärztin. Im Haushalt ist trotz Klaus' Hilfe etliches liegengeblieben, der Abliefertermin für meine letzte Übersetzungsarbeit ist überzogen. Am Nachmittag muß ich noch mal los, Dan braucht neue Unterwäsche. Eine kleine Männergröße, die schwer zu bekommen ist; wie machen das bloß Frauen, die alleinstehend oder an feste Arbeitszeiten gebunden sind. Gewiß, ihr Vorteil liegt darin, daß sie mit ihrem Beruf erst mal fertig sind, wenn sie abends den Betrieb verlassen haben. Aber trotzdem!

Nachdem ich die Unterwäsche gekauft habe, hole ich Dan von der Tagesstätte ab, und dann geht's bis zum Abendbrot durch. Anschließend bin ich ganz schön geschafft. Vor allem wenn der Junge seine störrischen Tage hat und nicht nur auf dem Heimweg, sondern auch beim Waschen, Ausziehen und so weiter Schwierigkeiten macht. Wenn ich mich mit ihm streiten muß. Zum Glück bringt oder holt Klaus ihn hin und wieder, sonst wäre das alles nicht durchzuhalten.

Es wäre schön, wenn man wenigstens die Einkäufe mit

Dan erledigen könnte, doch das ist nach wie vor schwer. Er läßt mir keine Zeit zum Auswählen, drängt mich, hat ständig was in den Händen, was ich ihm entreißen, ins Regal zurücklegen muß. Die Leute gucken, die Verkäuferinnen beschweren sich. Als er kleiner war, rannte er mit Vorliebe an verbotene Orte, hatte dafür ein Gespür entwickelt. In Räume, die dem Personal vorbehalten waren, in Umkleidekabinen, ganz gleich, ob besetzt oder nicht. Einmal sauste er einer dickbusigen Dame in die Unterröcke, einmal riß er einen Vorhang beiseite, hinter dem ein junges Mädchen BHs anprobierte. Die Junge trug's mit Gelassenheit, die Dicke, schon Ältere, brach in Gezeter aus. Gern hätte ich so getan, als ginge mich die Sache nichts an, doch mein Sohn, erschrocken, stürzte auf mich los, um Schutz zu suchen. Eine komische Situation für alle Beteiligten müßte man annehmen, und erst recht für alle, die nicht direkt beteiligt waren, aber in Erinnerung habe ich es anders. Ich stehe zwischen zwei Ständern mit Nachthemden, die Vollbusige, zornrot im Gesicht, wettert hinter dem Vorhangzipfel hervor, mit dem sie sich Brust und Bauch bedeckt. Von links und rechts eilen Verkäuferinnen herbei, und die Kundinnen starren uns an, als hätten wir Bettwäsche geklaut. Dan hat Angst gekriegt, er bohrt seine Nase in meine Hüfte und umschlingt mich mit den Armen. Ich schimpfe mit ihm und komme, weil er mich so stark bedrängt, aus dem Gleichgewicht. Ich stoße an einen Ständer, ein Nachthemd rutscht vom Bügel und schwebt auf den nicht ganz sauberen Fußboden. Wo es sich malerisch ausbreitet. Keine Zeit, etwas zu erklären – ich werde von einer Verkäuferin angeblafft, ob ich nicht besser auf mein Kind aufpassen könne, und zu allem Überfluß taucht auch noch der Mann der Dicken auf, der sich bisher wohl in der Herrenabteilung aufgehalten hat. Er glaubt die Würde seiner Frau mit kräftigen Worten verteidigen zu müssen; ich habe noch heute seine Stimme im Ohr, sehe den protzigen weißgoldenen Ring an seinem Finger. Er fuchtelt mir damit vor den Augen herum, bis ich den Rückzug antrete. Obwohl ich mich schuldlos fühlte, setzte ich jahrelang keinen Fuß mehr in dieses Geschäft.

Die Gefahr, daß mich Dan jetzt noch in eine solche »Skandalgeschichte« verwickeln könnte, besteht kaum. Blindlings irgendwohin rennen – darüber ist er hinaus. Er stellt sich mitunter sogar mit in der Schlange an. Aber er steckt voller Unruhe, und bei einem Vierzehnjährigen fällt es mehr auf als bei einem kleinen Kind, wenn er ständig um mich herumläuft, drei Schritte vor – zwei Schritte zurückgeht, ablehnend den Kopf schüttelt, wenn ich ihn bitte, stehenzubleiben. Außerdem überträgt sich seine Unruhe auf mich, ziemlich schnell kommt der Augenblick, da ich losbrüllen möchte. Fahre ich ihn jedoch an, ob nun begründet oder nicht, dann starrt er mir so forschend ins Gesicht, daß ich's kaum ertrage. Als gelte es, die Gründe meiner Verstimmung bis ins letzte auszudeuten. Ich bin längst wieder gut, habe ihm das zehnmal zu verstehen gegeben, da bohrt er mir immer noch seinen Blick in die Augen. Eine ganze lange Straßenbahnfahrt hindurch kann das dauern. Die Leute schauen uns verwundert an, das Verhalten dieses großen Jungen ist ihnen unerklärlich. Ich selbst aber blicke krampfhaft geradeaus und verfluche den Augenblick, wo ich mich hinreißen ließ, Dan zu tadeln.

12

Am Abend, bevor unser Junge geboren wurde, waren wir noch im Kino. Wir sahen eine Verfilmung des ›Leoparden‹ von Lampedusa, dem berühmten italienischen Schriftsteller, anspruchsvoll und langgedehnt. Ich hatte nicht die rechte Konzentration. Hier und da ein leichtes Ziehen im Unterleib – ich machte Klaus nicht darauf aufmerksam, denn in der Schwangerenbetreuung war mir mehrfach versichert worden, daß wir noch einen Monat

Zeit hätten. Dabei war ich nach unserer Rechnung dran. Aber beschwören konnten wir's nicht, und so hatten wir uns von der Variante der Ärzte überzeugen lassen. Von den mir zustehenden sechs Wochen Schwangerschaftsurlaub hatte ich gerade mal zwei hinter mir.

Das Ziehen wurde in der Nacht stärker, ließ vorübergehend nach und kehrte am Morgen wieder. In regelmäßigen Abständen – das kam uns nun doch verdächtig vor. Es war ein Sonntag, wir hätten ausschlafen können, aber es trieb uns aus den Betten. Während Klaus ein Frühstück bereitete, Weißbrotschnitten mit Butter, Ei, Käse und Honig, überprüfte ich mein Bündel, das für alle Fälle bereitlag. Wäsche für mich, Tücher, Windeln und eine erste Ausstattung fürs Kind. Trotzdem glaubten wir noch immer nicht recht an die Dringlichkeit der Angelegenheit, ließen uns Zeit. Wir riefen – zumal draußen die Sonne schien, es war Ende April, der Frühling machte sich überall bemerkbar – keinen Krankenwagen, sondern marschierten gelassen zur Straßenbahn. Eine Fahrt durch die halbe Stadt. Als wir in der Klinik eintrafen, hatten die Wehen den Zehnminutenrhythmus bereits unterschritten.

Mein erstes Kind, an einem Sonntag zur Welt gebracht – wir hatten beide nicht daran gezweifelt, daß alles gut gehen würde. Ich hatte mich vorbereitet, einschlägige Literatur studiert und einen Kurs für schmerzarme Geburt besucht; was konnte schon passieren. Die Zeiten, da Mütter am Kindbettfieber starben, waren lange vorbei.

Ich habe noch genau das Bild jener Stunde vor Augen: Ein Vorraum zum Kreißsaal des Krankenhauses und ich, nach den ersten Untersuchungen auf einer Liege ausharrend, bis kein Warten mehr möglich ist. Denn ein Problem gibt es immerhin. Der diensthabende Arzt, der die Diagnose aus der Schwangerenberatung kennt und meinen nur mäßig gewölbten Leib sieht, glaubt an eine Frühgeburt, eine im achten Monat, die für das Kind mit besonderem Risiko verbunden ist. Er verordnet eine Spritze, um das Baby zurückzuhalten. Und dann, als die Wehen bereits in Fünfminutenintervallen aufeinanderfolgen, noch eine zweite.

Doch seine Bemühungen nützen nichts. Was da auf natürliche Weise in Bewegung gekommen ist, läßt sich künstlich nicht mehr eindämmen. Als die Schmerzwellen alle drei Minuten heranrollen, legt der Arzt mißmutig die Stirn in Falten und gibt endlich Anweisung, die Patientin für den Kreißsaal fertigzumachen.

Nun verläuft alles programmgemäß. Ich dusche, lasse die nicht ganz angenehme Rasur über mich ergehen, ziehe das weiße Hemd an, das hinten am Hals zusammengeknüpft, sonst aber in ganzer Länge offen ist. In den Kojen nebenan stöhnen Frauen; eine jammert sogar lauthals und wird von der Hebamme zurechtgewiesen. Was ich freilich nur im Unterbewußtsein wahrnehme, ich habe genug mit mir selbst zu tun. Einatmen, ausatmen, einatmen – im richtigen Rhythmus, um die Schmerzen zu dämpfen. Schreien will ich nicht, um keinen Preis, das habe ich mir schon zu Hause vorgenommen. Hitze ist im Raum, der Schweiß läuft mir übers Gesicht und den Nacken hinunter, die Hebamme tupft mir die Stirn ab, doch das nützt nicht viel. Ich höre die Anordnungen des Arztes, der sich über mich beugt, die Hände an meinem Leib hat: »Pressen, jetzt pressen ..., nein, nun nicht mehr, ruhig, ganz ruhig ... kommen lassen.«

Als das Kind dann da ist, ein Junge, alles Notwendige dran, wie die Hebamme munter versichert, bin ich erschöpft und zufrieden. Zwar stellt der Arzt einen Dammriß fest, so daß ich noch in den OP-Raum gebracht und genäht werden muß, doch schließlich ist auch das geschafft, ich darf ausruhen. Eine Schwester schiebt das Telefon zu mir heran, ich fühle mich immerhin kräftig genug, meine Mutter anzurufen, damit sie Klaus die Nachricht übermittelt.

Dan – noch hat er diesen Namen nicht – wiegt dreitausendsechzig Gramm und ist einundfünfzig Zentimeter lang. Ein normales, neun Monate altes Kind, das sich den Weg ans Tageslicht zum regulären Zeitpunkt gebahnt hat. Der Arzt verbirgt seine Verwunderung nur schlecht, er rümpft die Nase, fast könnte man glauben, eine Frühgeburt wäre ihm lieber gewesen. Dessenungeachtet sagt er: »Na, um so besser, dann ist ja alles in Ordnung.« Und daß alles in Ordnung ist, hört schließlich jeder Mensch gern.

Dans Stimme – wenn er auch nicht sprechen kann, so hat er doch eine Stimme – ist heute bereits ziemlich tief, sie war aber über Jahre hinweg sehr hell und glich damals, in der Klinik, einem bestürzten Piepsen, das sich von dem lauten und leisen Greinen der anderen Babys deutlich abhob. Sie war unverwechselbar; schon sechsunddreißig Stunden nach der Geburt erkannte ich sie genau. Wenn die Stillzeit herannahte und das Konzert der Neugeborenen im Nebenraum von Minute zu Minute anschwoll, spitzte ich die Ohren und fand bald jene besondere Nuance heraus. Laut schrie mein Sohn nicht, aber auf besondere Art durchdringend. Die Schwestern wunderten sich, daß ich ihn an der Stimme so gut von den anderen unterscheiden konnte.

Dan war zierlich, er hatte hellblondes seidiges Haar und das übliche faltige Gesichtchen. Auffallend seine winzigen Hände, weil sie sich in stetiger Bewegung umeinanderschlangen. Die Finger, so klein sie waren, wirkten von allen Körperteilen am meisten ausgebildet.

In den Stunden nach der Geburt verlief alles normal, und als mich Klaus noch am Abend besuchte, trübte keinerlei Schatten unser Glück. Doch in der dritten Nacht bekam ich leichtes Fieber, was, wie die Oberschwester meinte, beobachtet werden müßte. Der Stationsarzt, den ich auf einen kleinen roten Flecken an meiner rechten Brust aufmerksam machte, lächelte beruhigend. »Das wird nur ein Pickelchen«, sagte er. Gleich darauf aber kam die Schwester mit Tabletten. Da ich unerfahren war und wegen des Stillens ziemlich beschäftigt, machte ich mir keine größeren Sorgen.

Niemand hat es uns je bestätigt, aber wahrscheinlich fing damals alles an. Eine kleine Ursache, die für uns schlimme Folgen mit sich brachte. Nicht daß ich medizinisch schlecht betreut worden wäre, man tat alles, das Fieber herunterzubringen. Schon im Interesse der nächsten Mütter, die auf die Station sollten. Fünf Tage dauerte damals eine Belegung – ich durfte nach zehn noch nicht nach Hause. Aber man gab mir keine Erklärung, warnte mich nicht. Wenn die Ernährungsstörung, die Dan zwei Wochen danach bekam, nicht mit meiner Mastitis zusammenhing, dann mit der Tatsache, daß er meine Milch insgesamt nicht vertrug. Dan verdaute schon in der Klinik schlecht und war am Po wund. Doch ich ahnte nichts davon, ich kriegte das Baby ja stets als gutverpacktes Bündel in den Arm. Klar wurde mir nach und nach bloß: Mein Fieber hing nicht mit einer Entzündung im Unterleib zusammen – der Chefarzt persönlich hatte das ausgeschlossen. Klaus war beruhigt, nun mußte die Sache ja in Ordnung kommen. Dennoch vergingen weitere Tage, ohne daß sich mein Zustand besserte.

Die erste Maiwoche in jenem Jahr, schönes heiteres Wetter; als Patientin, die auf der Station mittlerweile bekannt war, hatte ich einige Sonderrechte. Jeden Tag nach Feierabend besuchte mich Klaus, und wir gingen, wenn ich mit dem Stillen fertig war, in den Park der Klinik. Wir setzten uns auf eine der Bänke, die zwischen hohen Bäumen oder Fliederbüschen an den Kieswegen aufgestellt waren, und unterhielten uns über die Tagesgeschehnisse. Darüber, wie sich unser Junge verhalten hatte und was in Klaus' Buchhandlung los gewesen war. Zur regulären Besuchszeit kam auch meine Mutter, und einmal sogar mein Bruder aus Leipzig. Alle warteten sie darauf, daß ich mit meinem Sohn die Klinik endlich verlassen könnte. Ich wartete am meisten.

13

Die ersten Anzeichen dafür, daß Dan anders, »auffällig«, war, gab es schon, bevor wir seinen Hörschaden entdeckten, aber wir wußten sie nicht zu deuten. Da war seine Art, sich auf dem Rücken liegend, Kopf voran, durchs Zimmer zu schieben, den Körper nach oben gekrümmt wie einen Brückenbogen. Wir lachten, wunderten uns auch, hielten es jedoch für eine Marotte. Etwas später machte uns sein Starrsinn schwer zu schaffen, der einfach nicht zu brechen war. Zum Beispiel wenn er sich an einem unserer Schränke aufrichtete und mit den Händchen immer wieder heftig gegen dessen Glasscheibe stieß. Wir befürchteten, daß er sie zerbrechen und sich weh tun könnte, wir versuchten ihn davon abzubringen, doch das gelang nicht. Vielleicht wollte er nur genau wissen, was hinter der Scheibe war – wir schoben sie zurück, ließen ihn die Gegenstände, die da lagen, ausgiebig prüfen, aber das nützte nichts. Im Gegenteil, er gab erst Ruhe, wenn die Scheibe wieder an ihrem Platz war. Sich gegen dieses Glas fallen zu lassen wurde seine Lieblingsbeschäftigung; wir mühten uns vergeblich, ihn von diesem Fleck wegzubringen. Wir lockten, drohten – ohne Ergebnis. »Genau wie bei unsern Kindern«, behaupteten Nachbarn, »er muß mal richtig eins auf die Finger kriegen.« Wir überlegten, diese Methode entsprach nicht unseren pädagogischen Vorstellungen, aber wenn alles andere nicht helfen würde ... Also gut, Klaus – Väter sind schließlich weniger empfindsam und für derlei Maßnahmen zuallererst zuständig – gibt ihm eins auf die Hände. Nach Vorwarnung, versteht sich. »Wenn du jetzt nicht aufhörst ...« und so weiter. Dan ist verblüfft, doch nach kurzem Zögern stößt er die Finger erneut entschlossen gegen die Scheibe. Nun haut sein Erzieher etwas stärker zu; das Kind fängt zu heulen an, läßt aber nicht vom Schrank ab. »Er muß es doch begreifen«, sagt Klaus und redet beschwörend auf unseren Sohn ein: »Die Scheibe zerbricht, das ist Glas, du schneidest dich.« Doch alles Reden und Klapsen hilft nichts, selbst eine Scherbe, als Beweisstück vorgeführt und piksend an Dans Ärmchen gedrückt, bringt keine Änderung. Schließlich dieses Bild, das uns beide endgültig zur Aufgabe zwingt: Dan, am Schrank aufgerichtet, streckt meinem Mann die Finger zum Draufschlagen hin, nur um danach wieder gegen das Glas pochen zu dürfen; er nimmt dieses Hinhalten wohl für den Tribut, den er entrichten muß. Er heult, die Tränen laufen ihm in Rinnsalen übers Gesicht, die Hände tun ihm weh, aber er gibt nicht nach. Was bleibt uns da noch übrig: Wir blasen zum Rückzug, bauen die gefährliche Scheibe schließlich aus.

Auch bei anderer Gelegenheit mußten wir zurückstekken, und zwar entgegen jener pädagogischen Maßgabe, daß man sich schon gegenüber dem Kleinkind durchsetzen solle, um nicht später größere Erziehungsprobleme zu bekommen.

Wenn ich ihn heute beim Essen beobachte, das für ihn eine der sinnvollsten Beschäftigungen geworden ist, die er kennt – schon an der Vorbereitung nimmt er gern teil, sie darf nur nicht in Arbeit ausarten –, fällt es mir schwer, zu glauben, daß ich ihm früher jedes Häppchen in den Mund zwingen mußte. Wir sitzen mit Dan beim Frühstück – Sonntag morgens, wir können es nicht nur geruhsam angehen, wir müssen das sogar, um die Zeit zu füllen –, und ich schaue zu, mit welchem Vergnügen er speist. Hastig zwar – immer wieder sehe ich mich genötigt, ihn zur Zurückhaltung zu mahnen – doch mit Genuß. Eine Scheibe Toast mit Butter und Honig, ein gekochtes Ei, ein Milchbrötchen, ein Stück Kuchen und einen Zwieback. Eine Scheibe Schwarzbrot – die freilich nur, wenn er sie zugeteilt bekommt; auch Wurst bloß, wenn man sie ihm auf den Teller legt oder wenn nichts Süßes zu haben ist –, er streicht sich Quark drauf und nimmt Marmelade beziehungsweise Zucker dazu. Er ißt Käse, wobei er die guten Sorten durchaus von den anderen zu unterscheiden weiß. Schokoladenaufstrich liebt er ungeheuer, ebenso Fisch in Tomatensoße. Oder einfach Ketchup zum Brot. Überhaupt Tomate, soweit sie verarbeitet ist. Als Kindernahrung zum Beispiel, mit Reis und Rindfleisch vermengt. Dieses Essen ist für ihn eine Delikatesse. Ich kann ihm noch heute die größte Freude bereiten, wenn ich ihm zwei, drei Gläschen davon aufwärme.

In der Tat, das ist geschafft, die Mahlzeiten mit Dan wenigstens sind kein Problem mehr. Er ißt, wenn's verlangt wird, sogar anständig mit Messer und Gabel; von den Erziehern im Gehörlosenkindergarten und später in der Tagesstätte, aber auch von uns ist rechtzeitig darauf geachtet worden. Man kann mit Dan durchaus ins Restaurant gehen, nur die Wartezeiten machen ihm zu schaffen. Außerdem schnuppert er an den Gerichten herum, was die Kellner irritiert. Aber das bringt uns nicht aus der Ruhe. Dagegen gab es lange Jahre, da uns vor jedem Essen graute. Da mühte ich mich eine volle Stunde mit ihm ab, um ihm eine halbe Schnitte unterzujubeln. An eine Gaststätte war natürlich nicht zu denken. Und nie werde ich unseren ersten, völlig verpatzten Urlaub vergessen, als meine Schwiegermutter die Pflege des Jungen übernehmen sollte. Das war etwa fünfzehn Monate nach Dans Geburt, ein Jahr nach seiner Ernährungsstörung. Ihm ging's schon lange wieder gut, und ich glaubte mir nach all den Strapazen und Aufregungen der vergangenen Zeit die vierzehn Tage Erholung verdient zu haben.

Wir hatten die Angelegenheit entsprechend vorbereitet. Meine Schwiegereltern trafen einige Tage vor unserer Abreise ein, damit sich Dan an sie gewöhnen konnte. Er hatte sie bis dahin nur zwei-, dreimal gesehen. In jenen Wochen ahnten wir noch nichts von seinem Hörschaden, erklärten ihm eifrig, daß Oma und Opa für eine Weile bei ihm bleiben, ihn füttern und spazierenfahren würden. Auch für sie sollte es eine Abwechslung sein; ohne uns hatten sie mehr Platz in der Wohnung, konnten nach Belieben schalten und walten. Dan zu versorgen war ja, wie wir dachten, kein Problem für Mutter, schließlich hatte sie selbst ein Kind gehabt und großgezogen.

Heringsdorf im August – wir hatten mit viel Lauferei übers Reisebüro eine Unterkunft bekommen, wir schmiedeten Pläne. Ich bin sehr fürs Meer, selbst wenn Hochsaison ist und der Strand mit Menschen bevölkert; ich glaube, daß einem immer eine Ecke bleibt, nur die Sonne muß nach Möglichkeit scheinen. Ich bin nicht gerade eine Sportenthusiastin; wenn Klaus stundenlang in den Flimmerkasten starrt, weil es Fußball oder Eishockey gibt, kriege ich das Kribbeln, aber Schwimmen, sich die Sonne auf den Pelz brennen lassen, den Kopf durch einen malerischen Hut geschützt, das ja. Als Studentin hatte ich zweimal im Kinderferienlager mitgemacht, auf Rügen und in Kühlungsborn, als Betreuerin, das war eine Arbeit, an die ich mich gern erinnerte. Nur war wenig Zeit fürs eigene Faulenzen geblieben. Doch nun sollten die Wellen, die Möwen, der Wind, die Sonne, der Sand ganz für uns dasein, für mich vor allem, ich freute mich sehr. Ich weiß, Leute, die jedes Jahr an die See fahren, die einen Bungalow, einen festen Zeltplatz haben, werden jetzt lachen und mich naiv nennen. Eine kleine Romantikerin. Aber ich bin nun mal so. Eine Landratte mit bescheidenen Seeträumen. Mit ganz gewöhnlichen Seeträumen, nichts daran zu ändern.

Wir fuhren los. Am Abend vorher hatte es noch ein wenig Aufregung gegeben, weil Dan seine Flasche nicht nehmen wollte. Klaus hatte ihm seine Portion halb mit Gewalt eingetrichtert, doch wir fanden das nicht weiter tragisch. Mal so, mal so, wir kannten unseren Sohn. Nur die Oma hatte gejammert: »Wenn er nicht trinken will, zwingen kann ich ihn nicht.“ – »Sollst du ja nicht. Läßt eben mal 'ne Mahlzeit aus, der Bengel kommt schon nicht gleich um. Wenn er gar nicht will, gibst du ihm seinen Lieblingsbrei, den Tomatenreis mit Rindfleisch.« Nein, wirklich, es konnte nichts passieren.

Mit dem Wetter hatten wir Glück: herrliche Sonne und gerade die Brise Wind, die den Aufenthalt am Strand angenehm macht. Das Zimmer, na ja, hell war es schon, hatte sogar einen kleinen Balkon, aber um es zu erreichen, mußten wir durch die ganze Wohnung, abends an dem schlafenden Jungen der Vermieter vorbei. Ein Nachteil, doch wir würden ohnehin wenig zu Hause sein. Wir hatten eine Menge vor.

Am ersten Tag schauten wir uns im Ort und am Strand um, badeten und sonnten uns, am zweiten Tag buchten wir für den darauffolgenden Mittwoch eine Schiffsfahrt nach Hiddensee. Ich war schon als Kind reinweg verrückt nach Schiffsreisen gewesen und hatte mir diese Leidenschaft erhalten. Gleich nach unserer Ankunft hatte ich Klaus, der »erst mal warm werden« wollte und von Touristenromantik redete, dazu gedrängt. Aber da schloß das Reisebüro gerade. Am zweiten Tag machten wir die Sache fest.

Den dritten Tag verbrachten wir in ausgelassener Stimmung. Bis zum späten Nachmittag wenigstens; wir tankten tüchtig Sonne, so daß Klaus' Haut bereits rot zu werden begann. Aber als wir dann vor dem Abendbrot unser Zimmer aufsuchten, lag ein Telegramm auf dem Tisch. Kein Brief, sondern ein Telegramm! Es war von zu Hause. Das konnte nichts Gutes bedeuten.

Ich nahm es, hielt es einen Augenblick unschlüssig in der Hand, dann riß ich es auf. »Bitte sofort kommen stop Dan ißt nicht stop Mutter.« Ich mußte mich erst mal hinsetzen, das Stück Papier brannte in meinen Fingern. »Was ist denn los?« fragte Klaus ungeduldig und schon ein wenig unruhig. Ich hörte mich mit eigenartig fremder Stimme sagen: »Es ist wegen Dan, wir müssen zurück.«

Wir gingen dann zur Gaststätte, doch obwohl Klaus unheimlich auffahren ließ, war es ein trauriges Abendbrot. Wir aßen auf Talons, und die waren wie das Quartier für vierzehn Tage im voraus bezahlt. »Hätten wir bloß zu Hause eine falsche Adresse hinterlassen« sagte Klaus, »dann wüßten wir jetzt von nichts.«

»Und der Junge? Mutter? Sie würde vor Angst sterben.«

»Ach, sie würden sich schon durchfitzen. Was soll das überhaupt heißen, ›Dan ißt nicht‹?«

»Na, daß er eben nichts zu sich nimmt. Du weißt doch, wie starrköpfig er manchmal ist.«

»Überhaupt nichts? Glaubst du das wirklich?«

Ich zuckte die Achseln. Was hätte ich erwidern sollen.

Wir redeten noch weiter, aber es war klar: Wir konnten nichts mehr ändern. Dan hatte uns am Gängelband, es gab keine Chance, davonzukommen. Wie schon die Monate vorher, wie immer in den seither vergangenen Jahren. Die Knödel und Süßspeisen auf dem Tisch, die kurzberockten tschechischen Serviererinnen, die lärmenden Urlaubsgäste, das graublaue Meer hinter den Dünen, alles existierte nur noch in meiner Einbildung. Im Grunde war ich bereits weg, war weit hinter den sieben Bergen. Das Schiff nach Hiddensee entschwand in der Ferne, ich hatte keinen Blick mehr dafür.

Nach einigem Überlegen beschlossen wir, daß ich allein zurückfahren würde. Warum sollten wir den Urlaubsscheck ganz verfallen lassen, es genügte, wenn einer umsonst bezahlt hatte. Es genügte, wenn einer diesem tyrannischen Kind seinen Willen tat.

Ich nahm den Nachtzug. Klaus brachte mich zum Bahnhof, fuhr sogar bis zur nächsten Umsteigestation mit. Er ergatterte mir einen Sitzplatz im D-Zug. Eine Träne der Enttäuschung beim Abschied, ein Winken, dann schon Müdigkeit. Eigentlich hatte ich gar keine Zeit gehabt, richtig zu begreifen, daß für diesmal Schluß mit der Sonne und den Wellen war. Und, wie sich herausstellen sollte, für lange Jahre.

Natürlich hatte ich auch Mitleid mit Dan. Ich ärgerte mich über ihn und hatte gleichzeitig Mitleid, wer wußte, wie ausgezehrt er nach den drei Tagen freiwilliger Hungerkur war. Dick war er ohnehin nicht, und wenn er mal ein paar Tage schlecht aß, sah er gleich abgemagert und kläglich aus. So saß ich in dem überfüllten D-Zug, und meine Gedanken sprangen. Es gelang mir nicht, abzuschalten, ein paar Stunden zu schlafen. Ich war viel zu aufgeregt – was für eine Erholung!

Gegen fünf Uhr morgens kam ich zu Hause an. Ich schloß die Tür auf, meine Schwiegermutter hatte mich gehört und trat im Nachthemd aus dem Schlafzimmer. Mit verheultem Gesicht. »Endlich, ich wollt euch doch nicht den Urlaub verderben, aber er ißt nicht, er ißt nicht!«

Der Opa tauchte gleichfalls auf, er war im Schlafanzug und machte ein bekümmertes Gesicht. Ich sagte nicht viel, stellte nur die nötigsten Fragen und eilte zum Wohnzimmer, wo sich Dans Bettchen befand. Ich lauschte, hörte jedoch nichts, also öffnete ich leise die Tür. Da stand er in seinem Gitterbett, mit großen, erwartungsvollen Augen, und als er mich sah, strahlte sein Gesicht. Er begann vor Freude mit den Füßen zu trappeln, laut zu quietschen und an den Gitterstäben zu rütteln. Ich nahm ihn aus dem Bett, drückte ihn an mich und schimpfte ihn leise zärtlich aus. »Dummer, böser Junge, mußt du uns solchen Kummer machen.«

Dann stellte ich ihn ins Bett zurück, warf den Mantel, den ich noch anhatte, über einen Stuhl, lief in die Küche und bereitete seine Flasche. Als ich sie ihm brachte, standen Oma und Opa am Bett, gespannt, als gäbe es einen Krimi zu sehen. Ich nahm Dan erneut in den Arm; er griff mit wilder Gier nach der Flasche. Ohne den Blick von meinem Gesicht zu lassen, saugte, schluckte, trank er das angedickte Citrosan. Die Flüssigkeit gluckerte in seinem leeren Magen.

Meine Schwiegermutter ließ sich kraftlos auf einen Stuhl sinken, der Schwiegervater schüttelte fassungslos und ohne ein Wort herauszubringen den Kopf.

Dan, ein wenig blaß, aber sonst bester Laune, setzte nicht ab, bevor die Flasche leer war. »So ein verflixter Bengel«, stöhnte die Oma, und erneut kamen ihr die Tränen.

Als Dan wieder in seinem Bett lag, erzählten sie mir die Geschichte der letzten Tage. Sie hatten ihn ausgefahren, trockengelegt, unterhalten, so wie das Großeltern mit ihren Enkeln zu tun pflegen, und er hatte sich auch alles gefallen lassen, ohne große Betrübnis über unser Wegbleiben zu zeigen oder gar Aufregung. Nur gegessen hatte er nichts; wenn die Flasche kam, hatte er gestreikt.

»Und den Tomatenreis«, fragte ich, »hat er nicht wenigstens den genommen?«

»Doch, einmal, aber frag nicht, wie.«

Die Oma erzählte es, und nicht zum erstenmal fällt mir auf, wie viele an sich heitere Ereignisse die für uns gar nicht lustige Lebensgeschichte Dans enthält. Nach mehreren vergeblichen Versuchen hatte meine Schwiegermutter einen Trick angewandt, um den Jungen zu überlisten. Sie hatte ihn gefüttert, als er auf dem Topf saß. Aber es war nicht etwa so, daß er wenigstens da ruhig seine Portion zu sich genommen hätte. Man stelle sich ein fünfzehn Monate altes Kind vor, das den Topf als Karussell benutzt und sich dabei verpflegen läßt. Eine Runde gedreht, ein Löffel Brei ins Mäulchen, eine Runde gedreht, ein Löffel Brei in den Schnabel, und so weiter. Eine halbe Mahlzeit war ihm auf diese Weise einverleibt worden. Doch hatte er sich zum Kummer meiner Schwiegereltern kein zweites Mal fangen lassen. Am Abend, am nächsten Tag hatte er erneut und absolut gestreikt. Da hatten sie es endgültig mit der Angst bekommen.

14

Ich befinde mich in Klaus' Buchhandlung, wo ich mich nach einem Wandkalender umsehe. Nach einem großen mit fester Pappdeckelrückseite. Mich interessieren keineswegs die Motive – ob Tier-, Märchen-, Künstler- oder Literaturkalender ist mir egal, wichtig ist ein bestimmtes Querformat, und gerade das ist nur schwer aufzutreiben.

Etwa vierzig Zentimeter breit und fünfundzwanzig bis dreißig Zentimeter hoch müßte er sein, aber alle Kalender sind höher als breit. Und es ist leider nicht möglich, sie einfach quer zu nehmen, denn es kommt oben auf die Plastikspirale an, an der die einzelnen Monatsblätter hängen. Damit sie umzuschlagen sind. Wir benötigen diese Konstruktion, um für Dan einen Spezialkalender fertigen zu können.

Ich weiß nicht mehr, ob Klaus die Idee allein entwikkelt hat oder ob er eine Anregung aus einem der Bücher bekam, die wir durchforsteten. Jedenfalls tauchte sie in jener Zeit auf, da wir Dan erstmals einen Begriff von der allernächsten Zukunft vermitteln wollten. Wie sollten wir unserem Jungen unmittelbar bevorstehende, für ihn wichtige Ereignisse ankündigen, wenn es übers Gehör nicht ging? »Heute nachmittag müssen wir zum Zahnarzt; morgen kommt Tante Renate zu Besuch; am Sonntag fahren wir zu den Großeltern« – das sind Mitteilungen, die man einem Kind nicht unbedingt erst im allerletzten Augenblick übermitteln möchte. Manches will vorbereitet sein, Unangenehmes ebenso wie Schönes, freudige Erwartung ist oftmals schon das halbe Glück. Erfährt Dan am Montag, daß es am darauffolgenden Wochenende auf die Reise geht, ist er die ganze Woche hindurch vergnügt. Er rennt täglich ins Schlafzimmer, wo die Koffer gepackt werden und achtet auf die kleinste Veränderung. Er prüft morgens und abends sein Gepäck, will Fortschritte sehen. Bevor er zu Bett geht, verdeckt er auf seinem Kalender den abgelaufenen Tag besonders eifrig. Wir mußten also frühzeitig daran denken, ihm übers Auge wenigstens etwas Zukunft zu erschließen.

Der erste Gedanke: ein Abreißkalender. Aber so einfach war das nicht. Dan hatte damals noch keine Vorstellung von den Zahlen, außerdem wollten wir ihn ja auf bestimmte Geschehnisse vorbereiten. Also gut, mein Mann nahm ein weißes Blatt DIN A4 quer und unterteilte es durch senkrechte Linien in sieben Spalten. Darüber standen in der üblichen Reihenfolge die Wochentage: Montag, Dienstag und so fort.

»So ungefähr«, sagte Klaus, »jeden Sonntag tragen wir die entsprechenden Ereignisse in die Tagesspalten ein. Und zwar für die ganze Woche. Ist sie vorbei, gibt's ein neues Blatt.«

»Und wie soll Dan den Tag mitbekommen, den wir gerade haben?«

»Indem wir die Spalte abends durchstreichen. Das kann er selbst machen. Die erste freie Spalte betrifft dann immer den laufenden Tag.«

Das ging, war aber sehr aufwendig. Da bestimmte Dinge ständig wiederkehrten, zum Beispiel der Besuch im Gehörlosenkindergarten, schien ein rationelleres System angebracht. Die für Dan interessanten Begebenheiten wurden von uns durch kleine Bilder angekündigt: Der Kindergarten war ein Haus, die Fahrt zu den Großeltern eine Lokomotive. Es war besser, Schildchen zu fertigen, die man je nach Bedarf anzweckte, als die Blätter immer wieder neu mit Zeichnungen zu versehen. Nur eines entsprechend festen Untergrundes bedurfte es. Auch Fotos von Bekannten waren dann zu verwenden. Und anstatt die Spalten durchzustreichen, genügte es, sie abends zu verdecken.

So entstand schließlich ein Tagesanzeiger, wie wir ihn noch heute benutzen. Ein Wandkalender, dessen zwölf Glanzpapierblätter für die Monate zweckentfremdet nach hinten geklappt sind. Die letzte Seite – der Pappuntergrund –, sonst ohne Bedeutung, stellt für uns das Kernstück dar. Die Pappe ist in sieben Spalten unterteilt, in die wir die jeweiligen Schildchen stecken. Es sind kleine Bilder und Fotos, aber auch einzelne Wörter, die Dan versteht. Jeden Abend deckt er einen Tag mit einem Streifen zu, der oben an der Spirale befestigt, also umklappbar ist. Zu diesem Zweck werden einfach die Blätter der jeweiligen Monate benutzt. Reißt ein Streifen ab, wird ein neuer Monat angeschnitten. An den Sonntagabenden bringen wir dann die Schilder für die kommende Woche an und schlagen alle Deckstreifen zurück.

An dieses System hat sich Dan schnell gewöhnt, er vergißt das Umblättern abends kaum und ist an jedem Wochenende gespannt, was ihn erwartet. Um ihm die Namen der Wochentage beizubringen, hat Klaus sie außerdem auf Pappstreifen geschrieben – Dan hängt den entsprechenden Streifen täglich unterm Kalender auf. Oben ist ein großes Schild: »DIE WOCHE« befestigt, unten ein austauschbares: »heute ist Mittwoch«, „heute ist Donnerstag«, und so weiter. Den gleichen Satz schreibt Dan als Übung manchmal an die Tafel. Mittlerweile findet er sich in der Woche gut zurecht. Kommen wir von einer Reise zurück, wünscht er, daß sein Kalender auf den richtigen Stand gebracht wird. Vergißt er abends mal umzublättern, holt er das nach, sobald er es bemerkt. Einen Nachteil hat unser System freilich – wir geraten in Schwierigkeiten, wenn wir eine Vorankündigung, vor allem eine, die freudige Erwartung auslöst, zurücknehmen müssen. Da es nicht möglich ist, Dan die Gründe zu erklären, ist kaum auf eine Einsicht zu hoffen, das einzige Mittel besteht darin, jede Sache, die man ankündigt, abzusichern, so gut es geht. Dinge, die in der Schwebe sind, der Erläuterung bedürfen, werden ihm bis zuletzt vorenthalten.

Dans Kalender hängt in der Küche, die glücklicherweise relativ groß ist und uns gleichzeitig als Unterrichtsraum dient. An der Tür hat Klaus eine Schiefertafel angebracht, auf der sonnabends und sonntags gemalt beziehungsweise geschrieben werden kann; in einem Teil der Schränke befindet sich Übungsmaterial: Bildchen, Schriftstreifen, Fotos, alle möglichen Gegenstände, über die Jahre hin angefertigt und mühevoll zusammengetragen. Die Schränke könnte ich gut für mein Geschirr brauchen, aber was hilft's. Obwohl mancher mit Pappstreifen gefüllte Karton inzwischen überflüssig ist, trennen wir uns nicht davon. Es steckt zuviel Arbeit darin, und vielleicht kann

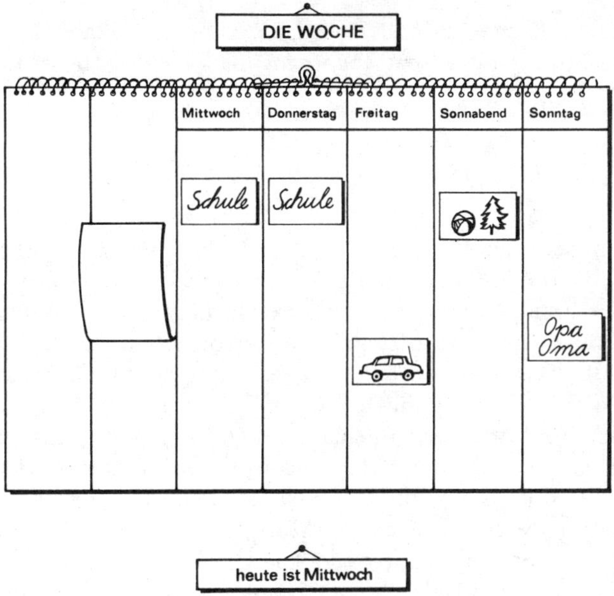

man's doch noch mal benutzen. Zu kaufen gibt es so was nicht.

Dan eine Vorstellung von den Monaten oder vom Beginn und Ende eines Jahres zu vermitteln ist kaum möglich. Natürlich kennt er aus eigener Erfahrung Frühling, Sommer, Herbst und Winter, erlebt zum Silvester das Feuerwerk mit, doch die Jahreszeiten benennen, sie voneinander abgrenzen – das vermag er nicht. Für ihn ist es schon eine große Hilfe, daß er eine Woche im voraus denken kann. Bei wichtigen Ereignissen deuten wir ihm auch einen längeren Zeitraum an: zehnmal schlafen, zwölfmal umblättern. Wesentlich ist der Siebentagerhythmus, und da Dans derzeitiger Kalender bereits ziemlich mitgenommen ist, weil seit geraumer Weile in Gebrauch, suchen wir nach der Grundlage für einen neuen. Zur Endfertigung wird Dan hinzugezogen. Er hat keine Ahnung, welchen Aufwand eine so einfach scheinende Sache erfordert, wird die Erneuerung aber ganz bestimmt mit einem anerkennenden Lächeln bedenken und begrüßen.

15

Am sechzehnten Tag nach Dans Geburt wurde ich endlich aus der Klinik entlassen. Es war ein doppelter Grund zur Freude, denn es geschah genau an meinem fünfundzwanzigsten Geburtstag. Doch obwohl ich darauf gehofft hatte, heim zu dürfen, kam es letztlich überraschend. Trotz der Medikamente hatte ich die ganze Woche hindurch leichtes Fieber gehabt, lediglich am Vorabend war es ein paar Zehntelgrad zurückgegangen. Kurz nach dem Messen hatte mir die Oberschwester unvermutet mitgeteilt, daß ich am nächsten Morgen nach Hause könnte. Ich hatte wohl einige Bedenken gehabt, aber weder den Mut noch die Gelegenheit, sie auszusprechen. Seit längerem bereits hatte ich mich wie ein Gast gefühlt, der das Domizil, das ihm angeboten wird, über Gebühr in Anspruch nimmt.

Früh ging dann alles sehr schnell – nach dem Stillen machte ich mich fertig, wusch und kämmte mich, und schon war auch Klaus mit dem Taxi da. Man drückte mir meinen gut verpackten Säugling in den Arm, wünschte mir alles Gute, und ab ging's. Tabletten hatte ich nicht mehr bekommen.

Der erste Tag wieder zu Hause, ein Geburtstag dazu, ich werde ihn nicht vergessen, nie. Er begann mit Blumen, mit einem Frühstück am eigenen Tisch, mit dem Besuch meiner Schwiegereltern, die extra angereist waren – meine Mutter kam, da sie arbeiten mußte, erst später –, und er brachte mir zwei so herbe Enttäuschungen.

Die erste betraf Dan; bereits in den letzten Tagen war mir aufgefallen, daß er schlecht trank und viel weinte, jetzt lag er im Bettchen und ließ sich durch nichts von seinem kläglichen Piepsen abbringen. Die neue Umgebung, dachte ich, der plötzliche Aufbruch im Krankenhaus, vielleicht ist er morgens nicht satt geworden.

Wir versuchten es mit Tragen und Schaukeln – wenn alle fröhlich waren, sollte es unser Kind erst recht sein –, doch das half nichts. Gut, dann mußte er vielleicht neu gewindelt werden, wurde sowieso Zeit, daß ich dieses bisher nur an Puppen geübte Manöver am »lebenden Objekt« ausführte; in der Klinik hatten das stets die Säuglingsschwestern getan.

Also räumten wir das Geschirr vom Tisch, legten ein weiches Tuch auf die Gummiunterlage, und los ging's. Vier erwachsene Menschen standen neugierig um ein einziges Baby herum, das Stück um Stück von seinen Hüllen befreit wurde. Als ich Dan die Windel abgenommen hatte, fuhr vor allem uns Frauen der Schreck in die Glieder. Kein Wunder, daß er nicht mit Schreien aufhören wollte, er war am ganzen Po wund, jeder Tropfen Nässe mußte ihm furchtbar weh tun. Die Oma war empört, sie schüttelte den Kopf und schimpfte. Wie hatte man in der Klinik so etwas zulassen können. Ich beruhigte sie, so gut ich es vermochte, obwohl ich eigentlich selbst Zuspruch gebraucht hätte. »Das Personal auf der Station hatte eine Menge um die Ohren, jetzt, zu Hause, werden wir den Jungen schon wieder hinkriegen.«

Die zweite Enttäuschung kam kurz vor Mittag. Sie betraf mich selber und war nicht kleiner als die erste. Schon am Morgen hatte ich mich nicht ganz wohl gefühlt, das aber bei dem Begrüßungstrubel überspielt und beiseite geschoben. Nun, nach dem zweiten Stillen, wurde mir heiß und ziemlich schwindlig – ich mußte mich hinlegen. Klaus holte das Thermometer aus dem Sanitätsschrank: neununddreißig Komma zwei. Das war bereits kein leichtes Fieber mehr.

Ich habe die Situation vor Augen, als handle es sich um den heutigen Tag. Unser großes, hohes Wohnzimmer in der ersten Wohnung, hauptsächlich mit meinen Möbeln aus der Studentenzeit ausstaffiert, anderthalb Jahre zuvor renoviert, aber in der Ofenecke schon wieder etwas rußgeschwärzt, und ich auf unserer graublauen Liege. Dan, neu gewickelt, gecremt und gepudert, hält Ruhe, doch die anderen, die erregt und verstört sind, reden durcheinander. Wie habe das geschehen können, ich sei doch als gesund entlassen worden, habe nicht mal Medizin mitgekriegt. Klaus glaubt an einen Fehler des Thermometers und schleppt ein zweites, kleineres, an, das ich mir ohne große Hoffnung unter den Arm klemme. Das Ergebnis bestätigt sich, und wir begreifen, daß wir hereingelegt worden sind. Irgend etwas stimmt mit mir nach wie vor nicht, ich bin gar nicht in Ordnung, man hat nur einen günstigen Augenblick benutzt, um mich, die längst überfällige Patientin, endlich loszuwerden. Oder bin ich da ungerecht? Aber wie soll ich es sonst deuten, ich bin mit keinem Wort informiert worden, auch nicht darüber, was ich tun soll, wenn die Temperatur wiederkommt.

Klaus jedenfalls nennt es eine Schweinerei und stürzt los, um in der Klinik anzurufen. Da die Nachbarin zur Arbeit ist, muß er zur nächsten Telefonzelle. Es dauert eine Weile, bis er zurückkehrt, erst mußte er warten, dann war der Anschluß besetzt. Schließlich hatte er die Station doch erreicht und mit der Oberschwester gesprochen. »Sie hat mich ziemlich abserviert; die Patientin sei entlassen, von nun ab die Poliklinik des Krankenhauses zuständig.«

»Aber hast du nicht wegen des Fiebers gefragt und wie sie dazu kommen, Aljonna nach Hause zu schicken, obwohl sie krank ist?« will die Oma wissen.

»Sie wollte dazu keine Auskunft geben. Wenn ich Wert darauf legte, müßte ich es später noch mal versuchen. Das wäre Sache des Arztes und den könnte sie im Augenblick nicht erreichen.«

Es war ein trauriger Geburtstag, trotz des Besuchs und trotz des schönen Gefühls, wieder zu Hause zu sein. In den folgenden Stunden stieg das Fieber noch an, und uns blieb keine Wahl. Zwischen den Stillzeiten fuhren wir am Nachmittag in die Poliklinik und baten darum – nicht zur Freude der Wartenden –, bevorzugt abgefertigt zu werden. Was auch geschah: Mir ging es nicht gut, und das sah man mir wohl an. Eine schon ältere Ärztin, sie hörte sich alles an, was ich vorzubringen hatte, untersuchte dann meine Brust und sagte mir endlich, woran ich war. »Sie haben eine Mastitis, junge Frau, kein Grund zur Panik, aber Sie müssen sich ein paar Spritzen gefallen lassen. Eine wird Ihnen die Schwester gleich geben, die zweite holen Sie sich morgen, und so jeden Tag, bis die Entzündung eingedämmt ist. Der Pickel da muß weg, kühlen Sie die Brust, so oft es geht, mit Eiswasser. Pumpen Sie vor allem vollständig die Restmilch ab, das ist sehr wichtig. Einige Medikamente schreibe ich Ihnen noch auf.«

Sie sprach in ruhigem Ton mit mir, für sie war es eine alltägliche Geschichte, doch mir wurde nicht besser davon. Mit dem Wort »Mastitis« verbanden sich mir Begriffe wie Verstopfung der Milchgänge, langwierige und starke Schmerzen, das Messer. Auf meine Frage, ob man mich nicht eher, auf der Station, hätte aufmerksam machen, mich nicht wenigstens hätte sofort hierher überweisen müssen, bekam ich keine Antwort. Da ich nichts falsch machen wollte, erkundigte ich mich noch, ob mein Sohn unter diesen Umständen die Milch überhaupt bekommen dürfe. Diesmal überlegte die Ärztin einen Augenblick. »Weshalb nicht«, erwiderte sie dann, »nehmen Sie die gesunde Brust. Bei Ihnen reicht das ja fürs Baby.«

16

Worte können freundlich sein, heilsam, Medizin für kranke Gemüter, und sie können ungeheuer verletzen. Ein »schwachsinniges« Kind, was heißt das schon. Dan hört nicht oder nur sehr wenig, nun gut, dieser Sinn ist tatsächlich kaum entwickelt bei ihm, aber das ist ja nicht gemeint. Er kann sehen, schmecken, tasten, riechen; mit seinem Geschnupper amüsiert er uns oft oder bringt uns vor anderen Leuten in Verlegenheit; seine Augen nehmen nicht nur Dinge wahr, auf die wir zu achten längst verzichtet haben, sie sind auch außerordentlich beredt. Er spricht und hört mit ihnen, er stellt Fragen und forscht nach der Antwort. Wenn er lächelt, tut er das auf eine nur ihm eigene, unnachahmliche Art. In seinen Pupillen glimmen schalkhafte Funken auf, die tief aus dem Innern zu kommen scheinen und in ein sanftes Leuchten übergehen. Mitunter, wenn er uns foppt oder Dinge tut, die ihm verboten wurden, sitzt der Schalk offen in seinen Augenwinkeln. Ein Glitzern und Schimmern, das sich unvermittelt in ein Strahlen verwandeln kann. Wenn er dagegen unwillig dreinschaut, sind seine Augen dunkel und leicht verengt, besitzen einen schwärzlichen Glanz. Die Brauen sind nach unten gezogen, die Pupillen starr. Wenn er traurig ist und ihm die Tränen kommen, ist sein Schmerz so ungeheuer, daß es einem das Herz umdreht. Kein Ton dringt von seinen Lippen, er steht da, und seine Augen werden immer größer. Kinder haben häufig ausdrucksvolle Augen, die von Dan jedoch sind besonders lebendig. Als müsse er damit einen Ausgleich für das fehlende Gehör und die Sprache schaffen. Und er fordert, daß wir verstehen, was er sagt. Er lächelt mich amüsiert an, ich aber bin verpflichtet, zu wissen: Da springt ein Hund freudig an seinem Herrn hoch, da klettert ein Junge über den Zaun. Er brummt ärgerlich, und ich habe zu begreifen, daß die Sonne gefälligst endlich wieder hinter den Wolken hervorkommen soll. Verstehe ich ihn nicht, ist er enttäuscht und manchmal auch verstimmt. Doch er macht sich nur selten die Mühe, auf Dinge, die ihn interessieren, unseretwegen extra zu zeigen.

Darin liegt ein gut Teil seiner Behinderung: Er geht nur mit Blicken aus sich heraus, ist aber sonst passiv, begreift nicht, daß er sich mit Gesten viel besser verständlich machen könnte. Er weiß einfach nicht, wie er es anstellen soll, Kontakt aufzunehmen. Geistig behindert, nun ja, er erfaßt, so schlau und schnell er in manchen Dingen ist, vieles nicht, was andere Gehörlose ohne weiteres lernen, und eine Bezeichnung muß man für dieses Krankheitsbild ja wohl finden. Das Wort »schwachsinnig« dagegen, mag es auch der wissenschaftlichen Einordnung dienen – schwach im Sinnen, Denken –, tut weh. Als »schwachsinnig« bezeichnete eine Erzieherin einmal in unserem Beisein ein Kind, das besser eingestuft war als Dan. Unser Junge hatte gerade eine Prüfung nicht bestanden, und wir waren besonders geschockt. Eigenartige, möglicherweise unangebrachte Empfindlichkeit. Aber es gibt Begriffe, die im allgemeinen Gebrauch einen so abwertenden Beigeschmack haben, daß sie verletzen, wenn sie einen selbst betreffen.

Daß Dan nicht nur gehörlos, sondern auch geistig geschädigt war, wollten wir lange Zeit nicht glauben. Bei ihm lagen normale Reaktionen und solche, die Bedenken bei den Ärzten hervorriefen, dicht beieinander. Auf der einen Seite dies: Dan straft Menschen, die ihm bekannt und vertraut sind, mit Nichtachtung. Ein Hörpädagoge, den wir Woche um Woche aufsuchten, war gekränkt, weil ihm unser Sohn zur Begrüßung bestenfalls ein flüchtiges Lächeln schenkte. Weil er nie die Hand gab und das Spielzeug beiseite legte, das ihm angeboten wurde. Auch Klaus, von einer Dienstreise zurückgekehrt, war erstaunt, wie wenig Dan von ihm Kenntnis nahm.

Ich habe ihn mit dem Jungen vom Bahnhof abgeholt, er hat als Geschenk einen kleinen Stoffbären mitgebracht, ein Bilderbuch, Schokolade. Wir haben eine Weile auf dem Bahnsteig gestanden, Dan wunderte sich wohl etwas über die große Halle und die vielen Menschen, als aber nach längerem Warten der Zug einrollte und aus einem der Waggons, mit Koffern beladen, sein Papa stieg, scheint ihm das ziemlich schnuppe. Kein Lächeln, kein Zeichen, daß er seinen Vater vermißt hat. Teilnahmslosigkeit selbst dann noch, als ihn Klaus auf den Arm nimmt und mit dem Bilderbuch aus der Reserve zu lokken sucht.

»Ob er mich vielleicht gar nicht wiedererkennt?«

»Nach fünf Tagen? Hältst du ihn für so dumm? Hast du nicht den Blick gesehen, den er dir zuwarf, als du aus dem Zug stiegst?«

Das ist nicht geflunkert. Noch jetzt genügt Dan, wenn er jemanden nach längerer Zeit wiedersieht, zur Begrüßung ein kurzer, fast spöttisch zu nennender Blick aus den Augenwinkeln. Was heißen soll: Du bist also auch wieder da. Natürlich hat er inzwischen gelernt, daß man die Hand gibt, und wenn's unbedingt sein muß, läßt er sich sogar zu einer flüchtigen Umarmung herab.

»Du meinst, er hat mir einen Blick zugeworfen?« Klaus ist nicht recht überzeugt.

»Der hat seine eigene Meinung von den Dingen. Der macht nicht viel Schmus.«

»Vielleicht nimmt er mir's übel, daß ich weggefahren bin.«

»Schon möglich. Laß dir's zur Lehre dienen.«

Auf der einen Seite diese ausgeprägte Gleichgültigkeit gegenüber Bekannten und Dingen, die Schwierigkeiten, die er beim Essen und Lernen machte, auf der anderen Seite aber auch ganz überraschend normale Reaktionen. Wie zum Beispiel in der Angelegenheit mit den Tapeten.

Über Wochen, ja Monate hinweg riß und kratzte Dan, sobald er einmal allein im Zimmer war, die Tapete von den Wänden. Brach sich die Fingernägel ab, schabte sich die Haut von den Fingerkuppen, ließ aber nicht von seinem Vorhaben ab, den Putz bloßzulegen. Wir schimpften ihn aus, redeten auf ihn ein, straften ihn – vergebens.

Bis Klaus ihn eines Tages, als wieder mal ein schöner, breiter, blumengemusterter Papierstreifen am Boden liegt, ohne sich aufzuregen, an die Hand nimmt und zum Handwerksschrank geht. Sie holen ein Messer, Leim, einen dicken Pinsel, einen leeren Topf, dann Wasser, ein Stück Reservetapete, rühren den Leim an, schneiden die

Tapete zurecht. Alles schön bedächtig; Dan soll sehen, wieviel Mühe es macht, den Schaden auszubessern. Sie kratzen vorsichtig die Reste von der Wand, messen ab, einmal, zweimal, vergleichen die Anschlußstellen, damit das Muster übereinstimmt, genau Blume zu Blume kommt. Das neue Stück ist einen Schimmer heller – bedauerndes Achselzucken meines Mannes; gar nicht schön, dieser Unterschied, aber so ist das eben, wenn was kaputtgemacht wird: Man kriegt es nie wieder so hin, wie es war. Ob Dan Klaus' Gesten versteht, wird nicht klar, doch bedrückt ist er schon, das sieht man ihm an. Er verfolgt den Arbeitsvorgang aufmerksam, und zum Schluß, beim Ankleben, darf er selbst Hand anlegen. Der Aufwand lohnt sich! Von diesem Tag an rührt Dan kein Stück Tapete mehr an, die Wände haben ein für allemal Ruhe vor seinen Fingernägeln.

So ähnlich mit unserer Stehlampe. Eine einfache Konstruktion: der Schirm in Kopfhöhe, der Fuß aus Gußeisen, dazwischen ein Stahlrohrskelett. Über Geschmack läßt sich bekanntlich streiten, aber sie gibt Licht zum Lesen und Schreiben, was man wirklich nicht von jedem Exemplar ihrer Gattung behaupten kann. Sie ist eine Kostbarkeit, einer unserer wichtigsten Gebrauchsgegenstände, und auch Dan liebt sie, freilich aus anderen Gründen als wir. Er benutzt sie, um sich auf ihren Fuß zu stellen und mit ihr zu kippeln. Oder sie einfach so, gewissermaßen als Schwengel, hin und her zu bewegen. Unsere Bemühungen, ihn davon abzubringen, haben nur zeitweise Erfolg. Bis das Befürchtete schließlich eintrifft. Bei einem besonders heftigen Schwung bricht der Eisenstab über dem Fuß ab. Dan saust mitsamt der Lampe lang hin auf den Fußboden. Obwohl er sich offenbar weh getan hat, heult er nicht; er ist starr vor Schreck. Der Lampe ist, von diesem entscheidenden Defekt abgesehen, fast nichts passiert. Lediglich der Schirm ist etwas verbogen, doch das kriegen wir wieder hin.

Vielleicht wäre schon der Schock genug Strafe – wir

beschließen, die Situation auszunutzen. Zunächst wird Dan in sein Zimmer verwiesen, was er auch ohne Murren akzeptiert. Dann beratschlagen wir. Die Lampe wegzuwerfen tut uns leid. Außerdem wollen wir ja unseren Sohn belehren. Klaus prüft den Schaden. Der Mittelstab, das Stahlrohr, war in den Fuß eingeschraubt: Das Stück mit dem Gewinde steckt noch darin. Dieses Stück muß herausgedreht, ein neues Gewinde auf den Stab geschnitten werden, dann ist die Sache repariert. Hier kommt meinem Mann eines seiner früheren Hobbys zugute, die Bastelei, er braucht sich nur das entsprechende Werkzeug zu besorgen. Allerdings, so leicht werden wir's Dan nicht machen, wir werden uns Zeit lassen. Etwa vierzehn Tage liegt die zerbrochene Lampe in der Stube. Dan sieht sie morgens, bevor er in den Gehörlosenkindergarten geht, und abends, wenn er nach Hause kommt. Wir brauchen ihn gar nicht darauf aufmerksam zu machen, er ist ohnehin das leibhaftige schlechte Gewissen. Ein paarmal faßt er Klaus bei der Hand, zieht ihn zur Lampe, der Papa soll das endlich in Ordnung bringen. Bis der sich am Ende erbarmt und an die Arbeit macht. Natürlich in Anwesenheit Dans; wie im Fall der Tapete wird Wert darauf gelegt, die Schwere der Aufgabe zu verdeutlichen. Unser Sohn drängelt, er möchte, daß der Schaden schnell behoben wird, aber Klaus nimmt sich Zeit, hantiert mit Absicht umständlich herum. Übrigens macht die Sache in der Tat Mühe. Als es dann soweit ist, die Lampe wieder steht und leuchtet, herrscht allseitige Zufriedenheit. Auch hier die Erfahrung, die wir schon mit der Tapete machten: Dan versucht nie wieder, das wertvolle Gerät zweckentfremdet einzusetzen. Er hat die Zusammenhänge begriffen wie andere Kinder auch, er ist nicht unbelehrbar, er hat ganz *normal* reagiert. Aber die Aufgaben im Kindergarten bewältigt er nicht. Worin besteht seine Schädigung nun genau?

17

Manchmal, vor allem in jenen schlimmen Tagen, wenn alles um mich her und in mir zusammenzubrechen droht, drängen sich mir Bilder der Verlockung auf. Eine Alternative, die Selbstbefreiung heißt; ein klein wenig Gefühlskälte nur wäre dazu nötig, etwas Brutalität, ein Schuß Egoismus, weshalb nur konnte ich mich nie zu diesem winzigen Schritt über den Graben aufraffen. Ich spreche nicht von Selbstmord, von dem später zu reden sein wird, denn es ist wohl klar, daß der Gedanke daran in unserer Lage nicht ausblieb.

Hier meine ich etwas anderes: die Trennung von einem Kind, das einen tyrannisiert und übermäßig bindet, von dem man weiß, es wird nie zu einem selbständigen Menschen heranwachsen, das Raum im eigenen Leben beansprucht, den man wenigstens zum Teil mit guten, gleichfalls notwendigen Dingen füllen möchte. »Ich will Ramona nicht mehr behalten«, erklärte mir vor einigen Wochen eine Mutter, die neben diesem fünfjährigen geschädigten Mädchen nun ein zweites Kind, einen gesunden Jungen, hat, »erst jetzt begreife ich, wie wunderbar es ist, wenn sich ein Kind normal entwickelt, wenn es zum rechten Zeitpunkt sauber wird, richtig laufen und sprechen lernt. Weshalb soll gerade ich dazu verurteilt sein, mich bis ins Alter so unnütz abzuquälen?« Diese Frau kämpft darum, für ihr Mädchen ein geeignetes Heim zu finden, bislang vergeblich, denn dergleichen Plätze sind knapp. Wer will den Stab über sie brechen, sie mangelnder Mutterliebe bezichtigen? Wer nimmt ihr die Wörter »unnütz« und »abquälen« übel. Die Pädagogen und Psychologen sind der Meinung, daß kein Heim, so gut es auch sein mag, solchen Kindern die Familie ersetzen kann, und dem ist nur schwer zu widersprechen. Aber selbst ein Pädagoge, der von Berufs wegen Umgang mit Hirngeschädigten hat, kann den täglichen psychischen und auch physischen Druck nicht nachempfinden, unter dem die Eltern stehen. Und der, nebenbei bemerkt, Rückwirkungen auf die Kinder hat. »Unnütz«, das stimmt natürlich nicht. Dan zum Beispiel, über all die Jahre betreut und behütet, ist glücklich, lebt mit sich und seiner Welt in Übereinstimmung. Manches hat er mitbekommen, was ihm in einem Heim vielleicht entgangen wäre. Aber der Aufwand, das darf man sagen, ohne der Selbstbelobigung verdächtigt zu werden, war und ist riesig. Zwei Menschen beschneiden sich erheblich in ihren Möglichkeiten, die auch der Gesellschaft zugute kommen könnten. Lohnt der Erfolg dieses Opfer? Die Frage wenigstens sollte gestellt werden dürfen.

Von Jean-Jacques Rousseau, dem berühmten Aufklärungsphilosophen, ist bekannt, daß er fünf Neugeborene auf Kirchentreppen aussetzte. Das war nicht unüblich in einer Zeit, in der es keine Pille gab und ein Kind für den Armen oft eine schwere ökonomische Last bedeutete. Dennoch – die Zahl ist ungewöhnlich. Doch kaum einer spricht heutzutage von diesen Dingen, wenn es um Rousseau geht. Geblieben sind seine große denkerische Leistung, seine Ideen, die zur Vorbereitung der Französischen Revolution beitrugen und bis in die Gegenwart herüberreichen. Hätte er schaffen können, was ihm die Menschen jetzt so hoch anrechnen, wenn er fünf Kinder aufgezogen hätte? Darunter womöglich eins mit geistiger Schädigung?

Oder der Glücksanspruch der Frau, von dem in Filmen und Büchern so oft die Rede ist. Das bescheidene Streben nach ein bißchen Eigenleben und Partnerschaft.

Vor einigen Jahren setzte eine Frau, die ich aus Dans Tagesstätte kannte, ihren geschädigten Jungen aus – er litt unter Kretinismus. Sie hatte zehn Jahre gut für ihn gesorgt, sie hatte lange allein gelebt, alle Schwierigkeiten allein bewältigen müssen. Ihre Arbeit, ihr Alltag? Viel kann ich darüber nicht berichten, ich weiß zu wenig von ihr, aber einen glücklichen Eindruck machte sie nicht. Eine Hoffnung hegte sie – der Leser wird vielleicht erschrecken: Die Ärzte hatten ihr nach der Geburt mitgeteilt, daß ihr Kind die Schwelle zum achten Lebensjahr nicht überschreiten würde. Es war nicht nur geistig, es war auch körperlich krank. Also bemühte sie sich, ihm die Tage so angenehm wie möglich zu machen, nahm die Mühen in Kauf. Verzichtete weitgehend auf eigenes Glück: Gelegenheiten, zu diesem Jungen einen Vater zu finden, wenn man nicht mehr ganz so jung, nicht ganz so hübsch und vielleicht noch ein wenig verschlossenen Charakters ist, sind ohnehin selten. Aber der Junge wurde älter, und – wenigstens dem Anschein nach – gesundheitlich eher stabiler. Er wurde sechs, sieben und acht Jahre, die Mutter unruhig. Man wünscht den Tod seines Kindes nicht herbei, natürlich nicht, aber wenn er am Leben blieb, was würde aus ihr? Und dann kam die Chance, auf die sie all die Jahre gewartet hatte, sie fand den Mann, der sich mit ihr zusammentun wollte; nur den Jungen wollte er nicht. »Gib ihn in ein Heim, dann fangen wir beide noch mal von vorne an, noch ist Zeit dazu, aus ihm wird doch nie ein richtiger Mensch.«

In ein Heim? Die Wartelisten sind lang, die Kapazitäten gering. Ein Antrag, noch einer, die Monate verstreichen. Es gibt dringlichere Fälle, Kinder, die ihre Eltern verloren haben, von ihnen vernachlässigt werden. Kam der erste Anstoß vom Mann, oder wußte sie sich selbst nicht mehr anders zu helfen – eines Tages setzte sie sich an den Tisch und schrieb einen Brief. Sie nahm ihren Sohn bei der Hand, der nicht verstand, weshalb sie weinte, und nicht darauf achtete, daß sie es vermied, ihn anzusehen, sie zog ihm die besten Sachen an, die er besaß. Dann ging sie mit ihm aus dem Haus, den Brief nahm sie mit.

Ich stelle mir vor, wie sie in der Straßenbahn sitzt, sie fährt ein Stück weg von der Gegend, in der sie und das Kind bekannt sind; das Wetter ist schön, denn der Junge soll weder frieren noch naß werden an diesem Tag, er hat auch einige Bonbons und eine Tüte mit seinem Lieblingsgebäck in der Tasche. Irgendwo steigen die beiden aus, vielleicht an einer belebten Straße, wo sich das, was die Frau vorhat, besser, unbemerkter ausführen läßt, oder sie wählt doch wohl eher eine Stelle mit wenig Trubel, denn dort fällt der Junge schneller auf.

Nein, ganz kann ich mich trotz allem nicht in diese Frau versetzen!

Sie steckt ihrem Jungen den Brief in die Jackentasche, sie sagt ihm noch ein gutes Wort, bedeutet ihm, sie käme gleich wieder, dann läuft sie davon. Um die nächste Ecke, ohne sich umzuschauen, nur weg, weg, bevor sie sich's anders überlegt. Der Junge bleibt stehen, vertrauensvoll, wie er es viele hundert Male vorher getan hat, um so mehr noch, als er damit beschäftigt ist, ein Bonbon auszuwikkeln.

Die Sonne scheint, der Wind fächelt, die Passanten gehen vorüber, ohne auf den Kleinen zu achten, der eine ganze Weile geduldig ausharrt ...

In dem Brief hatte die Frau ihr Problem dargelegt, so gut sie es vermochte, sie hatte den Namen des Jungen angegeben und geschrieben, daß sie ihn auf keinen Fall nach Hause zurücknehmen würde. Sie könne nicht mehr, sie wolle nicht mehr.

In der Tagesstätte hat diese Mutter seither keiner mehr gesehen, doch kürzlich kam die Nachricht, daß der Junge nun doch gestorben sei. Einige Jahre später, als es die Ärzte vorausgesagt hatten, aber das ist nur eine zusätzliche tragische Nuance in dieser tragischen Geschichte.

Mit ihrem Gewissen muß die Frau, nachdem sie in ihrer Verzweiflung den gordischen Knoten mit Gewalt zerschlug, selbst fertig werden; ob auf dieser Grundlage ein neues Glück entstehen kann, erscheint fraglich. Zu überlegen ist, ob es zu dieser Tat hätte kommen müssen.

Die amerikanische Schriftstellerin Pearl S. Buck, dic gleichfalls ein hirngeschädigtes Kind hatte, beschreibt in ihrem Buch ›The Child Who Never Grew‹, wie sie auf der Suche nach Klarheit schließlich an einen Arzt geriet, der sie bewußt brutal mit der Realität konfrontierte. Er riet ihr, jegliche Illusion aufzugeben, daß aus ihrem Mädchen ein selbständiger Mensch werden könnte, und förderte ihren Entschluß, sich von dem Kind zu trennen. Sie suchte sich dann unter verschiedenen Heimen eins aus, das ihr für ihre Tochter am geeignetsten schien. Ein Vorgehen, das in den USA – vorausgesetzt, man verfügt über das notwendige finanzielle Polster – möglich ist.

Nach ihrer Meinung vermißte das Kind die Mutter kaum.

Man kann darüber streiten – fest steht, daß es nicht in allen Fällen so »einfach« ist.

Auch uns wurde von Ärzten verschiedentlich gesagt, wir dürften uns keinerlei Illusionen hingeben, aber abgesehen davon, daß die Möglichkeit, für Dan einen Heimplatz zu finden, kaum bestanden hätte, war stets ungewiß, bis zu welchem Grad er unselbständig bleiben müßte. Er war komplexgeschädigt, das heißt gehörlos und in seinem Lernvermögen behindert, aber er besaß bestimmte Fähigkeiten, die sich vielleicht entwickeln ließen.

Also stellten wir immer wieder eigene Ansprüche zurück – wir hatten keine andere Möglichkeit, und die mit dem Kind fühlende Umwelt erwartete es so.

Übrigens kennen wir Mütter, die längst aller Illusionen bar sind und dennoch ihre pflegebedürftigen Kinder um keinen Preis der Welt weggeben würden.

Es kommt auf den Anspruch an, den der einzelne ans Leben stellt, auf den Beruf, auf die Neigungen, auf das Temperament, wobei Eltern, die ihre Kinder selbst betreuen möchten, gewiß unsere Hochachtung verdienen, andere deshalb aber nicht unbedingt charakterlich schlechter einzustufen sind.

Es kommt auf die Solidarität zwischen den Ehepartnern an, auf Wohnung, Arbeit und tausend andere Dinge.

Vor allem aber auf die Kinder selbst, die unterschiedlich im Verhalten sind und entsprechenden Aufwand erfordern. Ein ruhiges Langdon-Down-Mädchen ist leichter zu betreuen als eins, das ständig ausbüchst und die Stube auf den Kopf stellt; ein verspannter erethischer Junge, der halbe Nächte lang wach liegt, kann die gesamte Familie bis zur Erschöpfung nerven.

Wahrscheinlich hätte jene Frau ihren zehnjährigen Jungen nicht an der Straßenecke ausgesetzt, wäre ihr zur rechten Zeit ein Platz in einem Wochenheim zugesprochen worden. Derartige Probleme bedürfen der individuellen Lösung; nicht nur das Kind, auch die Eltern haben einen Anspruch auf Glück und Eigenleben.

18

Meine Schwiegereltern waren wieder nach Hause gefahren, Klaus sortierte und verkaufte wie gewohnt seine Bücher, ich aber fuhr Tag für Tag in die Poliklinik, um mir meine Spritze abzuholen. Dazwischen stillte und windelte ich Dan, der nach wie vor schlecht trank, viel weinte und Durchfall hatte. Mal etwas mehr, mal etwas weniger. Auch wund war er noch, doch besserte sich dieser Zustand allmählich – ich arbeitete mit viel Creme und Puder. Dort, wo nichts als rohes Fleisch gewesen war, bildete sich eine feine rote Haut. Da bei mir gleichfalls die Heilung einsetzte, die Ärztin nicht mehr von Schneiden sprach, glaubten wir aufatmen zu können. Wir hatten uns getäuscht.

Ein paar Tage vergingen. Dan fiepte nun etwas weniger kläglich und schlief ein bißchen länger, aber sein Stuhl blieb locker, war manchmal sogar flüssig. In unserer Unerfahrenheit hofften wir, das würde sich nach und nach geben. Eine ehemalige Schulkollegin dagegen, die drei Kinder großgezogen hatte, hielt die Sache für heikel. »Das ist nicht in Ordnung«, sagte sie, »geh lieber zum Arzt mit dem Kleinen.«

»Zum Arzt? Aber wir kommen gerade aus der Klinik, da kann doch nicht schon wieder was sein.«

Eigentlich hätte ich Dan erst nach vier Wochen in der Mütterberatung vorzustellen brauchen, aber nach knapp vierzehn Tagen hielt ich es nicht länger aus. Eingeprägt hat sich mir die bedenkliche Miene des jungen Arztes, als ich ihm meine Sorgen vortrug und er sich Dan anschaute, der winzig, blaß und noch immer wund auf dem Tisch lag. Der Stuhl war in den letzten Tagen eher wieder flüssiger geworden, und ich versuchte mich zu rechtfertigen, ohne daß man mich getadelt hätte. Wirklich, ich war mir keiner Schuld bewußt. Ich fragte auch nach den Ursachen, vielleicht war Dans Darm nicht in Ordnung, oder er hatte was mit dem Magen. Der Arzt antwortete freundlich-einsilbig, murmelte etwas von Ernährungsstörung, gab sonst jedoch keinerlei Erklärungen. Allerdings ordnete er die sofortige Überweisung unseres Sohnes in die Kinderklinik an.

Die Nordklinik, ein riesiger Komplex alter und neuer Gebäude, in dem später auch Dans erste Gehöruntersuchung vorgenommen wurde: Vier Wochen lang lag unser Junge dort auf Station. Wir besuchten ihn regelmäßig, betrachteten ihn in seinem Bett hinter dem großen Glasfenster, gaben uns Mühe, seine Aufmerksamkeit auf uns zu lenken. Er war meist ganz still, ließ nicht erkennen, ob es ihm gut oder schlecht ging, aber sein Gesichtchen war durchscheinend wie Pauspapier, und wir hatten Angst, daß er sterben könnte. Immerhin schien er hier mehr zu schlafen als zu Hause, er lag meist leicht zugedeckt auf dem Rücken oder auf der Seite und rührte sich nicht. Nur manchmal bewegte er die Finger, die man ihm verbunden hatte, damit er sich nicht kratzte. Wir versuchten von den Schwestern etwas über seinen Zustand zu erfahren, doch sie antworteten ausweichend. Wir müßten Geduld haben, vorläufig ließe sich nichts sagen. Einmal lediglich teilte man uns mit, daß Dan weder ab- noch zunahm. Bis mich nach etwa zwei Wochen überraschend eine Schwester auf die Seite zog und mir zuflüsterte, mein Baby sei jetzt wahrscheinlich über den Berg. Seit drei Tagen ginge es aufwärts mit ihm, langsam zwar, aber immerhin. Wenn sich keine Komplikationen ergäben, könne ich es in ein bis zwei Wochen nach Hause bekommen.

Als ich Dan dann im Juni abholte, sah er fast genauso zerbrechlich aus wie bei seiner Einlieferung ins Krankenhaus. Genauso blaß. Oder lag das nur an dem hellen Sonnenschein, der ihm das Gesicht streichelte? Klaus, der ihn erst abends in der Wohnung zu sehen bekam, fand, daß er durchaus Farbe hätte und nur herausgefüttert werden müsse. Und tatsächlich gab es einen erheblichen Unterschied zu den ersten Wochen nach der Geburt; Dan war nicht mehr wund, er weinte nur, wenn er Hunger hatte, und sein Stuhl war fest. So hatte ich mein Kind bis dahin nicht gekannt. Ich war ungeheuer erleichtert, ein großartiges Gefühl, endlich schien alles ins Lot zu kommen.

Dennoch, als ich Dan erstmals wieder die Brust gab, tat ich es mit Skepsis. Ich hatte mich selbstverständlich vergewissert, hatte, als ich ihn abholte, so eindringlich ich konnte, die Stationsschwester gefragt, ob es nicht ratsam sei, ihn auf künstliche Nahrung umzustellen. Ich hätte Angst, ihm meine Milch zu geben.

»Aber weshalb denn Angst, was soll er Besseres bekommen als Muttermilch?«

»Ich weiß nicht. Ich denke immer noch, daß er sie schlecht verträgt und davon krank geworden ist. Schließlich krieg ich nach wie vor Medikamente wegen der Mastitis. Und jetzt, wo er gerade diese schwere Ernährungsstörung hinter sich hat ...«

Sie unterbrach mich ungeduldig. »Schwer? Da gibt's ganz andere Fälle. Außerdem haben wir ihn ja völlig gesund gemacht. Stillen Sie ihn, solange es irgend möglich ist.«

Ich war entlassen, wenn auch nur halb beruhigt. Aber wer sollte es wissen, wenn nicht die in der Klinik. Also gab ich Dan noch am Abend die Brust und weiter am nächsten Tag zu den üblichen Zeiten. Zwischendurch beobachtete ich argwöhnisch, was das Baby in die Windeln drückte. Tatsächlich, der Stuhl war fest, ich gab mich zufrieden. Wenigstens anfangs, am Abend kam mir die Sache wieder verdächtig vor. Aber Klaus beruhigte mich: »Da hat sich nichts verändert, du siehst Gespenster.« Sicherlich war ich überempfindlich.

Der Morgen, wird bisweilen behauptet, sei das Schönste am Tag. Man erwacht frisch gestärkt nach erquickendem Schlaf, öffnet die Augen und reckt die Glieder. Die Sonne blinzelt zum Fenster herein, läßt ihre frühen Strahlen durchs Zimmer tanzen, die Welt sieht jung und freundlich aus. Man springt aus dem Bett, alles liegt vor einem. Das Frühstück mit der dampfenden Kaffeekanne, den knusprigen Brötchen, dem warmen, weichgekochten Ei, dem bernsteinfarbenen Honig; der Vormittag, für den man sich einiges vorgenommen hat – morgens glaubt man ja noch, daß man sämtliche Aufgaben bewältigen wird –, das Mittagessen, der Nachmittag. Auch wir dachten so, und es ist ja nicht die schlechteste Art, in den Tag zu starten. Nur begann sich in jenen Wochen vieles für uns auf den Kopf zu stellen. Der Morgen hatte nicht mehr die Farbe von früher. Was am Abend oft mit Mühe geregelt war, konnte früh, wenn man aufwachte, völlig durcheinandergeschüttelt sein.

Als ich Dan am nächsten Morgen – es war Sonnabend, und wieder einmal stand ein Wochenende vor der Tür – aus der Windel gewickelt hatte, packte mich jäh unmäßige Angst. Die Beruhigung von gestern war weg, meine Skepsis hatte sich bestätigt. Dan hatte wieder Durchfall, und zwar fast so schlimm wie vor seinem Klinikaufenthalt.

Was unternehmen, was um Himmels willen tun?!

Die folgende Szene hat sich mir ins Gedächtnis gegraben: Unser Wohnzimmer, um diese Jahreszeit trotz der frühen Stunde bereits von Tageslicht erhellt, Dan mit nacktem Po auf der schmutzigen Windel, fröhlich krähend, und ich, wahrscheinlich blaß und rot, starr vor

Schreck. Aber nur für einen Augenblick, dann sause ich zur Tür und über den Korridor unsere drei Stufen zur Schlafstube hinauf, wo sich Klaus noch mal auf die Seite gedreht hat. Bei meinem lauten, abrupten Eindringen blinzelt er mich verwundert an. »Was ist los, warum machst du so einen Krach!«

»Ich hab's doch gewußt, ich hab's gewußt, steh auf und schau dir das an!«

»Was denn, weshalb? Ich möchte mal ausschlafen!«

»Nicht jetzt ... Dan hat wieder Durchfall!«

Ich schreie fast, aber er hat auch so begriffen. Ohne ein weiteres Wort ist er aus dem Bett und noch vor mir im Wohnzimmer. Nein, ein Kommentar ist überflüssig, dieser Anblick ist ihm wie mir zur Genüge vertraut. Während ich mit bebenden Fingern die Windeln wechsle, steht er schweigend da. Endlich sagt er: »Das ist ja zum Verrücktwerden.«

Ich gebe keine Antwort.

»Du mußt am Montag mit ihm in die Mütterberatung.«

Wilde Wut packt mich. »Am Montag? Bis dahin ist er wieder fürs Krankenhaus reif. Und weshalb soll ich hin? Damit sie mir erzählen, wie gut meine Milch für ihn ist? Dann kann ich ihn auch gleich krepieren lassen.«

Klaus kennt mich schon, er legt mir beruhigend die Hand auf die Schulter. Aber das hilft jetzt nicht, ich stoße sie weg.

»Was wollen wir machen?« fragt er sachlich.

»Dan kriegt auf keinen Fall weiter meine Milch.«

»Also Babynahrung. Gibt's die denn ohne ärztliche Bescheinigung?«

»Babysan nicht, ist wohl zu knapp. Aber Citrosan kann man kaufen.«

Klaus zieht sich an und rennt los, ich packe Dan in sein Bett zurück, wasche mich flüchtig, setze Wasser für den Kaffee auf. Schaffe Ordnung im Schlafzimmer, werfe ein Kleid über. Dann warte ich. Sonnabends haben nicht alle Läden auf, und wo geöffnet ist, muß man stehen. Klaus ist lange weg, an der einen Stelle gibt es das Citrosan nicht, an der andern ist der Andrang zu groß, er muß eine Weile herumlaufen. Aber am Ende ergattert er zwei Pakkungen. Kaum ist er da, beginne ich die Nahrung nach Gebrauchsanweisung einzurühren.

Auch dieses Wochenende war voller Spannung und Aufregung für uns. Würde Dan die neue Nahrung annehmen? Würde sie ihm bekommen? Als er die Flasche mit dem Citrosan zum erstenmal ansetzte, hätte man eine Fliege husten hören können, so still war's im Zimmer. Ja, er akzeptierte, er begann zu saugen und zu schlucken, der leicht säuerliche Geschmack schien ihm zuzusagen. Diese Klippe war also umschifft, wer einmal nimmt, wird sich beim zweitenmal nicht sperren. Blieb die Frage, ob er es vertrug. Schlimmer als mit meiner Milch, dachte ich, kann es nicht kommen.

Wir blieben bei dem Citrosan, es war das richtige für ihn, noch heute danke ich den Herstellern, daß sie es schon damals in ausreichender Menge produzierten.

Der Durchfall war mit einem Schlag weg – damit brauchten wir uns nicht mehr zu befassen.

In den folgenden Wochen plagte ich mich noch mit meiner Milch ab, die reichlich vorhanden und einfach nicht zum Versiegen zu bringen war. Dann – eine Erholungspause gab es nicht – fingen jene Probleme an, von denen in diesem Buch hauptsächlich die Rede ist.

19

Heute hat Klaus Dan von der Tagesstätte abgeholt, es gibt Gutes von unserem Sohn zu berichten, bei der Arbeitstherapie war er einer der Besten. Er bekommt vorgeführt, was zu tun ist, schaut auch bei den anderen zu und ist dann relativ flink. Nicht daß man den Eindruck hätte, er würde sich brennend für die Tätigkeit interessieren, die ihm da zugewiesen ist. Er betrachtet das Ganze eher als eine Aufgabe, die er schnell zu Ende bringen will. Dennoch zeigt er Ausdauer. Es paßt ihm nicht, etwas halbfertig liegenzulassen.

Eine Besonderheit, die diesen Kindern wohl allen, aber doch nicht in gleichem Maße, eigen ist – sie tun sich schwer im sogenannten »konstruktiven Spiel«. Während Dan mechanische Aufgaben geschickt und zuverlässig erledigt, bestimmte Handgriffe schnell ausführt, Schrauben und Perlen sortiert, ohne sich zu irren, ist er nicht für schöpferische Arbeit zu haben.

Der Baukasten – auch große, bunte Klötze – ließ ihn schon immer kalt, bestenfalls gab er sich dazu her, einen Turm zu errichten, den er dann mit Gepolter und Gejauchze umwarf. Es war einer der Punkte, die man ihm im Gehörlosenkindergarten ankreidete: Er war nicht bereit, ein Haus, eine Landschaft mit Brücken und Wegen aufzubauen. Oder ein bestimmtes Muster aus Plastikwürfeln. Wie hat sich Klaus mit ihm abgeplagt. Einen Kreis, einen Stern, ein Quadrat nachlegen, das ging noch. Gab man ihm die Steine jedoch in sein Zimmer, blieben sie unberührt. Wie das meiste Spielzeug. Kein Interesse für Plüschtiere, Autos, Bilderbücher. Für laute Geräusche, ja – Aufziehspielzeug ließ er nicht durch die Stube fahren oder tanzen, sondern am Ohr rasseln. Aber es reizte ihn nicht so sehr, daß er extra deswegen ins Schaufenster geguckt hätte. Noch heute lassen ihn Schaufenster jeglicher Art unbeeindruckt, auch die der Spielwarengeschäfte.

Oder Malbücher – er sieht offenbar wenig Sinn darin, die Häuser, Bäume, Fahrzeuge, Menschen, die sich dort präsentieren, mit Buntstift beziehungsweise Wasserfarbe auszuschmücken. Natürlich kennt er die Farben; er unterscheidet sie exakt voneinander, ordnet das jeweilige Schriftbild zu, versteht das entsprechende Zeichen der Gebärdensprache, liest ihre Namen mitunter sogar von den Lippen ab. Ein Verdienst von Klaus, seiner ungeheuren Beharrlichkeit. Das alles aber kann Dan nicht bewegen, mit Freude eine Landschaft auszumalen. Überredet man ihn dazu (es ist unerläßlich, dabeizusitzen!), versucht er alles im großen Stil abzuhandeln, die Flächen möglichst schnell zu füllen, über die Ränder der Figuren hinweg. Ein ganzes Malheft in einer halben Stunde. Wenn er wollte, könnte er die Konturen schon einhalten. Es interessiert ihn einfach zu wenig.

Es waren Zeichen, die uns von Anfang an beunruhigten, aber wir schoben manches auf seine Gehörlosigkeit und auf seinen durch die Ernährungsstörung bedingten Entwicklungsrückstand. Der sich, wie wir glaubten, aufholen ließ. Alles war ja sehr widersprüchlich. Dan lernte etwa zum normalen Zeitpunkt sitzen und laufen, er war mit zweieinhalb Jahren tagsüber sauber. Außerdem überraschte er uns oft, legte vor Ärzten und Neurologen Schlangen, Zahnkränze, Dreiecke aus Plastiksteinen, wie er sie zu Hause nie hinbekam. Bis zum heutigen Tag hat er uns mit solchen Dingen genarrt. Beispielsweise beim Schwimmen, das wir ihm seit Jahren beizubringen versuchten. Gelegenheiten gab's genug, im Urlaub, an den Wochenenden, abends, vor allem im Sommer. Wir befinden uns im Freibad am See, wir stehen im brusthohen Wasser und machen Dan die Bewegungen vor. »So mußt du die Arme halten, so die Beine.« Ich strample mich ab. Klaus strampelt sich ab, unser Sohn denkt nicht daran, sich nach unseren Vorschlägen zu richten. Er beachtet uns nicht, schüttelt, wenn wir sanften Druck anwenden wollen, den Kopf, schiebt uns auch weg. Er badet gern, eine richtige Wasserratte, aber er tut's auf seine Art. Er wirft sich ins Wasser, sorgfältig darauf bedacht, daß der Kopf draußen bleibt, springt auf, wirft sich wieder hinein und so fort. Nur ja keinen Schwimmzug, nur nicht den Körper in die Waagerechte bringen. Klaus, der nicht aufgeben will, versucht ihn ins Tiefe zu locken, bietet sogar Bonbons an. Als das ohne Wirkung bleibt, legt er ihm den Arm unter den Bauch, stützt unseren Sohn. Das läßt sich Dan zwar gefallen, doch sobald der Arm weggenommen wird, steht er wieder. Klaus schimpft mit ihm, das hilft schon gar nichts.

»Er braucht ja die Schwimmbewegungen nicht zu beherrschen, Hauptsache, er hält sich über Wasser«, sagt mein Mann. Doch Dan läßt sich auf nichts ein. Nur wenn er mit einem Schwimmring ausgestattet ist, streift er seine Zurückhaltung ab, paddelt ohne Scheu neben uns her, auch in tiefere Bereiche. Aber er bricht in Gezeter aus, wenn wir dem Ring zu nahe kommen. Einfach nichts zu machen.

Über Jahre geht das so, und eines Tages haben wir es satt. Nachdem wir uns wieder mal vergeblich mit ihm abgeplagt haben, erklärt Klaus entmutigt: »Ich geb's auf, wir schaffen's ja doch nicht. Ich denke, er müßte es begreifen, aber für ihn gibt es da offenbar eine unüberwindliche Hürde. Bleibt er eben Nichtschwimmer. Er kann so vieles nicht lernen.«

Es ist nicht das erstemal, daß wir bei solchen Gelegenheiten kapitulieren müssen, dennoch sind wir unbefriedigt. Wenn er es wenigstens versucht hätte. Vielleicht hätten wir Gewalt anwenden, ihn irgendwo reinschmeißen sollen. Doch dazu fehlte uns der Mut. Die »Schocktherapie« kann Sperren beseitigen, aber auch manches verderben. Immerhin beschäftigt mich die Angelegenheit so, daß ich am nächsten Morgen mit seiner Erzieherin aus der Tagesstätte darüber spreche. Ich teile ihr unsere Enttäuschung mit, sage, daß unser Junge es wohl nie lernen wird, sich über Wasser zu halten.

Frau W. schaut mich erstaunt an. »Aber Dan *kann* schwimmen.«

»Sie machen Witze.«

»Wußten Sie das nicht? Er ist immer mit im Schwimmerbecken. Er beherrscht zwar nicht die Schwimmbewegungen, er paddelt bloß, aber seine Strecke im Tiefen legt er zurück.«

»Ohne sich festzuhalten, ohne den Grund zu berühren?!«

»Wo soll er sich denn festhalten«, sagt die Erzieherin belustigt, »da gib's keine Balken.«

Ich bin völlig platt. Zwar wußten wir, daß Dan seit längerer Zeit mit seiner Gruppe in die Schwimmhalle geht, aber ich dachte, er planscht nur im Nichtschwimmerbecken. Vielleicht mit Schwimmgürtel. Ich erkundige mich noch, wie lange er schon im Tiefen ist, und es stellt sich heraus: Er führt uns mindestens seit einem Jahr an der Nase herum. Wobei unser spezielles Problem in der mangelnden Kommunikation liegt, er kann ja nichts von seinen Erlebnissen berichten.

Doch er ist kein Einzelfall, andere, hörende Kinder aus seiner Tagesstätte verhalten sich im Wasser ähnlich. Harry etwa, der im Hallenbad mit elegantem Kopfsprung ins blauschimmernde Naß taucht und seine Bahnen im Stil eines richtigen Sportlers zieht. (Dan springt auch vom Rand ins Becken, allerdings mit den Füßen zuerst.) Wenn seine Eltern und seine ältere Schwester ihn im Freibad ins Tiefe locken wollen, sträubt er sich mit Händen und Füßen. Einmal versuchten sie ihn zu überlisten, fuhren per Ruderboot mit ihm ein Stück auf einen See hinaus und schubsten ihn über Bord. Harry dachte nicht daran, zu schwimmen, er brüllte aus Leibeskräften, und es sah tatsächlich so aus, als wollte er ertrinken. Schließlich mußte die Schwester hinterher, ihn herausholen. Sie war übrigens hartnäckig, diese Schwester, sie gab sich mit dem mißglückten Versuch nicht zufrieden, ging eine Woche später mit Harry in die Schwimmhalle. Wo sie's jedoch trotz großer Bemühungen nicht schaffte, ihn ins Tiefe zu bekommen.

Über Dans Versteckspiel aufgeklärt, probierten wir es erneut, ihn in unserem Beisein zum Schwimmen zu bewegen – vergeblich. Nur ein einziges Mal ist es uns bisher gelungen, ihn beim Paddeln zu überraschen. Bei einem Ausflug badeten wir in einem abgelegenen Teich, und Dan geriet an eine Stelle, wo es steinig war. Die Steine, möglicherweise auch der morastige Boden störten ihn so, daß er sich plötzlich flach legte und auf Hundeart schwimmend den unangenehmen Ort verließ. Zehn Meter und mehr legte er zurück. Sobald der Grund besser wurde, stellte er sich wieder hin. Nur keine überflüssigen Anstrengungen!

20

Man kennt jene Horrorszenen aus Abtenteuer- oder Kriminalbüchern älteren Datums: Ein Gefangener wird gemartert, indem man ihm eine Nacht lang Wasser auf den Kopf tropfen läßt. Langsam, gleichmäßig, immer auf dieselbe, vorher kahlgeschorene Stelle. Eine Tortur, die den so Mißhandelten an den Rand des Wahnsinns bringt. Er sitzt da, an Händen und Füßen gefesselt, auch den Kopf kann er nicht bewegen, und die Stunden werden zur Ewigkeit. Tropf ..., tropf ..., tropf ..., tropf ...

Mit acht Monaten etwa begann Dan zu lallen; wir wußten nichts von seiner Hörschädigung und unterstützten seine Sprechversuche wie alle Eltern: »Sag ›Mama‹, sag ›Auto‹.« Dan tat nichts dergleichen, doch mit der Zeit konnte man mit einigem guten Willen ein »Mamam« heraushören, das anscheinend seine Fortschritte bewies. In jenen Monaten bemühte ich mich noch um einen Krippenplatz, denn an der Schule warteten sie auf meine Rückkehr, und das Windelauskochen befriedigte mich nicht. Gleichzeitig hatte ich Angst, Dan wegzugeben, er war nach wie vor schwach, bedurfte besonderer Pflege. Auch beunruhigte uns, daß er für sein Alter zu wenig schlief. Kaum war er nach den Mahlzeiten weggeschlummert, wachte er schon wieder auf. Abends strampelte er endlos in seinem Bett herum, morgens war er sehr zeitig da. Die Ärzte fanden das nicht in Ordnung, sie verschrieben Tropfen und später dann leichte Tabletten. Beides wirkte wenig. Ich weiß noch, wie behutsam wir den Kinderwagen schoben, wenn unser Sohn wirklich einmal dahindämmerte: Beim geringsten Holpern oder Rütteln meldete er sich. Ich erinnere mich auch an Fahrten nach Z., wo Dan keine Minute schlummerte, obwohl wir über die Mittagszeit unterwegs waren und er zwischendurch gefüttert wurde. Erst in der Straßenbahn, am Ende der Reise, fielen ihm die Augen zu, freilich nur für eine Viertelstunde.

Sonderbare, von Erwartungen und ersten Bestürzungen geprägte Zeit. Ich hatte, wie schon erwähnt, einen Schreibmaschinenkurs besucht, als hätte ich gewußt, daß ich nicht mehr an die Schule zurückkehren würde. Klaus hatte mich dazu gedrängt, er, der seine Texte mühselig mit zwei Fingern tippte, hoffte wohl, ich würde ihm spätere große Werke im Sprinttempo abschreiben. Außerdem träumte ich immer noch beziehungsweise wieder (nachdem das Schlimmste mit Dan überstanden schien) von einer Promotion. Der Mensch braucht etwas, das ihn ausfüllt. Die Schreibmaschine konnte mir bei meiner Arbeit von Nutzen sein.

Ein Tag aus jener Zeit, an dem wir recht hoffnungsfroh waren, hat sich mir eingeprägt. Mehrere erfolgverheißende Dinge kamen zusammen. Ich hatte von der Universität grünes Licht für mein Thema erhalten, Klaus einen Brief, in dem ihm der Abdruck seiner Geschichte in einem Sammelband angekündigt wurde. Sie hieß ›Das Zornhaus‹ und war für Kinder gedacht. Ein König hatte darin ein Haus bauen lassen, wo die Leute ihren Ärger und Zorn abliefern konnten. Er hielt sich für besonders pfiffig, bedachte aber nicht, wieviel Verdruß die Menschen über die Jahre hin in seinem schlecht regierten Reich angehäuft hatten. Das Haus war im Nu voll, ein zweites dazu, und schließlich schwemmte der Zorn ihn selbst mitsamt seinen niederträchtigen Ratgebern hinweg.

Ein Märchen, Klaus malte sich bereits aus, mit welch runden Augen Dan es einmal lesen würde, wenn er größer wäre. Der bevorstehende Abdruck des ›Zornhauses‹ mußte gefeiert werden, mein Start zur Doktorarbeit ebenso, und dann war an diesem Tag noch etwas Wichtiges passiert. Dan hatte endlich seinen ersten Zahn bekommen. Mit fünfzehn Monaten, manche Kleinkinder besaßen da schon das halbe Milchgebiß, wir hatten zuletzt bereits voller Unruhe darauf gewartet.

Hochsommer, Klaus war wegen des Ferienbetriebes und des damit verbundenen Personalmangels in der Buchhandlung mächtig eingespannt, aber abends, als Dan versorgt war, machten wir uns zu der Bar um die Ecke auf. Ich hatte der Nachbarin unseren Schlüssel gegeben, damit sie zwischendurch nach Dan schaute, allzu lange wollten wir nicht bleiben. Klaus war in spendabler Stimmung: Als mir der Wein nicht zusagte, den er bestellt hatte, ließen wir die zu drei Vierteln gefüllte Flasche stehen und tranken nur noch Sekt mit Ananas. Außerdem gab's Muschelpastete, ein stinkteures Gericht, das ich seither nirgends mehr gesehen, geschweige denn gegessen habe, Ragout fin, Eis, französischen Cognac und Mokka double – wir waren so richtig unvernünftig. Ich hatte ein blaues Acetatseidenkleid mit Puffärmeln an und um den Hals eine knallige gelbe Bernsteinkette, das wertvollste, was ich an Schmuck damals besaß. Klaus trug helle Hosen mit Schlag und ein quergestreiftes Hemd, er sah aus wie ein Seemann. Wir tanzten und waren albern; ich ahmte den Schlagzeuger nach, der sein Instrument betont exaltiert bediente. Trotz unserer Ausgelassenheit aber dachten wir an unseren Sohn und die Nachbarin und brachen auf, als es am schönsten wurde, gegen Mitternacht. Wie um uns zu entschädigen, schlief Dan in dieser Nacht ruhig und relativ lange.

Wenige Wochen danach mißglückte unser Ostseeurlaub, und als einige Monate vergangen waren, erfuhren wir zum erstenmal von Dans Hörschaden. Unmöglich, die Zahl der Konsultationen bei Ohrenärzten und Neurologen zu nennen, der Aussprachen, dic wir in Kliniken und Krankenhäusern hatten. Dans Schlafschwierigkeiten wuchsen, er nervte uns mit seinem Starrsinn, seiner Widerborstigkeit und einem ständigen monotonen Gequietsche. An eine Rückkehr in die Schule war nicht mehr zu denken, die geplante Dissertation gab ich sehr schnell auf ...

Dieses unaufhörliche Quietschen – es waren die Wassertropfen auf den Kopf, von denen ich sprach. Ein steter I-i-Ton, von morgens bis abends, er bildete sich über Jahre heraus, entwickelte sich aus dem Piepsen der ersten Monate, wurde stärker und stärker. I-i ..., i-i ..., i-ih ...

Wenn ich den Kopf in die Höhe nehme und in mich hineinlausche, höre ich's, kein Ohropax hilft, kein Schal um die Ohren, ich krieche unter die Bettdecke, vergebens, selbst dort diese feinen, piksenden Nadelstiche.

Mit zwei, drei Jahren hatte Dan seine schlimmste Quietschphase. Ich nehme einen beliebigen Tag heraus, einen, an dem unser Junge bis fünf oder sechs Uhr morgens geschlafen hat; noch ist es dunkel, da weckt uns sein I-i ..., i-i ... Klaus zieht sich die Decke über den Kopf, sein Arbeitstag beginnt etwas später, ich versuche mich gleichfalls vor diesem Geräusch zu verstecken, aber nicht lange, dann springe ich aus dem Bett. Schnell in die Küche, irgendwas holen, worauf er herumknautschen kann, morgens ist er noch ausgeruht und am ehesten abzulenken. Der Nuckel – auch wir waren zeitweise so vermessen, auf ihn verzichten zu wollen, wir besannen uns bald anders –, ein Keks, etwas Zucker. Manchmal hilft's für eine halbe Stunde, manchmal nicht. Wie auch immer, wir zwingen uns, bis halb sieben durchzuhalten. Das verlangt die Erziehung, um sieben gibt es Frühstück und nicht eher, gerade gehörlose Kinder soll man an feste Zeiten gewöhnen. Trotzdem, wenn ich aufstehe, ist der Tag schon lange losgegangen. Er hat im Grunde gar nicht aufgehört, noch vom Abend vorher habe ich Dans Quietschen im Ohr. Doch was mich mehr schafft – ich weiß, daß ich es erneut bis zum Abend ertragen muß. Waschen, Zähne putzen, Kämmen, den Morgenrock anziehen. In der Küche, die durch den Gang und zwei Türen von

Dans Zimmer abgetrennt ist – wir sind inzwischen umgezogen –, drehe ich laut das Radio auf, klappere mit dem Geschirr, um den bohrenden I-i-Ton zu verdrängen. Hierher dringt er nur leise, das Besetztzeichen eines Telefons aus weiter Ferne, aber ich bin innerlich so auf ihn eingestellt, daß mich selbst dicke Gummiwände nicht schützen könnten. Nur wenn Dan abschaltet, vermag auch ich abzuschalten.

Das Frühstück nehmen wir getrennt ein. Dan, der uns mit seiner Zappeligkeit die Ruhe raubt und für jeden Bissen endlos lange braucht, kommt zuerst dran. Dann – er ist wieder in seinem Zimmer – essen wir eine Kleinigkeit, ich am wenigsten, denn ich muß ja nicht zur »Arbeit«. Die eigentliche Tortur beginnt, wenn Klaus weg ist, wie beneide ich ihn, daß er einfach so aus dem Haus gehen kann. Es ist die Zeit, da ich mich bereits als Übersetzerin versuche, wenigstens drei, vier Seiten in der Woche will ich schaffen. Doch woher soll ich die Konzentration nehmen. Ich setze mich im Wohnzimmer an den Tisch, Dan ist nebenan mit irgendwelchem Spielzeug beschäftigt, das er freilich nur herumwirft, und schon stimmt er seinen Gesang an. Eine halbe Seite, denke ich, morgens bin ich noch am frischesten, einem verschollenen Raumschiff muß ich auf die Spur kommen, der Verlag hat mir eine phantastische Erzählung anvertraut. Also: »Petrow sah den Bordingenieur vielsagend an und schaltete das Funkgerät auf Empfang ...« I-i, i-i ..., nein, das ist nicht das Funkgerät, das ist mein Sohn, kann er denn nicht eine Minute damit aufhören. Ich springe hoch, renne rüber, reiße die Tür auf. Er hört mich nicht kommen; er sitzt mit dem Rücken zu mir, schaut auf die Wand, wo ein Sonnenkringel tanzt, und gibt seine monotonen Laute von sich. Ich bin entwaffnet, doch damit ist mir nicht geholfen. Um etwas zu tun, tippe ich ihn an, deute auf seinen Mund: Er soll ihn schließen, still sein. Er sieht mich verständnislos an – das heißt, manchmal glaube ich, daß er durchaus begreift, mich aber absichtlich herausfordern will, und dann könnte ich mit Fäusten auf ihn losgehen – er verstummt für den Augenblick. Ich kehre an meinen Arbeitsplatz zurück, greife zum Buch: »Die beiden Männer, in ihren Sesseln nach vorn gebeugt, lauschten angespannt. Ihr Ruf war nach draußen gedrungen in den unendlichen Kosmos – würde eine Antwort erfolgen?« – Die Antwort erfolgt nicht, jedenfalls im Moment nicht, mein Sohn quietscht erneut los. Wie, zum Donnerwetter, soll ich da einen klaren Gedanken fassen. Wenigstens zehn Minuten müßte man haben, um reinzukommen ... Einen geriebenen Apfel, ja, das ist es, er soll sowieso viele Vitamine erhalten. Ich sause also wieder in die Küche, reibe den Apfel, serviere ihn auf einem Plastiktellerchen. Dan ist erfreut, er strahlt mich dankbar an, aber er möchte, daß ich ihm den Löffel in den Mund schiebe. Was habe ich davon, er soll den Obstbrei selbst vertilgen, er kann das. Ich lasse Dan mit dem Teller sitzen, kehre zu Petrow zurück, der nun, nach langem, vergeblichem Warten auf Antwort, den Kurs in Richtung eines fürchterlichen schwarzen Lochs ändert, eines komprimierten Sterns, der alle Körper mit gewaltiger Anziehungskraft in sich einsaugt. »Sie flogen mit Lichtgeschwindigkeit in der unermeßlichen Weite und Einsamkeit des Alls dahin.« Ja, jetzt hab ich's, langsam beginne auch ich dahinzuschweben. Allerdings nicht mit Lichtgeschwindigkeit und nur solange nebenan der geriebene Apfel reicht. I-i ..., i-i ..., i-i ... Ich halte mir die Ohren zu, wäre ich doch fern von dieser Wohnung in der Einsamkeit des unermeßlichen Alls. Aber ich bin hier bei Dan, niemand stellt mir ein Raumschiff zur Verfügung, und wenn, würde man mir mein Kind zwecks Betreuung und mütterlicher Pflege mit auf die Reise geben. Und ich müßte es samt Gitterbett in der Schlafkabine unterbringen. Gefangen bin ich, gefesselt, durch die Normen menschlichen Zusammenhockens.

Ich packe meine Einkaufsbeutel, greife meinen Sohn, und ab geht's, an die frische Luft. Die soll er nämlich auch in reichlichem Maß bekommen, damit er besser schläft. Ist er im Sportwagen angebunden, habe ich ihn wenigstens unter Kontrolle. Auch da quietscht er, aber nicht so durchdringend. Immerhin, solange ich Dan im Sportwagen halte, ist es möglich, ihn zu Besorgungen mitzunehmen. Lange kann ich zwar nicht in ein und demselben Laden bleiben, zu bald findet sich eine meist ältere Dame, die mich auf das Schreien meines Jungen aufmerksam macht, aber wenn ich die Einkäufe auf verschiedene Geschäfte verteile, geht es. Ich habe ja Zeit, muß den Tag ohnehin herumbringen.

Dann sind wir auf dem Spielplatz, Dan hockt im Buddelkasten, aber er spielt nicht, er wirft nur alles in die Luft. Seine Schippe, seine Backformen, seinen Eimer und vor allem den Sand. Er jauchzt vor Freude; der Sand stiebt, von einer leichten Windbö getrieben, zu den Bänken, wo die anderen Mütter sitzen und sich geruhsam unterhalten. Er fällt ihm in die Augen, in den Hals, ins Haar. Geschrei der fremden Kinder, die Mütter beschweren sich, ich versuche auf Dan einzuwirken, aber es nützt nichts. Wir vertreiben alle, die sich in unsere Nähe wagen, und müssen uns schließlich selbst davonmachen. Ein neuer Spielplatz, die gleichen Aufregungen. Endlich naht der Mittag, und wir kehren nach Hause zurück. Wenn er heute doch mal schlafen würde – tatsächlich, er tut mir den Gefallen. Für eine halbe Stunde, dann dringt wieder sein I-i …, i-i … durch die Wände.

21

War es in diesen Wochen und Monaten, da jene andere Verlockung erstmals an mich herantrat? Ich glaube, ja. Einer meiner früheren Kollegen, Lehrer für Deutsch und Geschichte, lief mir über den Weg, ein lustiger Kerl, der sich in der Schule gern in meiner Nähe herumgedrückt hatte und auch nicht chancenlos gewesen wäre, hätte er nicht bereits eine Frau und zwei Kinder gehabt. Jetzt trottet er neben mir und Dan her und erzählt von alten Bekannten, hundert ulkige Geschichten. Wie froh bin ich, jemanden getroffen zu haben, der mich auf andere Gedanken bringt. Wir setzen uns auf eine Bank, an eine Stelle, wo Dan Ruhe hält, weil ihm eine Reihe schnurgerade in Linie ausgerichteter Verkehrskegel fasziniert, und schwatzen. Was ich nicht weiß, Rössi – eigentlich heißt er Ralf Rösner, aber keiner spricht ihn mit diesem Namen an – ist seit einem Jahr geschieden. »Wie wär's, willst du nicht zu mir ziehen, ich besitze seit vorgestern eine komfortable Zweizimmer-Neubauwohnung.«

Ich staune, wir haben drei Jahre gebraucht, um etwas mehr Raum zu bekommen, und dabei noch Glück gehabt. »Schon? Wie hast du das gemacht.«

Seine Augen blitzen listig-vergnügt. »Ach, eine alte AWG-Anmeldung. Außerdem versteh ich mich gut mit der Dame vom Wohnungsamt.« Ein Lebenskünstler, aber einer, mit dem man auskommt. Er geht zwar direkt aufs Ziel los, läßt jedoch die Ellbogen beiseite.

Ich beteilige mich an seinem Spiel. »Also gut, gib mir deine Adresse, ich komm auf vier Wochen zu dir. Versuchsweise. Du mußt mir bloß sagen, was ich solange mit meinem Sohn anstellen soll.«

»Den läßt du bei deinem Mann, er bringt den nötigen Ernst dafür auf. Das Leben ist kurz, wir beide werden's erst mal richtig genießen.«

Vielleicht sollte ich Rössi den leichten Ton übelnehmen, aber einerseits weiß er offenbar nicht, was mit Dan los ist – ich hab's ihm nicht erzählt, bin ihm fast dankbar dafür, daß er nichts gemerkt hat –, andererseits sagt er so was ungemein charmant. Außerdem stimmt es ja: Ich will noch was vom Leben haben. Wer gibt mir das in meiner Situation, wenn ich's mir nicht selbst nehme?

Die Verlockung wegzugehen, das schwierige Kind bei dem Partner zu lassen! Einem Mann nimmt man es gewiß eher ab, noch ist Dan klein, er wird die Mutter schnell vergessen. Ich habe ohnehin oftmals den Eindruck, daß für ihn alles Gewöhnung ist, daß er mich nicht viel anders zur Kenntnis nimmt als einen fremden Menschen. Ich liebe Klaus, gewiß, aber schon seit einer Weile stimmen wir nicht mehr wie am Anfang überein, er kann trotz guten Willens nicht ganz begreifen, was es heißt, Tag für Tag dieses Quietschen und diese Unruhe zu ertragen, stundenlang in übervollen Wartezimmern zu sitzen. Wenn er abends nach Hause kommt, bringt er seine Arbeitsprobleme mit, auf die einzugehen mir die Kraft fehlt. Ich heule ihm wegen Dan die Ohren voll, er versucht mich zu trösten, wird jedoch sauer, falls das nicht gleich hilft, wir geraten ins Streiten, manchmal rennt er aus dem Haus, vielleicht wäre ein Trennung sogar in unser aller Interesse.

Ich verabschiedete mich von Rössi, ich war ein wenig aufgelebt. Seine Adresse vergaß ich sofort, vielleicht hatte er sie mir auch gar nicht gesagt. Der Alltag, mein ganz spezieller, ergriff wieder Besitz von mir. Dans I-i begleitete mich bei allen Arbeiten. Es war wie eine schlecht geölte Tür, die im Wind quietschend hin und her pendelte. Nur eine Hoffnung hatte ich: Dan, wenn er drei Jahre alt war, im Gehörlosenkindergarten unterzubringen. Das war auch für seine Entwicklung notwendig; die Übungen, die Klaus am Wochenende mit ihm durchführte, brachten ihn kaum weiter, genügten, so isoliert betrieben, offenbar nicht.

Damals waren Dans erste Auffälligkeiten schon in einer Beurteilung festgehalten, die vom Hörpädagogen der Zentralklinik an den Gehörlosenkindergarten ging – allerdings bekamen wir dieses Papier nicht zu sehen. Den Tag, an dem wir unseren Sohn endlich in der Waldstraße vorstellen durften, umrahmten wir lange vorher rot im Kalender. Zwar würden bis zur endgültigen Aufnahme weitere zwei bis drei Monate verstreichen – erst im Herbst begann es für die Neuen –, aber die hofften wir nun auch noch zu überstehen. Wenn ich Dan tagsüber weggeben konnte, würde alles anders werden.

Wir gehen gemeinsam, Klaus nimmt einen Tag unbezahlten Urlaub. Die Leiterin des Kindergartens, eine großgewachsene Frau mit strenger Haartracht, bittet uns in ihr Zimmer, das von Dan mit einem gewissen Interesse gemustert wird. Die üblichen Fragen zur Entwicklung unseres Kindes, zu seiner Krankheit als Säugling, zum gegenwärtigen Stand. Ab und an wirft die Frau einen prüfenden Blick auf den Jungen, der, von einigen Bauklötzen nur mäßig gefesselt, unruhig auf seinem Stühlchen hin und her rutscht. Dann holt sie anderes Spielzeug: einen Turm, den man nach einem bestimmten Schema zusammenstecken muß, ein Farbenlegespiel, Schablonen, in die entsprechende Teile einzupassen sind. Dan behauptet sich für unsere Begriffe ganz gut und bewältigt das meiste, nur einmal verweigert er die Mitarbeit. Allerdings ist er immer schnell fertig und will vom Stuhl klettern. »Na, machen wir Schluß«, sagt die Leiterin nach einer Weile, »wir haben Ihren Kleinen lange genug festgehalten.«

Sie erhebt sich, und wir stehen gleichfalls auf – das Wichtigste ist noch nicht ausgesprochen. »Bitte, wie geht es nun weiter«, fragt Klaus deshalb so neutral wie möglich, während ich nach Dan greife, um ihn am Weglaufen zu hindern. Mir schwant Ungutes.

»Wie's weitergeht? Na, ein wenig müssen wir uns schon noch gedulden. Die Ernährungsstörung hat Ihr Kind zurückgeworfen. Für die Vorschule fehlen ihm bestimmte Voraussetzungen.«

»Heißt das, er kann den Kindergarten nicht ab Herbst ...«

»Es ist besser, wenn er noch ein Jahr zu Hause bleibt«, sagt die Leiterin mit fester Stimme. »Wir müssen gewisse Anforderungen an die Kinder stellen, denen Dan im Augenblick nicht genügt. Sie haben ja selbst bemerkt, wie wenig er sich für die Tests interessiert. Die Gruppe würde durch ihn zu sehr aufgehalten. Stellen Sie den Jungen in einem Jahr wieder vor. Sicherlich sieht dann alles ganz anders aus.«

Ihre Worte treffen mich wie Eisnadeln, ich stehe stocksteif da, presse Dans Hand. »Aber er …, mein Mann …, ich meine, allein können wir ihn nicht so fördern, wie das vielleicht nötig … Die Ärzte sagen immer, daß man bei solchen Kindern so früh wie möglich mit dem Unterricht … Und dann, er quietscht zu Hause so viel …, von morgens bis abends.«

Mein Gestammel ist in den Wind gesprochen, die Entscheidung längst getroffen. Die Leiterin, die ihre Schützlinge auf die Gehörlosenschule vorbereiten muß, hat die Beurteilung des Hörpädagogen gelesen und sieht auch selbst, daß Dan zumindest in einigen Punkten von dem für sie Normalen abweicht. Genaues weiß man nicht, aber in einem Jahr wird vieles klarer sein. Eine für sie logische Überlegung.

Wir stehen wieder auf der Straße, Dan ist als einziger vergnügt, er freut sich, daß die Sache vorbei ist. Mir ist flau im Magen, die Beine sind Bleiklötze, im Kopf habe ich nur einen Gedanken: Noch ein Jahr, ein ganzes Jahr. »Das halt ich nicht durch«, sage ich, »sie hätten ihn einfach nehmen *müssen.*« Ich hole ein Taschentuch hervor, putze mir die Nase, die zu laufen beginnt, aber ich werde nicht fertig damit, zumal jetzt auch die Tränen aus den Augen schießen. Irgendwo finden wir eine Bank, auf die wir uns setzen. Klaus nimmt meine Hand, er ist genauso enttäuscht wie ich – damals, am Anfang, trafen uns solche Dinge noch völlig unvorbereitet.

Klaus versucht mir Mut zuzusprechen, aber bevor er drei Sätze herausbringt, rennt Dan weg, geradeaus auf die Fahrbahn los, und er muß hinterher, ihn einfangen. Als sie zurückkommen, bin ich mit meinen Überlegungen kein Stück weiter. Das Jahr liegt wie ein riesiger schwarzer Felsbrocken vor mir.

»Es hilft nichts, wir müssen die Zeit durchstehen«, sagt Klaus.

Ich kriege einen Wutanfall. »Wir …, wir?! Du redest, posaunst Sprüche raus und gehst fröhlich in deine Arbeit.

Aber ich darf zu Hause hocken, die brave Mama spielen, mich von seinem Geschrei kaputtmachen lassen. Ich krepiere in dem Jahr, verstehst du, ich geh dabei drauf!«

Ich bin ungerecht, ich weiß es. Klaus tut sein Möglichstes, am Wochenende, abends, er schafft das Geld ran, von dem wir leben, entlastet mich außerdem, so gut er kann. Aber das spielt jetzt keine Rolle, ich bin verzweifelt, erledigt; ich hatte so auf den Herbst gehofft, jetzt geht nichts mehr.

»Fahr mich nicht so an«, sagt Klaus, »ich versteh dich ja, mir ist selbst elend zumute. Aber du wirst nicht dabei draufgehen, das schwör ich dir. Ich habe mir was überlegt, ich beantrage bei meinem Chef einen Hausarbeitstag. Jede Woche einen, meinetwegen den Mittwoch, ich erledige zu Hause den schriftlichen Kram, der anfällt. Da übernehme ich dann Dan, und du gehst weg, irgendwohin, am besten in eine Bibliothek.«

»Und wenn er es nicht genehmigt?«

»Er muß; notfalls mach ich's unbezahlt! Wenn er partout nicht will, suche ich mir eine andere Stelle. Aber Rennert begreift das schon, der weiß doch, was mit uns los ist.«

Es war keine echte Lösung, doch ein Strohhalm, an den ich mich klammern konnte. Ein Lichtschimmer – in manchen Situationen bedeuten solche winzigen Streifen Helligkeit alles. Und Klaus war noch nicht fertig.

»Außerdem werden wir uns ein Auto zulegen, einen Trabant.«

»Was? Wo willst du den hernehmen? Und wie bezahlen?«

»Einen gebrauchten. Martin kriegt 'nen neuen, er gibt uns seinen für viereinhalbtausend. Ich habe schon mit ihm gesprochen. Die Hälfte bringen wir zusammen, das andere schießen uns meine Eltern vor. Bestimmt. Wenn mein Buch kommt, zahlen wir's ab.«

Er hatte die Sache schon heimlich angekurbelt, mir aber nichts davon gesagt. Weil er wußte, daß ich keine Schulden machen wollte, auch nicht bei den Schwiegereltern. Obwohl der Vertrag für seine Skizzen und Märchen – das Buch war bereits zu drei Vierteln fertig – tatsächlich ins Haus stand. Übrigens sollte sich herausstellen, daß wir auf den gebrauchten Trabbi seines Kollegen Martin noch ein Weilchen warten mußten.

Wir fuhren dann noch nicht nach Hause, sondern nutzten die Gelegenheit, auf einen Spielplatz zu gehen, wo wir nicht bekannt waren. Lange hielten wir's freilich nicht aus, damals war schon die Zeit, da unser Sohn aufs Geratewohl davonrannte, sobald man ihn von der Hand ließ. Wenn ihn kein unüberwindbares Hindernis aufhielt, eine Mauer oder ein Zaun, lief er, bis er hinfiel. Er war aber recht sicher auf den Beinen, fiel nur selten hin. Rufen half natürlich nichts. Klaus pfiff auf den Fingern, so schrill er konnte, denn wir glaubten, daß er das noch am ehesten hören würde. Doch im allgemeinen lockten wir nur Hunde an oder erschreckten die Leute. Schließlich mußte einer von uns los, um ihn zurückzuholen. Je weiter er weg war, desto schwieriger wurde es, ihn einzufangen, denn er lief schnell. Er drehte sich auch nie um. Ich erinnere mich an Badeausflüge, wo wir ununterbrochen auf Achse waren, zumal Dan im Gewimmel ständig verlorenzugehen drohte. Ihm ein Spiel vortäuschend, versuchten wir, ihn wenigstens zeitweise an einem Baum festzubinden, aber er erkannte den Trick und schrie aus Leibeskräften. Das brachte die Erholungsuchenden ringsum gegen uns auf. Kurze Pausen verschafften wir uns, indem wir Dan Kekse oder Zwieback anboten. Mitunter ließ er sich auch dazu herab, mit kleinen bunten Holzstäbchen, den sogenannten »Fröbelschen Stäbchen«, zu bauen. Er schichtete sie meist zu einer Art Scheiterhaufen. Aber sein Eifer hielt sich dabei sehr in Grenzen.

Einen Vorteil hatte die Angelegenheit: Dick wurden wir über die Jahre beide nicht. Wenn wir – oft vorzeitig – von unseren Wochenendausflügen heimkehrten, waren wir fix und fertig. In jener Zeit vor allem Klaus, der das größte Laufpensum absolvieren mußte. Wir setzten Dan in sein Zimmer und warfen uns, wie wir waren, auf die Betten. Kaum daß wir die Sandalen von den Füßen streiften. Als hätten wir die Besteigung des Mount Everest hinter uns. Nur daß wir nicht im Hochgefühl entsprechender Siege waren.

22

Hier ist es vielleicht an der Zeit, von unserer zweiten Wohnung zu sprechen. Wir erhielten sie nach knapp drei Jahren ehelichen Zusammenlebens einigermaßen überraschend auf Grund einer Klausel, von der kaum ein Mensch wußte; wir sind seither nicht umgezogen. Die anderthalb Zimmer vorher waren für den Anfang nicht schlecht – viele junge Eheleute mußten mit weniger auskommen –, doch als Dan Schwierigkeiten zu machen begann, hielten wir Ausschau nach mehr Raum. Es schien aussichtslos, selbst die AWG nahm keine neuen Mitglieder auf. Und doch war sie es am Ende, über die wir weiterkamen. Ein Kollege dort sprach von den sogenannten »Rücklaufwohnungen«, die laut Verordnung dem Betrieb des jeweiligen Mitglieds vorrangig zur Verfügung ständen. Was für uns auf gut deutsch hieß: Bezog ein Kollege eine AWG-Wohnung, so durfte das Wohnungsamt nicht eher über die frei werdenden Räumlichkeiten bestimmen, als bis der Buchhandel verzichtet hatte. Niemand in Klaus' Arbeitsstelle kannte die Klausel, niemand hatte bisher einen Anspruch auf solcherart frei werdenden Wohnraum angemeldet. Wir waren die ersten und hatten das Glück, die Nachfolge einer vierköpfigen Familie anzutreten, die als eine der letzten in jenen Jahren eine moderne Genossenschaftswohnung bezog.

Eine neue Wohnung, vorausgesetzt, man verbessert sich – das ist ein neues Stück Leben. Es ist Hoffnung, Zuversicht, Freude. Man geht durch die Zimmer, schaut sich die Wände und Decken an, überprüft Öfen und Steckdosen, reißt die Fenster auf, um den ungewohnten Blick zu genießen. Man stellt sich vor, welche Tapete hier angebracht und welcher Teppich dort ausgelegt wird. Man rückt im Geist Möbel, hängt Bilder auf, plant und mißt aus. Ein Stück Zukunft, das man in der Hand hält.

Für uns eröffneten sich durch den Tausch ganz neue Perspektiven. Wir bekamen mehr Platz, besaßen nun zwei große Räume, einen langen Korridor, eine schöne Küche, einen kleinen Balkon, ein Bad mit eigener Toilette (bis dahin hatten wir die Toilette überm Flur mit der Nachbarin geteilt) und vor allem eine zusätzliche Kammer für Dan. Klein, aber mit Ofen und Fenster; sein Bett, einen Schrank, ein Tischchen brachten wir darin unter. Die Hauptsache, er hatte was für sich, einen abgeschlossenen Raum, wo er mal für eine Stunde bleiben konnte. Sechs Quadratmeter – jetzt, da Dan schon vierzehn Jahre alt und einssiebzig groß ist, erhebt sich die Frage, wie es weitergehen soll.

Die Wohnung ist für alle Menschen wichtiger Lebensraum, für Dan bedeutet sie mehr: Heimat und Geborgenheit. Hier kennt er jeden Gegenstand, er wird nicht wie auf der Straße mit hundert Dingen konfrontiert, die er bestenfalls in Ansätzen begreift. Er merkt es sofort, wenn ein Stuhl durch einen anderen ersetzt, ein Wandteller neu angebracht wird. Mitunter ergeben sich Mißverständnisse, wenn wir eine Veränderung ausgeführt haben, die für uns unwesentlich ist und an die wir nicht mehr denken. Einmal hat Klaus die Schreibtischlampe im Wohnzimmer ausgetauscht, die alte im Korridor ins Regal gestellt, und wir streiten uns fast mit Dan, weil er an diesem Tag einfach nicht in sein Zimmer gehen will. Er streicht unzufrieden in der Wohnung umher, rennt in die Küche, ins Bad, in die Schlafstube, ohne daß ersichtlich wird, weshalb. Wir versuchen ihn zu fragen, werden schon ungeduldig, weil er keine Ruhe gibt, bis meinem Mann plötzlich die Erleuchtung kommt. Ein Griff hinter den Vorhang im Flur, und Dan weiß Bescheid. Er gibt sich sofort zufrieden. Ohne weiteres marschiert er in sein Kämmerchen.

Anfangs, vor allem in jener Zeit, da er ständig auskratzen wollte, weigerte sich Dan, in seinem Zimmer zu bleiben. Wie Grit, das kleine gehörlose Mädchen aus der Tagesstätte, das, wann es nur immer kann, aus der Wohnung rennt, die vier Treppen hinunter auf die Straße, irgendwohin. In den entferntesten Ecken der Stadt ist sie schon aufgefunden worden; wie der Blitz ist sie weg, mit Bahn oder Bus, sie fährt, bis es nicht mehr weitergeht, und die Eltern zu Hause kommen um vor Angst. So pfiffig war Dan nicht, vielleicht auch nicht so mutig, ihm lag mehr daran, in unserer Nähe zu sein und uns zu provozieren. Ihn trieb einfach innere Unruhe, unglaublich, was er in einer einzigen Minute alles in der Küche anstellen konnte: das Seifenpulver aus den Schränken reißen, dreimal die Tür des Gasherds auf- und zuklappen, den Blumentopf vom Fensterbrett holen, immer wieder scheppernd die Kehrschaufel auf die Fliesen schlagen. Solchen Krawall liebte er außerordentlich, denn laute und schrille Geräusche vernahm er. Er machte uns auch damit zu schaffen, daß er dauernd auf und ab rannte. Draußen, an den Straßenbahnhaltestellen oder wo man sonst stand, sauste er um einen herum – man hatte ihn an der Hand und drehte sich, den Leuten ein Spiel vortäuschend, im Kreis –, drinnen lief er hin und her. Noch heute eilt er durchs Zimmer, während wir die letzten Bissen des Frühstücksbrötchens herunterkauen. Wir halten ihn fest, bedeuten ihm, daß er sitzen bleiben soll, bis alle fertig sind, und er geruht sich nochmals niederzulassen. Bisweilen mit einem verständnisvollen Lächeln für unsere Trödelei. Auch Klaus' Unterrichtsstunden verlaufen in dieser Hinsicht wenig schulgemäß. Mein Mann steht an der Tafel und schreibt die Aufgabe an: »Male Boot und Haus«, dabei hält er Dan am Ärmel fest. Dann nimmt Dan die Kreide, wirft eine Skizze der bezeichneten Gegenstände hin – nicht bei allen Wörtern klappt das so – und will sofort wieder weg. Klaus weiß Bescheid und hindert ihn daran, indem er ihm die Hand auf die Schulter legt. Mit der anderen schreibt er: »Male 2 Stuhl + 4 Tisch.« Dan malt zwei Stühle und einen Tisch, wird von Klaus auf die Zahl vier hingewiesen, strichelt schnell drei Tische zu dem ersten hinzu und saust nun unaufhaltsam, noch mit der Kreide in der Hand, zum Fenster, um einen Blick hinauszuwerfen. Erst dann nimmt er den Lappen entgegen, der ihm bereits eine Weile hingehalten wird, und wischt ab.

Bei Übungen, wo weniger Pausen entstehen, hält er besser aus, und anderswo, in der Tagesstätte oder auch im Restaurant, sitzt er durchaus längere Zeit gesittet auf seinem Platz. Überhaupt ist er in der Gemeinschaft einer der Unauffälligsten und Ruhigsten. Außerdem ist seine derzeitige Unrast der früheren insofern nicht mehr vergleichbar, als Dan darauf verzichtet, uns bewußt herauszufordern. Damals war das seine Art, Kontakt herzustellen. Sie war ungemein anstrengend für uns, denn er stand stets wie unter Strom. Auch deshalb war eine größere Wohnung wichtig. Sie diente mir und Klaus, soweit es seine eigenen Texte betraf, ja gleichzeitig als Arbeitsplatz. Sie garantierte uns den Raum, den wir unbedingt brauchten. Dans Quietschen im selben Zimmer, und man hätte mich selbst bald nach Steinberg bringen können!

23

Dan an sein Zimmer zu gewöhnen, in dem es zwei Gefahren gab – im Winter den Ofen und, als unser Sohn größer wurde, das Fenster –, war nicht einfach. Wir nutzten alle Mittel, die uns einfielen. Krawallspielzeug, von dem wir glaubten, daß es ihn reizen könnte, Süßigkeiten. Manchmal erlebten wir Reinfälle, erreichten das Gegenteil von dem, was wir wollten. Zum Beispiel als wir den

Verkehrskegel »besorgten«. Wir dachten, Dan damit eine Freude zu bereiten, denn schon seit geraumer Zeit interessierte er sich für diese rotweißen Gummihüte, die die Straßen einengten, Durchfahrten sperrten, Löcher auf der Fahrbahn markierten. Wobei »interessieren« nicht genug sagt, sie zogen ihn magisch an, hielten ihn fest, fesselten ihn. Wie die Häuserecken, wie später die Gullys und Zigarettenkippen. Ein rotweißer Kegel auf der Fahrbahn, und Dan steht wie angewurzelt am Rand des Bürgersteigs, von uns festgehalten, damit er nicht hinläuft. Wochen geht das so, Monate, ein halbes Jahr. Wir amüsieren uns darüber, bemühen uns wie üblich, den Jungen über den Zweck dieses Gegenstandes aufzuklären; an Dans Verhalten ändert sich nichts. Sein Staunen über die Kegel bleibt gleich groß, er ist kaum von ihnen wegzubringen. Manchmal, dort wo es der Verkehr zuläßt, gehen wir näher heran, berühren sie, bewegen, kippeln sie. Legen sie ganz um, damit er drunterschauen kann – vielleicht vermutet er sonst was. Dan sieht zu, stößt auch mal mit dem Fuß ran; von seinen Augen ist nicht abzulesen, was er denkt.

Eines Tages kommt mir eine Idee, die ich Klaus sofort mitteilen muß: »Wie wär's, wenn wir Dan einen solchen Kegel schenken würden. Das freut ihn bestimmt und fesselt ihn an sein Zimmer. Ein bißchen Platz nimmt er zwar weg, doch es muß ja nicht für immer sein. Nur solange er Spaß daran hat.«

»Schenken, so ein Ding?« Klaus schaut mich überrascht an. Ich sehe förmlich, wie es in seinem Kopf arbeitet, gleich wird er zehn Gegenargumente bringen. Das ist der Unterschied zwischen uns: Während ich das Fell des Bären gern verteile, bevor er überhaupt erlegt ist, behauptet er, das Tier sei viel zu groß, um geschossen zu werden.

»Willst du ihm statt dessen einen Teddy ins Bett pakken, den er nicht anrührt?«

»Darum geht's doch gar nicht. Aber ein Verkehrskegel? Gib zu, das ist eine verrückte Idee!«

»Na wenn schon. Dan gefällt er.«

»Und wie hast du dir das gedacht? So was gibt's meines Wissens nicht im Kaufhaus.«

»Wir nehmen einfach irgendwo einen mit. Die Stadt wird's bestimmt verschmerzen, es ist ja für einen guten Zweck.«

Klaus bringt noch ein paar Einwände, aber der Gedanke, Dan durch den Kegel an sein Zimmer zu binden, überzeugt ihn. Was mich angeht, so habe ich schon eine Stelle in der Nähe im Auge, wo kürzlich ein paar nagelneue Gummihüte aufgestellt wurden. Weiß und rot leuchtend stehen sie da, hindern die Autos am Wenden; einer mehr oder weniger, das spielt keine Rolle. Nur diese Kegel kommen in Frage, das Beste ist uns für unseren Sohn gerade gut genug. Freilich, den Mut, am hellichten Tag hinzugehen und einen wegzunehmen, haben wir nicht. Wir überlegen, ob wir den Verkehrspolizisten an der nächsten Kreuzung einweihen sollen, lassen diesen Gedanken aber wieder fallen. Die Angelegenheit ist ja nicht einfach zu erklären, und gewiß darf er nicht allein darüber entscheiden. Außerdem, wenn er nein sagt, wird's erst recht schwierig.

So ziehen wir eines Abends los, als der Verkehr zur Ruhe gekommen ist. Dezember, eine dünne Schneedecke liegt auf Straßen und Bürgersteigen, Wolken türmen sich am Himmel, so daß Dunkel herrscht. Die für uns interessante Stelle allerdings wird von einer Laterne erhellt. Na, wer nicht zum Beil greift, baut keine Hütte, wie der Russe sagt. Ein kurzer Blick nach links und rechts, die Luft ist rein, wir schreiten zur Tat. Während ich mir den nach meiner Meinung schönsten Kegel schnappe, eine alte Decke darüberwerfe und mit ihm in den Schatten zurücktauche, rückt Klaus die übriggebliebenen Spitzhüte etwas weiter auseinander. Die Sperrkette steht jetzt lokkerer, dennoch bleibt keine Lücke: Ordnung und Sicherheit müssen sein. Ein PKW kommt um die Ecke, der Fahrer schaut verwundert auf Klaus, hält ihn wahrscheinlich für betrunken. Mein Mann verfällt auch sofort in leichtes Schwanken und winkt ihm freundlich zu. Dann ziehen wir ab. Unbeschadet bringen wir den wertvollen Gegenstand nach Hause.

Noch am selben Abend säubern wir den Kegel und packen ihn zu uns ins Schlafzimmer. Die Überraschung für unseren Sohn findet dann am nächsten Morgen statt, nachdem er gewaschen ist und in der Küche gefrühstückt hat. Klaus schmuggelt das gute Stück neben Dans Bett. Dann führen wir unser Kind wie zur Weihnachtsbescherung in sein Zimmer.

Ja, es gelingt uns, Dan zu verblüffen, er ist erstaunt, ganz so, wie wir es erwartet haben. Aber wir haben uns getäuscht, wenn wir glaubten, der Junge würde sich freuen, er reagiert völlig anders, als wir dachten. Seine Augen strahlen nicht auf, er stößt vielmehr einen dumpfen Laut aus, eine Art U-u-uh, und weicht erschrocken zurück. Dabei drängt er sich an mich.

»Aber Dan, das ist doch einer von den Kegeln, die du so liebst, schau nur an, wie sauber und neu er ist.« Ich versuche mein Kind vorsichtig ins Zimmer zu ziehen.

Dan sperrt sich, knurrt, er hat ganz offensichtlich Angst. Ob es daran liegt, daß der Kegel, der ihm immerhin fast bis ans Kinn reicht, hier in dem kleinen Raum besonders groß wirkt, oder ob seine Faszination unten auf der Straße in Wirklichkeit Furcht war – wir vermögen es nicht zu ergründen. Auf jeden Fall ist das Gegenteil von dem eingetreten, was wir erhofften: Unser Junge wird nicht an sein Zimmer gefesselt, sondern daraus vertrieben. Aber auch in anderen Räumen der Wohnung, zum Beispiel in der Küche, freundet er sich nicht damit an. Eine Woche lang versuchen wir, ihn an den Kegel heranzubringen, schließlich erreichen wir auch, daß er ihn widerstrebend berührt, sein Mißtrauen jedoch bleibt. Am liebsten ist ihm der Gummihut noch in der fernsten Ecke des Schlafzimmers. So bleibt uns nichts übrig, als das Experiment abzublasen. Wir geben den Kegel wieder

der Öffentlichkeit zurück, bei der wir ihn so hoffnungsvoll ausgeliehen haben.

24

Es dauerte Jahre, bis Dan sein Zimmer als einen Platz akzeptierte, an dem er wenigstens für eine Stunde allein blieb. Wir erreichten es schließlich, indem wir ihn an feste Zeiten gewöhnten: morgens nach dem Frühstück, mittags, nachdem er gegessen hatte. Freilich waren diese für uns notwendigen Erholungspausen nicht einfach durch Freundlichkeit zu erlangen, wir merkten bald, daß man dem Streben unseres Sohnes, seine Kammer nach drei Minuten wieder zu verlassen, kaum mit guten Worten beikam. Wir mußten Tatsachen schaffen, an denen er nicht vorbei konnte, mußten ihn unseret- und seinetwegen zwingen, sich unterzuordnen. Wir schlossen die Tür zu seinem Zimmer ab, anfangs für wenige Minuten, später für länger. Natürlich lehnte er sich auf, schrie, schlug mit Fäusten und auch mit Füßen gegen das Holz, nahm sogar den Kopf zu Hilfe. Ich hielt das nicht durch, riß bald die Tür auf, nahm Dan in die Arme, tröstete ihn. Klaus reagierte umgekehrt, er wurde wütend und brüllte den Jungen an. Der Erfolg war in beiden Fällen der gleiche – wir gewannen keinen Schritt Boden. Was tun? Verletzen sollte sich Dan nicht, die Wohnung sollte auch ganz bleiben, also mußten wir etwas erfinden. Klaus besorgte Filz, dicke Platten, die wir doppelt nahmen und bis in Kopfhöhe unseres Sohnes innen an die Tür nagelten. Er stand dabei und schaute zu, die Angelegenheit erfreute ihn, wenigstens solange das Zimmer offenblieb. Als er dann mittags erneut eingeschlossen wurde, wehrte er sich wie üblich, doch mit Unterstützung von Klaus stand ich's durch. Wie auch an den folgenden Tagen, wo das Hämmern gegen Filz und Holz zunächst unvermindert anhielt, allmählich jedoch schwächer wurde.

Wir glaubten schon, wir hätten es geschafft, aber so schnell gab sich Dan nicht geschlagen. Wenn er es erst mit dem wilden Protest, der direkten Rebellion versucht hatte, so verlegte er sich jetzt aufs Betteln. Er war immerhin groß genug, um die Klinke zu erreichen und sich dranzuhängen. Er klinkte, klinkte, ein klägliches Geräusch, bei dem sich mir das Herz umdrehte. Es war schwerer zu ertragen als das empörte Gebrüll vorher, ich kam mir schrecklich grausam vor, welche Mutter sperrt ihr Kind ein wie ein Tier, und doch mußte er sich an dieses Alleinsein gewöhnen. Wieder wollte ich aufgeben, und wieder hinderte mich Klaus mit seinem harten Schädel daran. Er sägte einen Besenstiel zurecht, klemmte ihn außen unter die Klinke. Das half, sie ließ sich nicht mehr herunterdrücken. Damit war die Tür endgültig abgesichert, und Dan fügte sich.

Über viele Jahre behielten wir dieses System bei, das uns vor allem an den Wochenenden, Feiertagen und im Urlaub einige Atempausen erlaubte. (Später schraubten wir auch die Fensterriegel ab.) Kein Gedanke mehr an Zwang und Grausamkeit – mit der Zeit stellte sich Dan so auf unsere Methode ein, daß er uns daran erinnerte, wenn wir nicht abschlossen, und den Stock suchte, wenn er merkte, daß die Klinke sich bewegen ließ. Er brauchte sein Zimmer zum Ausruhen, zum Fürsichsein, er fühlte sich dort wohl. Wir machten ihm den Aufenthalt so angenehm wie möglich, verwöhnten ihn auch ein bißchen, indem wir ihm zwischendurch ein Stück Schokolade brachten, einen Apfel, eine Banane. Und schließlich kam der Augenblick, da wir den Stock beiseite stellten, nicht mehr abschlossen. Mitunter verläßt Dan jetzt seine Kammer, schaut nach uns, geht aber wieder zurück, wenn wir ihn darum bitten. Im allgemeinen hält er sich an die Zeiten, die wir ihm von klein auf anerzogen haben. Außer der Reihe ist er freilich nur schwer zu bewegen, die Abgeschiedenheit zu akzeptieren. Und am liebsten ist es ihm noch immer, wenn Klaus oder ich überraschend bei ihm auftauchen, um ihn in die Küche, ins Wohnzimmer zu holen.

Ähnlich wie am Tage war es auch nachts. Unmöglich, die Tür unverschlossen zu halten, er hätte die Wohnung auf den Kopf gestellt. Da er nicht durchschlief, hätten wir Nacht um Nacht Kämpfe ausfechten müssen, um ihn wieder ins Bett zu bringen, und wehe, uns wäre sein Aufstehen nur einmal entgangen. Lange Zeit reizten ihn besonders die Wasser- und Gashähne, die zu handhaben er schnell begriffen hatte. Außerdem spielte er ständig an den Lichtschaltern; der in seinem Zimmer mußte deswegen extra in den Flur verlegt werden.

Unsere Wohnung im vierten Stock, mitten in der Großstadt, hat Nachteile – manchmal denke ich, daß gerade für uns ein kleines Haus mit Garten irgendwo draußen geeigneter wäre. Dan könnte bei schönem Wetter allein raus, im Grünen sitzen und sich mit dem Himmel beschäftigen, dessen Veränderungen ihn sehr interessieren. Oder mit dem Wind in Bäumen und Büschen, mit Insekten und Vögeln. Wir könnten ihm auch ein Planschbecken aufstellen, vielleicht ein kleines Bassin anlegen. Aber gesetzt den Fall, wir würden etwas Entsprechendes finden, was ja nicht gerade einfach ist, ergäbe sich sofort die Frage nach einem Platz in einer Tagesstätte beziehungsweise einer geschützten Werkstatt. Der Weg dorthin müßte für uns zu bewältigen, das heißt nicht zu weit sein. Eine kaum lösbare Aufgabe. Sie würde Energie von uns fordern, die wir bitter nötig haben, um die Alltagsprobleme mit Dan zu bewältigen. Kämen wir nicht zum Erfolg, wäre die Enttäuschung groß und zehrte doppelt an den Kräften. Gewiß, mit »hätte« und »wäre« gewinnt der Advokat keinen Prozeß, doch die Erfahrungen vieler Jahre verlangen, daß man haushält, jeden Schritt dreimal überlegt, bevor man ihn ausführt. Keinen Aufwand, der vom Ergebnis her ungerechtfertigt sein könnte – das ist die Regel, an die wir uns auch im Interesse des Kindes halten.

25

Lange Zeit träumte ich stets von neuem, daß Dan sprechen könnte. Auch hören, aber das hob sich nicht so ab, war eher inbegriffen. Die Worte dagegen, die deutlich von seinen Lippen kamen, drangen mir in die Seele. Ein Glücksgefühl, auch nicht annähernd zu beschreiben. Dan sagte nichts Besonderes, manchmal waren es kindliche Sätze, manchmal nur einzelne Wörter, aber er redete mit mir. Er fragte mich, und ich gab Antwort, dann wieder sagte ich etwas, und aus seinem Mund kam klar die Erwiderung.

Es ist die selbstverständlichste Sache der Welt, ich sitze an seinem Bett und unterhalte mich mit ihm. Zum Beispiel über die Sonne, die zum Fenster hereinscheint und deren Strahlen ihn stets fesseln; ich erkläre ihm, weshalb sie den Fußboden oder die Wand wärmt, Kringel an die Decke malt, auf- und untergeht. Ich frage ihn, was er tagsüber im Kindergarten gemacht hat, und er erzählt es mit allerhand Einzelheiten. Mitunter laufen wir auch durch den Wald oder über eine Wiese, er so schnell vorneweg, daß ich ihm kaum folgen kann. Ich rufe ihn, er dreht sich nicht um, ich aber weiß, daß er mich genau hört. Es ist unser Spiel: Wenn ich oft genug gerufen habe, bleibt er stehen, wartet, bis ich bei ihm bin, und sagt: »Weshalb schreist du so, Mama.« Es fehlt nur, daß er hinzufügt: »Ich bin doch nicht taub.«

Nicht immer nahm ich in meinen Träumen die Tatsache, daß Dan sprechen konnte, als gegeben hin. Bisweilen war ich mir des Ungewöhnlichen durchaus bewußt, war außerordentlich überrascht und rannte los, Klaus zu suchen, um ihm die Neuigkeit mitzuteilen. »Du hast es nicht glauben wollen, aber Dan hat doch noch reden gelernt.«

»Ich ..., wieso denn ich? Du warst immer der Meinung ...«

»Nein, du ..., na, ist ja jetzt gleich, jedenfalls hat er mir gerade erzählt ...«

In Wirklichkeit war es nur mein Schwiegervater, der wider jede Vernunft lange Zeit glaubte, Dan müsse irgendwann plötzlich zu sprechen beginnen. Der die Hoffnung auch nicht aufgab, als weder Hörgerät noch Heimtrainer, ein für das Training beider Ohren gedachter Apparat, anschlugen. Bei mir dagegen war diese Hoffnung als ein Rest Wunderglauben ins Unterbewußte verdrängt. Nur im Schlaf tauchte sie manchmal noch auf. Wie bei Klaus: In einem seiner oft wiederkehrenden Träume rennt Dan mit anderen Kindern auf dem Spielplatz herum, debattiert über Fußball und übers Radfahren. Klug und fachmännisch wie ein normaler Junge. Oder er zählt laut die Stufen einer Wendeltreppe, die zur Plattform eines Turmes führt. Der Turm stammt aus Klaus' Kindheit, mein Mann hat die Stufen früher selbst gezählt. Im Traum kommen die beiden nie oben an. Wichtig ist nur das hohl im Gewölbe hallende »Vierunddreißig, fünfunddreißig, sechsunddreißig ...«

Aus diesen Träumen emporzutauchen, das Glück, das man einen Augenblick lang in der Hand hielt, weggeben zu müssen war grausam. Das Erwachen währte nur Sekunden oder Bruchteile von Sekunden, die Enttäuschung jedoch war tief und absolut. Man lag im Bett und vermochte sich nicht zu rühren; manchmal erzählte ich Klaus den Traum. Und er: »Das ist sinnlos, wann werden wir damit aufhören.« Wir haben damit aufgehört, ich unterhalte mich im Traum kaum noch mit Dan, und fast bedaure ich das. Es ist wohl ein Zeichen, daß ich mich endgültig an den Gedanken gewöhnt, mit den Tatsachen abgefunden habe.

Damals, als mich Dan mit seinem immerwährenden Gequietsche zur Verzweiflung trieb, hatten wir uns keineswegs damit abgefunden, daß unser Junge sein Leben lang taub und stumm bleiben sollte. Wir befanden uns noch am Anfang jener »langen Reise«, von der Pearl S. Buck sagt, daß sie den »Eltern solcher Kinder gut bekannt ist. Ich habe mit vielen gesprochen«, schreibt die amerikanische Schriftstellerin in ihrem Buch, »und immer ist es das gleiche. Von der Überzeugung getrieben, daß es doch irgend jemand geben müsse, der heilen kann, schleppen wir unsere Kinder über die ganze Erde und suchen den einen, der hilft.«

Unsere Möglichkeiten waren beschränkter, aber auch wir suchten. Da gab es jenen Ohrenarzt in der Nähe Berlins, zu dem wir mehrfach fuhren und dessen Sprechstunden stets überlaufen waren, da gab es den Spezialisten Professor G. in Dresden. Ein freundlicher, sehr entgegenkommender Mann, der Dan vierzehn Tage zur Beobachtung auf seine Station nahm. Dank des Sozialwesens der Republik kostete uns der Aufenthalt keinen Pfennig und verschaffte uns eine dringend benötigte Atempause. Das Ergebnis allerdings war erneut entmutigend. Kein Aufschluß, ob Dans bescheidene Hörreste nutzbar wären, dafür wieder die Vermutung, es müsse eine zusätzliche Schädigung vorhanden sein. Eine Konsultation mit der Neurologin in der Klinik folgte, die gleichfalls kein klares Ergebnis brachte. Viele Tests seien erforderlich, um Genaues sagen zu können, einige Reaktionen Dans zwar normal für sein Alter, andere aber nicht. Die Gehörlosigkeit machte die Einschätzung problematisch, auf jeden Fall müßten wir uns zu Hause an die entsprechenden Fachärzte wenden. Vielleicht könnten wir einen Termin bei Professor M. bekommen.

Also nicht mehr nur die Ohrenärzte, sondern verstärkt die Neurologen. Überfüllte Wartezimmer, Tests, die nichts brachten und wiederholt werden mußten, Termine, die ausfielen oder verschoben wurden. Meine größte Sorge war, daß die Ärzte einen Besuch des Gehörlosenkindergartens für sinnlos erklärten und damit unterbinden könnten, denn langsam lief das Wartejahr ab, nach wie vor aber scholl Dans I-i aus seinem Zimmer. Meine Rettung bis dahin: der Mittwoch, den ich in der Bibliothek verbringen durfte, und ein paar freie Stunden am Wochenende, wenn Klaus mit Dan loszog. Meinen Mann sah ich übrigens immer weniger, jeder von uns lief aus dem Haus, sobald der andere eintraf und auf den Jungen aufpaßte. Wir gingen nicht mehr zu Besuch, frühere Freundschaften hatten sich verloren, neue kamen unter diesen Umständen kaum hinzu, wir empfingen niemanden. Außer meiner Mutter, die jedoch beruflich sehr eingespannt war. Ein armseliges Leben, die Isoliertheit war fast total, vor allem meine.

Dann endlich kam der Tag, an dem wir den Jungen erneut im Kindergarten vorstellen konnten. Diesmal waren unsere Erwartungen geringer, aber wir vermieden es, eine endgültige Ablehnung ernsthaft ins Auge zu fassen. Das durfte einfach nicht sein. Wieder nahm sich Klaus in der Arbeitsstelle frei, und wieder rückten wir gemeinsam an. Vom Verlauf des Gesprächs mit der Leiterin, von Dans Überprüfung weiß ich nichts mehr. Gewiß war alles wie beim erstenmal. Bis auf die mit Bangen erwartete Mitteilung zum Schluß, daß man es zu September mit unserem Jungen versuchen könne.

Es scheint: Niederlagen prägen sich stärker ein als Erfolge. Oder ist es vielleicht nur so, daß unsere Erfolge zu bescheiden blieben? Jedenfalls ist mir völlig aus dem Gedächtnis entschwunden, wie wir diesen Bescheid gefeiert haben könnten, was wir an dem Tag unternahmen oder bleiben ließen. Meine Erleichterung allerdings war riesengroß, der Gedanke, alle Schwierigkeiten wären künftig auf ein erträgliches Maß reduziert, durch nichts in Frage gestellt. Noch mußten wir ein paar Monate überbrücken, bevor Dan in die Waldstraße gebracht werden konnte, aber dann, zwischen den anderen gehörlosen Kindern, unter der Anleitung speziell ausgebildeter Kräfte, würde er sich vernünftig entwickeln. Er würde sich das Quietschen abgewöhnen – das hatte die Leiterin versichert – und die Fingersprache erlernen. Eine Aufgabe auch für uns, wenn wir uns mit unserem Sohn verständigen wollten, doch davor hatten wir keine Angst. Er würde täglich den Kindergarten besuchen, und ich brauchte nicht mehr von morgens bis abends sein I-i zu erdulden. Unvorstellbar!

Wir schrieben einen Brief an Klaus' Eltern, in dem wir die frohe Botschaft mitteilten, ich rief Mutter an, meinen Bruder, doch niemand außer uns beiden konnte ganz begreifen, was die Nachricht wirklich für uns bedeutete. Für mich – ich war noch einmal entwischt. Glaubte ich, und für den Augenblick stimmte es auch. Für den Augenblick ...

26

Dans Verhalten zeigte immer Eigenheiten, die für sich genommen harmlos waren – wenigstens zum größten Teil –, ihn aber mit der Umwelt in Konflikt brachten. Manches – seine Leidenschaft für rollende Fahrräder, Autos, Bahnen – beschwor Gefahr für ihn herauf, anderes traf vor allem uns. Viele Probleme wurden durch sein Interesse an bestimmten Einzelheiten hervorgerufen. Den Hausecken, Feuermeldern und Kegeln folgten die Hundehaufen auf den Bürgersteigen, die weggeworfenen Zigarettenkippen, die Gullys. Unser Haß galt abwechselnd den verschiedenartigen Vierbeinern und den Rauchern, denn wenn Dans Interesse verständlich und gut war, so hatte es doch äußerst mißliche Auswirkungen, wurde auch, sobald wir dagegen ankämpften, zur widerwärtigen Manie. Natürlich, zunächst amüsierte es uns, wenn Dan nie einen Weg, den man gekommen war, wieder zurückgehen wollte. Es bewies ja immerhin: Er paßte auf. Aber die Sache hatte ihre Haken. Will ich zum Fleischer, darf ich nicht auf dem kürzesten, mir angenehmsten Weg zurück, sondern muß weiter bis zur nächsten Ecke, dann in die Nebenstraße und mindestens ums Karree. Möchte ich mit Dan in ein Geschäft, das zehn Meter hinter einer Straßenbahnhaltestelle liegt, und anschließend mit dieser Bahn fahren, muß ich von vornherein die Strecke zur nächsten Haltestelle einplanen. Ein Zurücklaufen, sei es auch nur für wenige Meter, fordert Dans Widerstand und anhaltenden lautstarken Protest bis in die Wohnung heraus. Wehe, ich lasse etwas liegen! Eine Bekannte von der Universität, die ich zufällig treffe und die mich unbedingt zu einem Laden mit Teppichen führen will, kann nicht begreifen, weshalb wir die Straßen nach einem eigenen, umständlichen Plan passieren. »Du läßt dir von deinem Sohn ganz schön auf der Nase herumtanzen.«

Ich versuche zu erklären, daß für uns andere Maßstäbe gelten, daß Gewalt zuviel Kraft kostet und kaum Erfolg bringt. Sie hört brav zu und nickt mit dem Kopf, aber überzeugt habe ich sie nicht, ich seh's an den Spottfunken in ihren Augen.

Oder dies: Wir haben über einen Betrieb einen Wohnwagen gemietet, wo Dan ein kleines, verschließbares Zimmerchen besitzt. Auf einem schönen Stück Erde zwischen Wald und Wasser, im grünenden Monat Mai, noch sind die Urlauber nicht so zahlreich, und wir fallen mit Dan wenig auf. Eine Kochnische ermöglicht es mir, einfache Mahlzeiten zuzubereiten, eine überdachte Veranda mit Campingmöbeln bewahrt uns vor überfüllten Restaurants und Speisesälen. Leider ist das Wetter kühl und tagelang regnerisch – wir können nicht mit dem Ruderboot aufs Wasser, was Dan am besten gefallen und am längsten beschäftigen würde. Wie über den Tag kommen – Malstifte und Papier, Schere und Ausschneidebogen werden bald zur Seite geschoben. Also ziehen wir los, mit Regencape und Gummistiefeln in den Wald. Der Boden ist weich und feucht, es tropft von den Bäumen. Über dem See liegt ein Dunstschleier. Ich bin nicht groß im Wandern, deshalb schicke ich die beiden Männer oft allein los, aber immer im Wohnwagen zu hocken befriedigt auch nicht. Ich muß Klaus, der für die Orientierung verantwortlich ist, nur davon abhalten, eine zu ausgedehnte Route zu wählen. Vielleicht finden wir zwischendurch ein trockenes Plätzchen, wo wir mal ausruhen können.

Erst tröpfelt es nur, dann regnet es sich ein. Der Wald, eingeschlossen in einen sanften, dichten Nässemantel, wirkt düster und erhaben. Dan ist wie stets, wenn's auf Wanderschaft geht, fröhlich und versucht vorläufig nicht, sich mit uns anzulegen. Wir kennen das schon, anfangs verhält er sich wie ein normales Kind, später – vor allem wenn er merkt, es geht heimwärts – macht er uns Schwierigkeiten. Eine erste Unstimmigkeit ergibt sich, als er auf dem morastigen Weg tatsächlich eine Zigarettenkippe findet und in den Mund steckt. Er weiß, daß er das nicht soll, doch das Verbot reizt ihn um so mehr. Klaus schimpft auf den Nikotinversessenen, der das Rauchen selbst hier nicht lassen konnte, und bedeutet dem Jungen, den widerlichen Stummel sofort auszuspucken. Das erreicht er mit einiger Mühe, weil es hier, im Gegensatz zur Stadt, genügend Ablenkung gibt. Ohne größere Zwischenfälle überwinden wir einen langgestreckten Hügel, folgen einem Pfad durch ein Tal, halten uns links und passieren eine kleine Brücke. Dan darf dort Steine und Zweige in einen Bach werfen, was ihm Spaß macht. Allerdings hält er's nirgendwo lange aus – nur weiter, weiter. Vorübergehend lichtet sich der Wald, gibt den Blick auf eine Wiese frei, aber die Wolkendecke am Himmel bleibt dicht. Langsam fangen meine Füße an, weh zu tun, der eine Stiefel drückt, und der Regen läuft mir vom Gesicht in den Halsausschnitt. Klaus, der mit Dan schon früher an dieser Stelle war, vermutet rechts unten eine Blockhütte, in der wir Rast machen können. Wirklich finden wir sie; einen Unterschlupf für Förster und Waldarbeiter: ein aus Baumstämmen gefertigtes, gut abgedichtetes Spitzdach, das einen Raum mit Holzbänken überspannt. Viel Platz ist hier nicht, aber wir sind wenigstens im Trockenen. Wir breiten ein Tuch aus, das ich für solche Zwecke immer dabei habe, und darauf einige »Schätze«: Kekse, Äpfel, Zwieback, Waffeln. Dann wird geschmaust, Dan ist von solchen Minipicknicks angetan. Obwohl sie ihm nicht die damals große Attraktion ersetzen: Keks, in den

See eingetaucht. Das waren in jenen Jahren die Höhepunkte des Urlaubs für ihn. Wenn wir mit dem Boot aufs Wasser hinausfuhren, ich die Keksrolle auspackte und er das Gebäck mit verschmitzter Miene in den Wellen weichen ließ, war er glücklich. Erst kämpften wir gegen diese Unsitte an, dachten an die Millionen Keime und Bakterien, die er aufsaugen könnte, doch bald gaben wir auf. Wie sollten wir ihm klarmachen, daß man davon vielleicht krank wurde. Die Streiterei verdarb die ganze Bootsfahrt. Natürlich, wir hätten einfach auf die Kekse verzichten können, aber sie beruhigten ihn, er wippte dann nicht so mit dem Kahn. Außerdem schmeckte ihm das Seewasser, mit Gebäck vermischt, offenbar besser als die beste Limonade.

Mit frischen Kräften geht es an den zweiten Teil der Wanderung, aber hier passiert nun, was wir sonst tunlichst vermeiden. Wir geraten auf einen Weg, der an einem Drahtzaun endet. Eine Sackgasse – links ein Sumpfstreifen, der zu einem Teich führt, rechts Gestrüpp, hohes, nasses Gras. Etwa fünfzig Meter müßten wir zurück, um abbiegen zu können, doch Dan ist nicht von dieser Notwendigkeit zu überzeugen. Wir zeigen ihm den Zaun, den Teich, das dornige Gesträuch; es ist zwecklos. Der Junge zetert, daß man meinen könnte, wir wollten ihn ersäufen, er hockt sich am Zaun hin, klammert sich am Draht fest. Ich versuche ihn mit einem Bonbon zu locken, den ich für solche Gelegenheiten in Reserve habe, Dan läuft auch ein paar Meter hinter mir her, rennt aber sofort zurück, als er die Absicht merkt. »Wir gehen einfach, irgendwann muß er ja nachkommen«, meint Klaus, doch das wird zur Geduldsprobe. Eine Viertelstunde im Regen stehen und sinnlos warten, da pikt die Galle. Außerdem beginnt sich Dan nach einer Weile zaunabwärts zum Teich in Bewegung zu setzen. Man weiß nicht, was er vorhat. Also zurück und Gewalt anwenden. Aber auf diese Weise, das ist uns klar, werden wir erst um Mitternacht zu Hause sein. Was bleibt uns übrig, wir schlagen uns seitwärts ins Gebüsch, versuchen auf Umwegen passierbaren Boden zu gewinnen. Wenn das Gelände nur nicht nach einigen Metern ebenfalls sumpfig würde. Steine, Dornen, stinkende Wasserlachen und der Regen von oben. Vorwärts, immer vorwärts, wütend ziehen wir unseren Sohn, der es nun genauso satt hat, hinter uns her. Halbtot und trotz unserer Umhänge durchnäßt, kommen wir endlich auf dem Campingplatz an. Dan ist empört, weil wir nicht mehr so freundlich mit ihm umgehen wie zu Beginn der Wanderung, und flutscht aus Opposition einen Stein tief ins Auspuffrohr eines parkenden Škoda. Wir können es nicht verhindern. Zum Glück sieht es keiner, die Leute haben sich vor dem Regen in ihre Wohnwagen verkrochen. Der Besitzer wird sich über das Geklapper wundern.

27

Dans erster Tag im Gehörlosenkindergarten! Die kleinen, meist quicklebendigen Jungen und Mädchen sind mit großen Namensschildern um den Hals – sie können ja nicht sagen, wie sie heißen – in die Räume gebracht worden, wo sie sich künftig aufhalten und Unterricht bekommen werden. Denn das hier ist in der Tat bereits eine Schule; taube Kinder haben es wesentlich schwerer als hörende, zur Verständigung mit der Umwelt zu gelangen, zur notwendigen Bildung. Sie müssen sehr früh beginnen, sich vieles über die Augen anzueignen, was anderen über die Ohren zufliegt.

Wir, die Eltern, haben uns in einem anderen Zimmer versammelt, um eine Ansprache zu hören. Die Leiterin, die Klaus und ich ja schon aus zwei Gesprächen kennen, begrüßt uns alle offiziell, erklärt Zweck und Aufgaben der Vorschule, macht deutlich, welche Mitarbeit sie von uns erwartet. Wir vernehmen mit Beruhigung, daß die Kinder über das sogenannte »Daktylalphabet« an die

Sprache herangeführt werden, damit sie später nicht von der Verständigung mit den Händen abhängig sind, und daß sie vom Mund ablesen lernen. Nicht nur von den Lehrkräften der Waldstraße, auch von uns wird es abhängen, wie schnell die Kleinen vorankommen. Es wird notwendig sein, daß wir die Daktylsprache gleichfalls lernen, damit wir uns mit unseren Kindern unterhalten können.

Was die Frau sagt, leuchtet ein. Daß sie versichert, eines Tages beherrschten unsere Kinder das Lesen und Schreiben, läßt manchen aufatmen. Ich gehöre dazu. Wirklich, es wäre schrecklich, wenn Dan vielleicht nicht nur auf Schallplatten, sondern auch auf Bücher verzichten müßte. Wenn er bei einer Frage, einer Bitte nicht einmal die Möglichkeit hätte, zum Bleistift zu greifen. Wie sollte er einen Beruf erlernen und ausüben. Nein, diesen Gedanken spinne ich nicht weiter, er ist unerträglich. Ich will lieber überlegen, wie ich meinen Jungen am besten unterstützen kann. Ob er sein Quietschen wirklich aufgibt? Die Monate bis zum September sind mir trotz aller Hoffnung noch einmal ungeheuer lang geworden. Vielleicht fällt mir deshalb eine Nuance in der Rede der Leiterin besonders auf, stört mich geradezu. Sie spricht davon, daß die Vorschule da sei, um den Kindern zu helfen, nicht aber, um die Kleinen den Eltern abzunehmen. Sie betont diesen Aspekt; alles für die Kinder, sagt sie, nun ja, einverstanden, aber weshalb der Gegensatz. Begreift sie nicht, daß Eltern und Kinder eine Einheit bilden, daß der einen Wohl von dem der anderen abhängt? Den Eltern normaler Mädchen und Jungen würde man kaum erklären, daß nicht ihnen geholfen werden soll, wenn man ihre Kleinen in den Kindergarten aufnimmt, und Leute wie wir haben doch Hilfe viel nötiger. Oder habe ich das nur falsch verstanden, bin überempfindlich. Ich stoße Klaus an, er hat's wohl auch gemerkt, er lächelt mir beruhigend zu: Nur keine Aufregung, für uns ist das zweitrangig. Hauptsache, Dan ist hier, kann etwas lernen. Hauptsache, dieser ständige Druck ist von uns genommen.

Die Anfangszeit im Kindergarten verging schnell, und tatsächlich, die Leiterin behielt recht, Dans nervtötendes I-i verlor sich. In den ersten Wochen und Monaten war es noch da, wurde aber bald schwächer und setzte öfter aus. Die Pausen wurden größer, der Junge quietschte nur noch gelegentlich, bei starker Erregung oder wenn er Langeweile hatte, und hörte schließlich ganz damit auf. Das ist so geblieben. Viel später, wenn er sehr verspannt und unleidlich war, hatten wir manchmal Angst, daß er wieder anfangen könnte. Das geschah zum Glück nicht. Für uns war sein Verstummen damals eine Erlösung. Bis an mein Lebensende wird mir die Erinnerung an dieses marternde Geräusch bleiben.

Ich schöpfte Hoffnung – da wir ein offenbar gehörloses Kind hatten, würde sich unser Leben nie ganz normalisieren, aber es würde wieder erträglich werden. In der Zeit vor dem Kindergarten hatte ich kaum noch übersetzt, nun nahm ich neue Aufträge an. Der Trabant stand ins Haus, wir konnten das Geld gebrauchen. Ich versuchte Texte zu erhalten, die nicht so umfangreich waren, mich nur auf kurze Zeit banden, und geriet an Humorerzählungen. Wie schön, wenn man während der Arbeit etwas zu lachen hatte.

Freilich blieb der Optimismus trotz allem gedämpft. Mit den täglichen Aufgaben zurechtzukommen war nach wie vor nicht leicht, und was uns besonders zu schaffen machte: Dans Schlaflosigkeit. Abends brachten wir ihn oft erst gegen zehn oder elf zum Einschlummern, morgens war er um vier, halb fünf wieder wach. Wenn er überhaupt durchschlief. Es häuften sich die Nächte, da er bereits um zwei, halb drei erwachte und nicht mehr zur Ruhe kam. Wir konnten uns noch so tief in die Kissen gewühlt haben, wir hörten sofort, wenn er »da« war. Ein plappernder Laut, dann kletterte er aus dem Bett. Er zog die Vorhänge am Fenster auf, schaute einen Augenblick in die Finsternis hinaus, begab sich auf den Topf, wo er je nach Bedürfnis eine Weile verharrte, und begann im Zimmer herumzutrapsen. Um ihn am Erwachen zu hindern oder ihn wenigstens wieder zum Einschlafen zu bringen, erprobten wir über die Jahre verschiedene Methoden, die aber alle nicht halfen. Wir verdunkelten das Fenster – bis auf eine kleine Ecke zum Hinausschauen – und verzichteten abends auf jegliches Licht im Korridor, Bad oder Küche. Besuch, sofern wir überhaupt welchen bekamen, wurde im Finstern empfangen. Wir schlichen auf Zehenspitzen durch die Wohnung, damit Dan die Erschütterungen nicht mitkriegte, die von unseren Schritten erzeugt wurden; wir gaben dem Jungen ab sechs nichts mehr zu trinken. Wir stellten uns taub, wenn wir ihn hörten, oder verfuhren umgekehrt, einer von uns sprang wie von der Gans gebissen aus dem Bett, um ihm gut zuzureden und ihn wieder zum Liegen zu bringen, bevor er endgültig wach war. Manchmal unterstützten wir diese Werbung durch ein Bonbon, manchmal brüllten wir ihn an, und oft wiederholte sich der Vorgang mehrmals in der Nacht. Schwer zu sagen, was für uns schlimmer war: das Stillhalten, während wir hofften, daß er wieder einschlief, oder das jähe Aus-dem-Bett-Springen, wenn man noch benommen war. Bisweilen schrie er, um uns zu sich zu holen, oder schlug an die Wand, denn er wußte uns nebenan. Dabei war er sehr ausdauernd. Wir begriffen, daß es pädagogisch falsch war, wenn wir zu ihm gingen, und daß wir für die folgenden Nächte nichts gewannen, aber wir gewannen ja auch nichts, wenn wir uns zum Ausharren zwangen. Er schlief nicht, wir nur mit Unterbrechungen und miserabel – morgens waren wir alle drei erledigt. Vor allem Klaus verkraftete diese nächtlichen Kämpfe schlecht, selbst wenn es uns gelang, den Jungen zur Ruhe zu bringen, und ich die Stunden bis zum Aufstehen noch in einer Art Erschöpfungszustand dahindämmerte – Klaus war munter. Oder er schlief abends gar nicht erst ein. Ich hörte ihn, wie er nach zwei, drei Stunden leise aufstand, ans Fenster ging, durch die Wohnung wanderte. Er machte sich im Bad zu schaffen, legte sich wieder hin, sprang nach kurzer Zeit, diesmal erregter, erneut auf. Wenn ich ihn anredete, reagierte er nicht oder unwirsch, verschwand im Wohnzimmer, um zu lesen, an seinen Geschichten zu arbeiten. Mitunter schlug er sein Bett gleich dort auf, mitunter nahm er eine Tablette, aber nicht immer reichte sie für ein paar Stunden Schlaf aus. Ich drängte ihn, zum Arzt zu gehen, er weigerte sich, wir blafften uns an. Schließlich raffte er sich doch auf, bekam ein Mittel fürs vegetative Nervensystem verschrieben, das auch Besserung brachte. Freilich nur, solange er das Zeug schluckte, und er wehrte sich dagegen, das ewig zu tun. Außerdem wurde er bei der Arbeit müde davon. An der Wurzel war das Übel jedenfalls nicht gepackt.

Am besten schien noch Dan alles zu überstehen, er brauchte vielleicht weniger Schlaf, auch mittags im Kindergarten (oder bei uns) lag er wach, im Gegensatz zu seinen »Mitschülern«. Doch der Schein täuschte, nach einigen vermurksten Nächten nahm seine Unausgeglichenheit und Zappeligkeit automatisch zu, er wurde unausstehlich.

28

Dan steht auf unserem kleinen Balkon – gerade aufgerichtet, die Hände umfassen das Geländer – und beobachtet die Tauben auf dem gegenüberliegenden Dach. Sein Blick ist nachdenklich und leicht amüsiert, etwas Hoheitsvolles liegt darin; es ist, als wisse der Junge über alles um ihn her Bescheid und wolle es nur nicht kundtun. Als sitze in seinem Kopf eine verborgene Intelligenz, die über unsere Abstrampelei hier auf Erden erhaben sei. Er ist gefesselt und fühlt sich wohl, mildes Sonnenwetter und Wochenende; die Probleme, die uns Erwachsenen ins Haus flattern, sind nicht seine. Ist er ein autistisches Kind, eins von jenen in sich gekehrten, im Grunde klugen Wesen, die sich von der Welt abwenden, weil sie ihnen kalt und gefühllos entgegentritt? Wenn man die Merkmale ins Auge faßt, die vor allem amerikanische Psycho- und Neurologen zusammengetragen haben, könnte man es annehmen. Kontaktarmut, besonders im Säuglings- und Kleinkindalter, relative Schmerzunempfindlichkeit, ausgeprägter Geschmacks- und Geruchssinn (was freilich eher mit der Gehörlosigkeit zusammenhängen mag), vornehme Eleganz in vielen Bewegungen. Auch das Äußere entspricht in etwa dem Bild, das von ihnen gezeichnet wird: blondes Haar, hübsches Gesicht, lebhafte Augen. Aber die Eltern werden als Managertypen und »Eisschränke« charakterisiert, was mich zum Lachen reizt. Nein, Klaus und ich passen absolut nicht in dieses Schema. Und das Auffassungsvermögen Dans, der ohne Zweifel über eine eigene Pfiffigkeit verfügt, ist auf entscheidenden Gebieten leider wirklich gering.

Doch wie nun immer – Überlegungen zu diesem Problem haben für uns wenig praktischen Nutzen. Sie klären, ändern, erleichtern nichts. Ich würde sie auch kaum anstellen, hätten uns nicht manchmal Leute angesprochen, die vom Autismus gehört oder gelesen hatten, und wäre nicht kürzlich ein Buch erschienen, das sich am Rande damit auseinandersetzt.

Volker Keßling, der Autor, beschreibt in seinem ›Tagebuch eines Erziehers‹ die Erfahrungen, die er vor einigen Jahren beim Aufbau einer Tagesstätte für hirngeschädigte Kinder machte. Die Schwierigkeiten, mit denen er sich herumschlagen mußte und die uns aus anderer Sicht ja nicht neu sind. Seine Aufzeichnungen tragen dazu bei, die Öffentlichkeit für diese Fragen zu interessieren. Durch einen alten, selbstlosen Sonderschulpädagogen, einen »Privatmann«, wurde er auch auf den Autismus hingewiesen. Eine Erscheinung, für die er jedoch keine wissenschaftlichen Beweise fand.

Dennoch, wie jede Theorie hat auch diese ihren realen Bezugspunkt. Er liegt wohl in der Anklage, die gegen Gefühlskälte und Verständnislosigkeit einer sich vom

Geschädigten abgrenzenden Umwelt erhoben wird. Wenn die Kontaktfähigkeit eines Kindes durch geistige Behinderung stark eingeschränkt ist, kann nur entsprechende Hinwendung zu ihm Besserung bringen. Die Eltern, Hauptpersonen bei diesem mühevollen Spiel, benötigen dazu selbst Geborgenheit und Verständnis. Sozial wie moralisch. Leben sie in einer Welt, wo einer des anderen Feind ist, wo Egoismus und Besitzdenken regieren, Streß und neurotische Zwänge überhandnehmen, geraten sie schnell in die Isolation: Die Hindernisse werden zum Gebirge. Aber auch eine Gesellschaft, die solche Tendenzen bekämpft, Klassenschranken aufhebt und das gegenseitige Verständnis fördert, kann im Sog wirtschaftlicher Notwendigkeiten, in der Konzentration auf die »wesentlichen Aufgaben« empfindungslos gegenüber »Randproblemen« werden. Weniger im großen Planen als im täglichen Einerlei der Arbeit. Wichtig für die Eltern sind nach unseren Erfahrungen nicht nur Freunde, Bekannte und Verwandte, wichtig ist die Aufgeschlossenheit, die man ihren Sorgen gegenüber am Arbeitsplatz und besonders an all jenen Orten bezeigt, wo direkter Einfluß auf die Entwicklung des Kindes genommen werden kann. In Kliniken, Tagesstätten, Rehabilitationszentren, bei den Stellen des Sozialwesens, die für Pflegegeld oder einen eventuellen Ferienplatz zuständig sind. Am besten ist tätige Hilfe, die für den Betroffenen noch eine Möglichkeit aufspürt, wo alles aussichtslos scheint. Aber selbst eine Ablehnung wird man leichter entgegennehmen, wenn echtes Bedauern mitklingt. Wenn man nicht das Gefühl hat, abgeschoben zu werden. Aufreibend jene Gespräche, bei denen die Eltern ausführlich Krankengeschichte und Entwicklung des Kindes in der Hoffnung darlegen, einen Weg gewiesen zu bekommen, und wo sich herausstellt, es ging nur um die Kartei der entsprechenden Institution. Aufreibend Belehrung und Besserwisserei, kluge Ratschläge, die in der Praxis nicht zu verwirklichen sind.

Etwa das: Ich bin mit Dan zu einem Gespräch vor eine Gutachterkommission bestellt. Der Junge, körperlich inzwischen fast kein Kind mehr, soll während einer mehrwöchigen Prüfungszeit beweisen, ob er gewisse einfache Arbeiten verrichten kann. Weshalb dieser Prüfung noch das heutige Gespräch voransteht, ist mir nicht erklärt worden, aber gewiß kann man nicht alles erklären. Wir haben nur eine Aufforderung bekommen, mit dem Hinweis, Zeit einzuplanen. Wir finden uns also morgens um acht Uhr dreißig am entsprechenden Ort ein und lassen uns in einer Halle mit Bänken an den Wänden nieder. Etwa zur selben Zeit treffen fünf weitere Jugendliche mit »Elternteil« ein und setzen sich. Da mir nicht klar ist, ob ich mich irgendwo melden muß, erkundige ich mich an einem Schalter. Ja, ich sitze richtig, wir werden aufgerufen. Die Zeit vergeht. Dan, nicht mehr zu vergleichen mit dem Kind, das er einige Jahre früher war, verhält sich ruhig. Er hat eine Beschäftigung, er beobachtet mit großem Interesse einige Rollstuhlfahrer, die durch den Raum kutschen. Überhaupt herrscht hier viel Bewegung. Alle möglichen Leute tauchen auf, warten, verschwinden hinter den verschiedenen Türen. Besonders groß ist die Zahl von Männern und Frauen, die mit Krücken gehen, nur noch ein Bein haben oder den Arm beziehungsweise das Bein in Gips; viele sind Ausländer, Afrikaner, Lateinamerikaner, verwundet in den dort stattfindenden Kämpfen – Dan bestaunt sie und bewundert ihre Wendigkeit.

Dennoch, die Minuten ziehen sich hin. Nach einer Stunde werde ich unsicher und frage erneut die Frau am Schalter, vielleicht sitze ich trotz allem falsch. Aber nein, man hat mir doch gesagt, daß ich warten soll! Gut, wir harren weiter aus, obgleich Dan erste Schwierigkeiten macht. Zum Glück erscheint jetzt eine Dame in weißem Kittel auf der Bildfläche, die sich als Sozialfürsorgerin erweist. Sie setzt sich neben uns auf die Bank, um einige Angaben zur Person zu überprüfen: Geburtsjahr, Wohnort der Eltern und des Kindes, Wohnbedingungen. Das letztere ist gewiß gut gemeint, aber man hätte all diese Dinge leicht über die Tagesstätte ermitteln können. Zum Schluß erklärt die Frau noch, daß wir als nächstes zur Psychologin gerufen würden, die sich etwas mit dem jungen Mann unterhalten wolle. Ich sage:

»Das geht nicht. Er ist gehörlos, kann nicht sprechen.«

Sie fällt ziemlich aus den Wolken. »Warum weiß ich das nicht? Hier ist kein Vermerk.«

»Es ist von der Tagesstätte gemeldet worden. Da bin ich ganz sicher.«

Sie kritzelt etwas auf ihren Fragebogen. »Gut, dann wird Frau Doktor ihre Fragen an *Sie* richten.«

Sie verschwindet, und wir sitzen erneut. Ich würde mit Dan gern eine Viertelstunde nach draußen gehen, denn es ist schönes Wetter, aber dann werde ich vielleicht gerade aufgerufen. Ich frage die anderen Leute, doch die können gleichfalls nichts sagen. Immerhin, ein Mädchen ist schon drin bei der Psychologin. Die ständigen Lautsprecheraufrufe stören mich – meine Nerven sind wirklich nicht mehr die besten. Es gelingt mir aber, eine gewisse Zeitspanne zu überbrücken, indem ich an einem Kiosk in der Halle Kekse und eine Brause kaufe.

Nach einer weiteren reichlichen Stunde werden wir zur Psychologin gebeten. Die üblichen, hundertmal beantworteten Fragen. Empfehlungen, Dan zur Selbständigkeit zu erziehen. Als wenn wir das nicht seit Jahren versuchten. Diesmal erkundige ich mich, was noch mit uns geschehen soll, wie lange wir hier ausharren müssen. Sie erklärt, daß sich Dan der Kommission vorzustellen habe, deswegen wären wir ja hergekommen, etwas Geduld sei schon nötig. Dann sitzen wir wieder.

Es geht auf Mittag. Dan hält sich prima, versucht mich aber zum Aufbruch zu bewegen. Er versteht ja nicht, weshalb er hier hockt. Ich bedeute ihm, daß wir noch bleiben müssen, und spüre, wie der Ärger in mir hochkriecht. Vielleicht sollte man mal mit der Faust auf den Tisch hauen. Die Sache ist miserabel organisiert, der Hinweis auf der Aufforderungskarte, Zeit mitzubringen, kann das nicht entschuldigen. Dan hat seinen Schwerbeschädigtenausweis unter anderem dafür bekommen, daß er nicht überall warten muß. Und gerade an diesem Ort, wo man Bescheid weiß ...

Gegen halb eins werden wir endlich vorgelassen. Ein mittelgroßer Raum: An einem langen Tisch gegenüber der Tür sitzen die Kommissionsmitglieder, offenbar Ärzte und Beauftragte jener Betriebe, die geschützte Arbeitsplätze zur Verfügung stellen. Aber vielleicht irre ich mich da. Die Vorsitzende der Kommission nennt ihren Namen und bittet uns, Platz zu nehmen. Dann: »Sie wissen ja, weshalb wir Sie herbestellt haben, es geht um die weitere Entwicklung Ihres Sohnes. Er soll in der Zeit von ... bis ... die Überprüfungswerkstatt besuchen.«

»Der Termin ist möglich«, sage ich, »wir sind dann gerade mit Dan aus dem Urlaub zurück. Allerdings wird es für uns etwas schwierig werden. Wenn ich recht verstanden habe, ist er während dieses Monats nur vier Stunden täglich untergebracht.«

Daß ich nicht eitel Freude zeige, verstimmt die Frau. Immerhin wird unserem Sohn eine Chance geboten. Sie hebt die Stimme ein wenig: »Wieso nur vier Stunden? Die übrige Zeit kann er natürlich die Tagesstätte besuchen. Vormittags oder nachmittags, je nach Arbeitszeit, im wöchentlichen Wechsel. Sie können das doch einrichten. Sie arbeiten zu Hause, oder sehe ich das falsch!«

Nein, sie sieht das nicht falsch. Obwohl es, auf diese Art formuliert, wie ein Vorwurf herauskommt. Der mir in den Jahren mit Dan indirekt vor allem von Pädagogen öfter um die Ohren geklatscht worden ist. Die hat ihren Lehrerberuf aufgegeben und macht auf freischaffend. So schön möchten wir's auch mal haben. Weshalb ich wirklich Übersetzerin wurde und daß man da gleichfalls was zu leisten hat, interessiert nicht.

Ich gebe keine Antwort und schüttle den Kopf, als man wissen will, ob ich noch Fragen habe. Gewiß hätte ich welche, Dans ganzes Leben ist eine einzige Frage, aber hier dürfte nicht der Ort sein, sie auszusprechen. Es ist eben nicht so einfach, Dan vor oder nach seiner vierstündigen Arbeit in der Förderungseinrichtung abzuliefern, denn ich wäre dann ständig auf Achse. Ich müßte dreimal am Tag los: einmal, um ihn zur Überprüfung zu bringen, dann, um ihn von dort abzuholen und in die Tagesstätte zu geben, schließlich, um ihn nach Hause zu bekommen. Doch wozu das ellenlang erklären, es lohnt nicht den Aufwand, und irgendwie werden wir die Zeit überstehen.

Wir wollen schon wieder gehen – ich habe nicht auf den Tisch gehauen wegen der endlosen Warterei –, da fragt eins der Kommissionsmitglieder, ein Mann im weißen Kittel: »Rutschen dem Jungen immer so die Augen weg?«

Ich schaue Dan an, er schielt tatsächlich mächtig um die Ecke. Das linke Auge blickt nach oben, das rechte nach links unten. Kein Wunder, diese Veranstaltung langweilt ihn. Während er zunächst noch leidlich interessiert den Raum gemustert hat, denkt er jetzt an sonstwas.

»Er ist müde. Wir sind immerhin seit fünf Stunden hier.«

Das faßt die Vorsitzende als Angriff auf. »Schließlich sind Sie nicht die einzige, die drankommen will.«

»Ich weiß«, sage ich, »ich erkläre ja nur, weshalb er schielt.«

Dann gehen wir. Ich habe den Eindruck, daß mir einige der Kommissionsmitglieder mit Sympathie hinterherblicken, und zwar nicht nur wegen meiner schlanken Beine.

29

Dan war von jeher gern mit anderen Kindern zusammen; selber eine Beziehung herzustellen verstand er nicht, aber er ließ alles mit sich geschehen. Noch heute ist er gefesselt, wenn auf der Straße ein Trupp kleiner Jungen und

Mädchen auftaucht, er reckt den Hals, bis sie um die Ecke verschwunden sind. Auch im Gehörlosenkindergarten war das anfangs so – nicht mehr allein zu sein tat ihm offensichtlich gut. Doch wir merkten bald, daß er Schwierigkeiten mit den Aufgaben hatte, die ihm dort gestellt wurden.

Es betraf unter anderem das Daktylalphabet, das zur Anwendung von Sprache gedacht war. Gleich zu Beginn war den Eltern ein Blatt mit Fingerzeichen für die einzelnen Buchstaben ausgehändigt worden, nach dem wir üben sollten: a = die geschlossene Faust mit dem aufgerichteten Daumen, b = die aufgestellte glatte Hand mit dem quergelegten Daumen und so weiter.

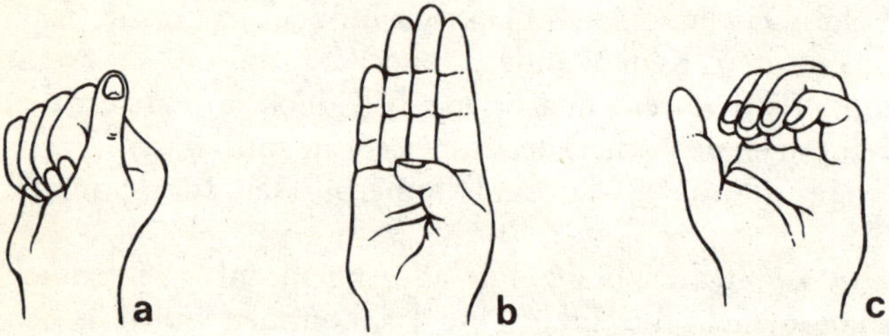

Aus diesen Buchstaben Wörter zusammenzusetzen oder gar Sätze erforderte Geschicklichkeit und sehr viel Übung. Klaus und ich hatten unsere liebe Mühe damit, wobei ich etwas besser zurechtkam als mein Mann. Am schwersten allerdings tat sich Dan. Er konnte der Angelegenheit keinen Sinn abgewinnen, ahmte zwar ungeschickt einige Zeichen nach, brachte sie aber nicht in Zusammenhang mit dem betreffenden Gegenstand. Bald gab es Mahnungen von der Erzieherin, dies und jenes stärker mit ihm zu üben, da sonst der Rückstand zu den Leistungen der anderen Kinder zu groß würde. Einige der Kleinen fingerten bereits einfache Sätze. Aber die unterhielten sich ja auch mit Gesten, wonach Dan einfach kein Bedürfnis zu haben schien.

Dabei wäre ein einziges Wort für uns schon ein großer Gewinn gewesen. Zum Beispiel »Mama«. Wer die Sprache in all ihren Nuancen parat hat, kann sich nicht vorstellen, was alles mit diesem einen Wort auszudrücken ist. »Mama« für: zu Hause bleiben, nach Hause gehen, in die Küche, ins Wohnzimmer kommen, brav sein, schön schlafen, essen und trinken, »Mama« als Ausdruck der Entfernung, wenn sie weg ist, und der Nähe, wenn sie da ist, der Zeit, wenn sie etwas tut, das länger dauert. »Mama«, durch Gesten unterstützt, in vielfacher Variation; später haben wir das Wort weidlich ausgenutzt, ebenso wie »Papa«, doch damals fand sich keine Brücke zwischen den Buchstaben und der dazugehörigen Person.

Einige Aufgaben erledigte Dan ganz gut, manchmal gab es anfangs sogar ein Lob, wenn er mit Stecksteinen und Stäbchen zur Zufriedenheit gearbeitet hatte. Aber mit den schnell steigenden Anforderungen wuchs seine Verkrampfung. Den meist zum Wochenende ins Haus flatternden Hinweisen: »Dan beherrscht noch nicht: ›auf‹, ›ab‹, ›komm‹, ›hopp‹; bitte üben!« oder: »Dan verwechselt nach wie vor die Buchstaben a, u, e, i; mehr arbeiten!« war immer schwerer Genüge zu tun. Der Junge weigerte sich, zu Hause zu lernen, was er im Unterricht nicht begriff. Lediglich das Wort »komm« las er von unseren Händen ab. Später gelang es ihm recht und schlecht, »bitte« zu fingern, er brauchte es wohl, um Dinge zu erhalten, an denen ihm lag.

Das Quietschen unterblieb, die Verspanntheit nahm zu. Nachts wanderte er in seinem winzigen Zimmer auf und ab, morgens wollte er nicht weg; abends machte er Schwierigkeiten bei der Heimfahrt, an den Wochenenden war er ganz und gar unleidlich. Um ihn zu beschäftigen und aufzulockern, ging Klaus an den Sonnabenden und Sonntagen mit ihm auf Wanderschaft, doch immer öfter kamen die beiden zerstritten und jeder auf seine Art wütend zurück. Was mein Mann auch mit unserem Sohn anstellte, es lief stets auf das gleiche hinaus. Dan zog munter los, denn er freute sich über den Ausflug, doch nach der ersten halben Stunde legte er sich mit Klaus an. In dieser Hinsicht war er erfinderisch.

Die beiden nehmen einen Weg durch die Gärten, der Junge wirft Steine über die Zäune, er sucht die tiefsten Pfützen aus, um sich nasse Füße zu holen, er stößt mit dem Schuh in die Hundehaufen. Immer und immer wieder, gegen alle Vernunft und jedes Verbot. Ein junges Paar mit einem Kinderwagen kommt ihnen entgegen; er rempelt den Wagen bewußt an, und als er merkt, wie wenig begeistert sein Vater von diesem Verhalten ist, tut er's bei dem nächsten gleich wieder. Er zieht den Schuh aus und läßt ihn liegen, er steigt nicht mit in den Bus ein, auf den man eine qualvolle Viertelstunde gewartet hat. Wenn Klaus daraufhin aufs äußerste gereizt davonstürmt, ihn einfach zurückläßt, legt er sich lang in den Straßendreck. Die Leute bleiben stehen, schimpfen oder lachen, Klaus ist gezwungen umzukehren. Doch der Junge ist nun verstockt, rührt sich nicht vom Fleck. Mein Mann zerrt ihn hoch und faucht die Leute an, damit sie weitergehen. Dan heult, zetert und hält sich an einem Laternenpfahl fest. Klaus merkt, daß er so nicht nach Hause kommt, er setzt sich zwanzig Meter weiter auf eine kleine Mauer und wartet. Irgendwann entschließt sich der Bengel, ihm zu folgen, freilich nur stückweise und murrend, es wird ein langer Weg bis zum heimischen Herd. Zumal es beim geringsten Drängen des Vaters erneut Widerstand gibt. Mit großer Verspätung und finsteren Gesichtern kommen sie endlich an. Die letzten dreihundert Meter hat Dan aus Protest (wogegen?) in der Hocke laufend zurückgelegt. Eine echte Kraftleistung, die uns eigentlich Bewunderung abringen müßte – ich würde diese Gangart keine zehn Schritte durchhalten. Doch seine Starrköpfigkeit noch zu bewundern sind wir wirklich nicht in Stimmung.

Oder die Fahrten in Bus und Bahn, wenn man endlich drin war. Auch hier eine gewisse Pfiffigkeit, die uns in Bedrängnis brachte, weil sie sich provozierend gegen uns wandte. Man steht eingezwängt zwischen sich drängenden Menschen; auf dem Platz vor einem sitzt ein Mann mit einem breitkrempigen Hut. Noch ehe man sich's versehen kann, hat Dan dem Fremden den Hut ins Gesicht geschoben und schaut uns triumphierend an. Die Umstehenden grinsen, der Betroffene dreht sich erzürnt um, wir tun, als hätten wir mit der Angelegenheit nichts zu schaffen. Auch Dan gegenüber – wehe, wir würden lachen oder anderweitig zu erkennen geben, daß wir den Vorfall mitgekriegt haben. Der Mann hätte seinen Hut sofort erneut auf der Nase.

Einmal steigt Klaus mit Dan in einen überfüllten Bus, froh, daß es endlich nach Hause geht. April, das Wetter ist naßkalt, unterwegs hat es die übliche Häkelei gegeben, der Junge kippte einem Mann, der sein Auto waschen wollte, einen Eimer Wasser aus. Doch jetzt haben sie Glück, ein Sitzplatz wird für sie frei gemacht. Sie lassen sich nieder – nicht daß Dan auf dem Schoß seines Vaters eitel Sonnenschein wäre (unruhig war er in jenen Jahren immer), aber man bewältigt die fünf oder sechs Haltestellen doch besser als im Stehen. Denkt wenigstens Klaus, der allerdings schon beim Platznehmen spürt, daß sich sein Sohn sperrt. Und tatsächlich stimmt etwas nicht, Dan versucht loszukommen, stößt Knurrlaute aus, rutscht endlich von den Knien des Vaters, ohne Rücksicht auf die Frau neben ihnen, die er mit dem Ellbogen traktiert. Klaus will ihn fester packen, doch das gelingt nicht, und da fällt es ihm wie Schuppen von den Augen: der Grashalm, den Dan noch fest in der Hand hielt, als sie einstiegen, ein langer grüner Grashalm! Ja, das ist es. Einige Meter weiter vorn, zwischen den Beinen der Leute, liegt er am Boden. Dan hat ihn im Gewühl verloren, und nun gibt es nur zwei Möglichkeiten. Entweder holt man das spillrige Gewächs zurück und bekommt für den

Rest der Fahrt im großen und ganzen seine Ruhe, oder man streitet sich mit diesem bockbeinigen Kind bis zur völligen Entnervtheit. Die Wahl fällt nicht schwer. »Bleib hier, ich hol deinen Halm«, sagt Klaus zu dem Jungen, der den Sinn der Rede durchaus versteht und tatsächlich sitzen bleibt. Er schaut interessiert zu, wie sein Vater zur Verblüffung der Menschen im Gang nach dem Stück Grünzeug taucht. »Entschuldigen Sie bitte, wir haben einen Grashalm verloren, unter Ihrem Fuß liegt er, könnten Sie vielleicht so nett sein und einen Schritt zur Seite treten?« Der Alte muß verrückt sein, der Bengel ist doch keine anderthalb Jahre mehr, dem würde ich was ..., wenn er sich derart aufspielt – so etwa sind die Blicke der Leute zu deuten. Nichtsdestoweniger machen die Füße Platz. Mit rotem Kopf kehrt mein Mann, das kostbare Gut in der Hand, zu Dan zurück, der den Halm gnädig in Empfang nimmt. Gegen Ende der Fahrt läßt er ihn dann achtlos erneut zu Boden fallen. Immerhin, diesmal kommt man einigermaßen in Frieden zu Hause an.

30

Aber die Situation verschlimmerte sich. Ich fuhr abends voller Unbehagen zum Kindergarten, denn ich mußte mit Klagen und Beschwerden wegen Dans mangelndem Mitkommen rechnen, später voller Furcht, denn die Heimfahrt wurde mehr und mehr zum Problem. Es war die Zeit, da er nach rechts ging, wenn ich mich links halten mußte, zurück, wenn ich vorwärts wollte. Er legte sich, wie geschildert, mitten auf die Straße, er kroch, wenn ich ihn mit Gewalt in die Bahn geschoben hatte, unter den Sitz und blieb dort hocken. Die ganze Fahrt über. Die hundert Meter von der Straßenbahnhaltestelle bis zum Haus waren gleichfalls eine mit tausend Widerwärtigkeiten gespickte endlose Strecke; immer wieder war ich versucht, ihn einfach stehen zu lassen und davonzulaufen, aber was hätte es mir gebracht, ich hing fester an der Kette als er. Dan tat mir leid, das schon, doch mit jedem Monat, der verging, wurde mein Mitleid mehr von Erbitterung und Verzweiflung zugedeckt. Klaus erging es nicht viel anders, wenn er ihn abholte, dabei mitunter eher nach Hause schleppte als begleitete. Auf den Schultern oder halb unterm Arm. Auch das Auto, das wir inzwischen besaßen und auf das wir solche Hoffnungen gesetzt hatten, half nicht. Abgesehen davon, daß es seine Jahre abgedient hatte und oft in der Werkstatt war, konnte sich einer allein mit Dan nicht in den Verkehr wagen. Er gab einfach keine Ruhe, klopfte nicht nur heftig gegen die Scheiben, sondern bemühte sich auch, nach vorn zu kommen und ins Lenkrad zu fassen. Oder er legte einem im dicksten Fahrzeuggewühl unvermutet die Arme um den Hals.

Das Aufreibendste aber waren die Nächte. Abends legten wir uns mit der Hoffnung hin, wenigstens einmal durchschlafen zu können, doch das gelang immer seltener. Dan hatte einen kleinen Tisch in seinem Zimmer, den er, sobald er aus dem Bett gestiegen war, wie einen Rammbock gegen die Wand stieß, ein dumpf hallender Ton in der nächtlichen Stille. Klaus schraubte den Tisch am Fußboden fest, da begann unser Sohn die Liegestatt selbst zu bewegen. Im Bett stehend, die Füße ums Gitter geklammert, wuchtete er sich schlingernd durchs Zimmer. Er kam lediglich stückchenweise voran, doch das genügte, das Haus rebellisch zu machen. Gut zureden half nichts, also blieb uns nur übrig, das Bett mit eisernen Haken an der Wand festzukeilen. Nun fand der Junge, um sich zu beschäftigen, nichts anderes mehr, als mit nackten Füßen in seinem Zimmer hin und her zu tappen.

Ich habe die Stunden im Gedächtnis, ich höre seine Schritte. Nicht um uns zu ärgern tat er das, sondern von Unruhe getrieben: tapp, tapp, tapp, tapp und zwischendurch ein Hopser, daß der Kleiderschrank ächzte. Zehn Minuten vorher hatten wir Dan ins Bett zurückgelegt und ermahnt, nun war er schon wieder auf Wanderung. Ich versuchte, ihn mit in mein Bett zu nehmen; er freute sich, wühlte aber und strampelte pausenlos mit den Beinen. Es ging nicht. Ich saß eine Stunde lang bei ihm im Zimmer, hielt durchs Gitter seine Hand: Er schlief nicht ein. Wenn wir das Tapsen hätten überhören können! Aber wir waren viel zu sehr darauf eingestellt. Der Teppich dichtete nicht genügend ab, und selbst Ohropax half nichts.

Wir legten Gaze oben übers Gitterbett – als er erwachte, gab es ein Mordsgezeter. Wir spannten Schnüre kreuz und quer durch den Raum, damit er am Laufen gehindert wäre, denn wir dachten, daß er so die Lust am Herumspazieren verlieren und sich hinlegen würde. Doch das Gegenteil trat ein, die Schnüre amüsierten ihn, er turnte im Finstern daran herum und marschierte zwischen ihnen auf und ab. Und kein Mensch, der einen Rat geben konnte. Die Ärzte verschrieben Propaphenin, Faustan und andere Medikamente. Nichts schlug an.

In jener Zeit traf ich in der Bibliothek, wo ich oft arbeitete, meinen ehemaligen Kollegen Rössi wieder.

Ich sitze im alten Lesesaal an einem langen, dunkel gebeizten Eichenholztisch und suche nach der richtigen Entsprechung für das russische Wort ›Sentimentalnost‹. ›Sentimentalität‹ wäre in dem Zusammenhang, den ich wiedergeben muß, zu direkt und abgegriffen, ›Empfindsamkeit‹ eine Nuance zu fein, ›Rührseligkeit‹ zu weinerlich. Eine der großen Schwierigkeiten beim Übersetzen: Man weiß um die Bedeutung des Wortes und kann sie in der anderen Sprache doch nicht exakt ausdrücken. Nicht bis ins letzte treffend, man müßte zwei Sätze zur Erklärung schreiben, und das ist unmöglich. Am Ende bleibt in einem solchen Fall nur der Kompromiß, die bescheidene Annäherung.

Aber jetzt kommt hinzu, daß mir die Gedanken weglaufen. Sie sind finster und selbstzerstörerisch, die Weisheit der unzähligen Bücher in den hohen Regalen dieses

Raumes vermag ihnen keinen Schimmer Helligkeit zu verleihen; was nützt jahrhundertealtes Wissen, wenn man keine Vorstellung davon hat, wie es im Augenblick weitergehen soll. Ja, ich habe Depressionen, die Welt um mich her ist düster, zu Hause erledige ich nur noch mechanisch die nötigsten Handgriffe, wenn ich im Bett liege, drehe ich mich auf die Seite und heule, ich schreie Klaus an, der zurückschreit, und das Schlimmste: Ich kann die Menschen um mich her nicht mehr ausstehen. Ich möchte fort, irgendwohin, wo mich niemand kennt und wo es keinen Dan gibt.

Ich liebe meinen Sohn nicht mehr. Heute nacht, als er uns wieder einmal am Schlafen hinderte, sagte ich plötzlich zu Klaus: »Wenn er tot wäre, könnten wir beide vielleicht noch mal zu leben anfangen.«

»Ja, das könnten wir.«

»Wir wären frei wie normale Leute, wir könnten zusammen verreisen, abends ins Theater gehen, sogar in eine Nachtbar, wir könnten die Wochenenden vernünftig verbringen, und – stell dir das vor – wir hätten die Nächte zum Ausruhen, zum Schlafen!«

»Ich stell es mir oft vor«, sagte er, »sehr oft!«

Da brach es heraus aus mir, ich setzte mich im Bett auf und brüllte los: »Dann tu doch was, du Feigling, lieg nicht so jämmerlich da und friß deine Wut in dich rein, los, geh rüber und bring ihn zum Schweigen, nimm sein Kissen und drück es ihm ins Gesicht, bis er Ruhe gibt; die Kraft, so einen kleinen Kerl umzubringen, wirst du doch noch haben. Du wirst schon nicht in den Knast wandern, wir kriegen das hin, ich verstell mich, wir finden eine Erklärung, so ein Kind kann durchaus ersticken, wenn es sich im Bettzeug verheddert, worauf wartest du noch?!«

Er hatte mit dem Gesicht abgewandt von mir gelegen, jetzt drehte er sich langsam um, gab aber keine Antwort.

»Warum sagst du nichts, warum liegst du da wie ein Klotz und sagst nichts. Soll das ein Leben lang so weitergehn?«

Seine Stimme klang gepreßt: »Du bist total verrückt. Leg dich hin und versuch zu schlafen.«

Ich wurde von einem irren Lachen geschüttelt, das schnell in hysterisches Schluchzen überging. Ich saß im Bett, nahm meinen Kopf in die Hände, lachte und heulte zugleich. Vielleicht war ich wirklich nahe am Überschnappen. Dann warf ich mich aufs Kissen, zog es übers Gesicht und weinte weiter. Ich hoffte, daß Klaus noch ein Wort sagen würde, daß seine Hand herüberkäme, um meinen Kopf zu streicheln, doch das geschah nicht. Vielmehr lag er, ohne einen Ton von sich zu geben und ohne sich zu rühren, in seinem Bett. Später hörte ich noch, wie er leise aufstand und ins Wohnzimmer ging. Er dachte wohl, ich wäre eingeschlafen, aber das gelang erst, als es draußen hell wurde. Kurz darauf klingelte der Wecker, und der Alltag begann wieder.

Beim Frühstück sprachen wir nicht über diese Nacht, wir sprachen überhaupt wenig. Dan machte beim Waschen Schwierigkeiten, das erstickte in mir die Reuegedanken, die aufkommen wollten. Ich war müde und kaputt: Vielleicht hätte ich nicht in die Bibliothek fahren, sondern mich zu Hause ausruhen sollen. Doch ich hatte mir vorgenommen zu arbeiten und war viel zu überdreht, um am Tag schlafen zu können.

Also sitze ich im Lesesaal, klammere mich am Wörterbuch fest und bringe nichts zustande.

»Hallo, reizende Kollegin, siehst du mich wirklich nicht, oder tust du nur so?«

Ich schrecke auf, der Platz neben mir war leer, jetzt hat ihn ein Mann in hellbrauner Lederjacke mit Beschlag belegt, der mich belustigt mustert.

»Rössi, was machst du hier?«

»Sonderbare Frage, zweifelst du vielleicht an meinem Interesse für die Wissenschaft?«

»Nein«, sage ich gedehnt, „ich hab dich hier bloß noch nie gesehn.«

»Um ehrlich zu sein, ein fanatischer Anhänger des Foliantenstaubs bin ich nicht. Ich zieh die Praxis der Theorie vor. Wenn du allerdings immer so in dich hineinstarrst wie eben, brauchst du dich nicht zu wundern, daß dir wichtige Leute wie ich entgehen.«

»Bist du etwa schon länger da?«

»Seit geschlagenen fünf Minuten sitz ich neben dir.«

Ich lege mein Wörterbuch aus der Hand. »Entschuldige, es war keine Absicht.«

»Das sagt man immer. Auf jeden Fall hast du was gutzumachen. Du bist verpflichtet, umgehend in der Imbißstube mit mir eine Tasse Kaffee zu trinken.«

Rössi ist witzig und ein bißchen oberflächlich wie stets, aber als wir dann in der Kantine in unserem Kaffee rühren, merkt er, daß mit mir was nicht in Ordnung ist. Ich gehe nicht auf seinen Ton ein, rede kaum, rauche ungeschickt und hastig eine Zigarette, die er mir angeboten hat. Da legt er die Hand auf meine und sagt ohne den üblichen Spott: »Bei dir läuft's nicht, stimmt's.«

»Schlimm, daß man mir's ansieht.«

»Man sieht's nicht. Man merkt's, wenn man dich kennt. Dein Mann?«

»Nein«, sage ich, »mein Junge.«

»Erzähle!«

»Wozu, es hilft ja doch niemandem.«

»Nun erzähl schon«, sagt er und drückt meine Hand, die ich erst jetzt wegziehe. Gleichzeitig aber fange ich zu reden an, gedämpft, damit man mich an den anderen Tischen nicht hört. Ich gebe nicht alles preis, lasse Klaus aus dem Spiel, die Szene von heute nacht und manches andere. Doch was ich berichte, reicht wohl aus, ihn zu packen, denn als ich fertig bin, sitzt er eine ganze Weile stumm da, zieht nur heftig an seiner Zigarette.

»Es war Blödsinn, dir mit meinen Problemen zu kommen, jetzt habe ich dir die Laune verdorben.«

»Arme Aljonna«, sagt er, »als ob's um meine Laune ginge.«

Ich weiß nicht, weshalb ich eine halbe Stunde später

meine Arbeit liegenlasse und mit Rössi zum Mittagessen gehe; er hat mich eingeladen, doch das ist noch kein Grund. Er will mich ablenken, das spüre ich, und ich habe ein ungeheures Bedürfnis danach, mich ablenken zu lassen. Wenigstens für ein paar Stunden. Wir sprechen nicht mehr von Dan, sondern von seiner Tochter Gitta, an der er anscheinend hängt, und von seinem Leben als Mann ohne Anhang. Nichts Aufregendes, das Pikante enthält er mir vielleicht vor.

Dann suchen wir eine erst kürzlich entstandene Gaststätte in einem mir fremden Wohnviertel auf, essen Forelle und trinken Bier. Hinterher spendiert Rössi einen Weinbrand, der mir gleich zu Kopf steigt. Ich paffe zwei Zigaretten; mit der aus der Bibliothek sind es heute schon drei, dabei bin ich Nichtraucherin. Danach gehen wir noch spazieren, sitzen im Stadtpark auf einer Bank, und er nimmt mich in den Arm. Er erzählt mir, daß er schon immer verliebt in mich war, schon damals in der Schule, eine Eröffnung, die mich nicht überrascht.

»Es darf nicht sein, daß du dich kaputtmachst, kaputtgemacht wirst von deinem Sohn und den Umständen – ich laß es nicht zu.«

»Du? Was willst du dagegen tun?«

Er gibt keine Antwort, aber er streichelt mein Haar und küßt mich. Obwohl ich mich wehren müßte, lasse ich es geschehen. Die Zärtlichkeit tut mir gut, ein sanftes Prikkeln auf meiner Haut und in meinem Herzen. Wenigstens in diesem Augenblick ist die Angst von mir genommen. Neu anfangen, einen Schlußstrich unter alles ziehen, was bisher war, den Alptraum, der mich in ein paar Stunden wieder erwartet, einfach abschütteln!

Rössi hat wohl meine Gedanken erraten, denn er sagt beschwörend: »Wir zwei, das könnte doch was werden, meinst du nicht?«

»Du und ich? Das ist nicht dein Ernst. Wie stellst du dir das vor?«

»Liebst du deinen Mann?«

»Das ist doch ganz egal. Ich häng fest, verstehst du. Nicht bloß an einer Schnur. An Ankertauen.«

»Wenn du ihn nicht mehr liebst«, sagt Rössi und zieht mich näher an sich heran, »finden wir eine Lösung. Unbedingt.«

»Klaus quält sich so ab mit Dan.«

»Am meisten quälst du dich. Du hast ein bißchen Glück verdient.«

Er weiß, wie er mich packen kann, aber er packt mich zu schnell. Ich raffe meine Kräfte zusammen und schiebe ihn weg. So bleibt die Einladung in seine Wohnung, die er gewiß auf den Lippen hatte, unausgesprochen. Als wir uns getrennt haben, renne ich noch sinnlos durch die Straßen. Ich habe das Gefühl auf einem Bahnhof zu stehen, wo die Züge nach allen Richtungen hin abfahren. Ohne mich.

31

Es gibt anderes schlimmes Leid: der Familienvater, der durch einen Unfall ums Leben kommt und die Frau mit zwei kleinen Jungen zurückläßt; die zehnjährige Tochter, einziges, geliebtes Kind, die bei einem Badeausflug ertrinkt; die Großmutter, die unvermutet stirbt.

Oder die Ermordeten in jenen Regionen der Erde, wo Machtmißbrauch und mittelalterliches Diktat herrschen, die Gefolterten und lebenslang Eingekerkerten, die Kriegstoten, deren Namen und Gesichter anonym für uns bleiben, die für immer Verkrüppelten, die Kinder mit den vor Hunger geblähten Bäuchen, die von Drogen Ruinierten – unsägliches Elend fern und auch nahe bei uns, wer wollte eins gegen das andere abwägen.

Und doch ist das eigene Leid das stärkste, vor allem wenn es keine Hoffnung auf Besserung läßt. Ich sehe mich im Bad stehen, am Fenster vor dem geöffneten Arzneischränkchen, ein halbes Dutzend Schachteln mit Tabletten in der Hand, die es nur auf Rezept gibt und die sich durch Dans Schädigung im Laufe der Zeit angesammelt haben. Sie dürften wohl reichen, mein jämmerliches Leben auszulöschen. Noch ist früher Morgen, Dan und Klaus sind soeben aus dem Haus; bis mein Mann zurückkommt, wird alles vorbei sein. Nett von dir, Rössi, daß du mir eine Chance geben wolltest, es wäre schön gewesen, sich neu zu verlieben und ein zweites Leben zu beginnen, ich denke schon, daß wir beide großartige Sachen hätten machen können, ich bin im Grunde ein fröhlicher Mensch, der gern lacht, tanzt, singt, bin vielleicht nicht so pfiffig und leichthin wie du, möglicherweise auch nicht so schlau, aber wenn man mir ein bißchen Muße läßt ...

Wir hätten mit einem langen Urlaub begonnen, mit einer Reise von sechs Wochen, und wenn nicht, hätte ich mich einfach in deiner Wohnung verkrochen, in deinem Arm, hätte geschlafen, geträumt, mich erholt. Ich hätte gearbeitet, für den Verlag, die Schule, für dich, ich hätte saubergemacht, deine Wäsche gewaschen, Essen gekocht – alles wäre Erholung gewesen. Die Liebe, nun ja, eine tiefe, dauerhafte Liebe mit dir kann ich mir nicht vorstellen, entschuldige, Rössi, aber das hat keine Bedeutung. Wichtig ist nur, daß man mir Raum zum Atmen gibt, mich den Kopf heben läßt, dann will ich mich in alles fügen. Du ahnst ja nicht, welche Fähigkeiten in mir schlummern und wie dankbar ich sein kann.

Es ist vorbei, Rössi, oder besser, es war nie möglich. Rien ne va plus, wie der Franzose sagt, nichts geht mehr. Ein Glas Wasser, ein großes Glas, sonst kriege ich das viele Zeug nicht runter; mein Nachthemd mit den Ranken, den blauen und gelben Schmetterlingen, das Klaus immer gern an mir sah, dann lege ich mich ins Bett und schlafe ein. Einfach so, ohne Sentimentalität und überflüssiges Gejammer. Dan wird nicht mitkriegen, was geschehen ist – er wird mich bald vergessen. Klaus wird einigen Ärger haben, einige Aufregung, auch Kummer, aber er wird's überstehen und neu beginnen. Ich wünsche dir beim zweitenmal mehr Glück, Klaus, mit uns ist's von Anfang an total falsch gelaufen.

Ein Sonnenstrahl kriecht bleich durchs halboffene Fenster, gleitet über den Steinfußboden, in mir herrscht Finsternis. Ich schütte die Pillen in das Glas, eine Schachtel, dann noch eine und rühre mit einem Löffel darin herum. Winzige Luftbläschen steigen hoch, die weiße Substanz beginnt sich aufzulösen. Ein erster Schluck: Wenn das Zeug bloß nicht so bitter wäre. Bitter – in den nächsten Wochen wird Klaus' ›Zornhaus‹ herauskommen, wie gut für ihn, da hat er was, mit seinem Kummer fertigzuwerden.

Ich setze das Glas erneut an; aus dem Spiegel an der Wand zum Wohnzimmer, dem ich mich zugekehrt habe, grinst mich mein blasses Gesicht an. Ringe unter den Augen, der Mund ohne Lippenrot, die Haare, obwohl notdürftig gekämmt, strähnig. Diese aufgelösten Tabletten schmecken scheußlich, ich kriege das Zeug nicht runter. Zwei Sekunden lang stehe ich so da, fünf. Mein Mund ist heiß, meine Zunge pelzig, meine Hand umklammert das noch zu drei Vierteln gefüllte Glas. Ich will es austrinken, doch plötzlich packt mich entsetzliche Wut, und ich schmettere es auf den Boden. Es zerbirst mit Peitschenknall, die Flüssigkeit spritzt gegen die Wände, die Badewanne, das Klo; die Splitter springen bis zur Tür. Ich aber renne wie gehetzt aus dem Bad, werfe mich im Schlafzimmer aufs Bett und vergrabe den Kopf im Kissen.

32

Der Selbstmord, eine Flucht aus dem Leben ohne Rückkehr, wurde in den verschiedenen Epochen und Landstrichen stets unterschiedlich gewertet. Von den Religionen fast immer verurteilt, galt er anderen Weltanschauungen als wenig sinnvoll, wurde bisweilen jedoch als Abkürzung überflüssiger Leiden akzeptiert. So zu Zeiten der alten Römer. Der Stoiker Euphrates, las ich kürzlich in einem Buch, der durch ein Leberleiden schreckliche Qualen erdulden mußte, bat eines Tages Kaiser Hadrian um Erlaubnis, sich den Tod geben zu dürfen. Das wurde ihm auch bewilligt. Am Abend nach der Zustimmung plauderten die beiden wie gewohnt über die Welt und den Fortbestand der Dinge, am nächsten Tag brachte sich der Philosoph um. Wie überliefert wird, ohne zu zögern, ein Schlußpunkt, der Haltung verrät. Und doch, für Euphrates war es einfach. Er war alt und die Angelegenheiten seiner Verwandten (so er überhaupt welche besaß) ohne Zweifel bestens geregelt. Er brauchte nur an sich zu denken. Die Lage der meisten Menschen ist anders. Wenn ich damals nicht weiterwußte – Dan und Klaus steckten in meinem Hirn und hielten mich fest. Im Bösen wie im Guten. Vielleicht fehlte mir auch das letzte Quentchen Mut, das letzte Quentchen Verzweiflung, sei's, wie es sei. Als ich an jenem Tag abends den Jungen wie üblich nach Hause geholt hatte, saß ich eine Ewigkeit in seinem Zimmerchen und drückte ihn an mich. Er mochte das gar nicht, er sträubte sich und zeterte. Obwohl ich seit dem Morgen fast nur geschlafen hatte, war ich noch immer wie benommen; ich saß an seinem Bett und hielt ihn auf dem Schoß. Da er nicht loskam, fing er zu schaukeln an: eine seiner Lieblingsbeschäftigungen. Er warf den Kopf hintenüber und schloß die Augen, er schwang vor und zurück, wenn ich losgelassen hätte, wäre er auf den Hinterkopf gesaust. Mir taten die Arme weh, und der Nakken begann zu schmerzen, doch ich gab ihn nicht frei. Lange Zeit, bis ich wirklich nicht mehr konnte.

Soll man sagen, daß ich, Dan, wir noch einmal davongekommen waren? Ich lebte in den nächsten Tagen etwas ruhiger, die Arbeit ging besser von der Hand, abends schluckte ich, um einzuschlafen, die übriggebliebenen Tabletten, doch die große Erleichterung, die nach meinem glücklich mißlungenen Attentat vielleicht zu erwarten gewesen wäre, überkam mich nicht. Ich sprach auch nicht mit Klaus darüber, erst Jahre später tauschten wir uns aus, und es ergab sich, daß er etwas geahnt hatte.

»Mir fehlte die Kraft, dich danach zu fragen, ich war selbst am Ende.«

Keine Zeit, uns mit unseren Psychopannen aufzuhalten, die Probleme mit Dan blieben und wuchsen. Im Kindergarten galt er mittlerweile als schwieriges Kind, mit dem man sich nicht verständigen konnte und das Ungelegenheiten machte. Nicht daß er böse gewesen wäre, er verstand nur nicht, wurde nicht verstanden und verschloß sich. Er wurde zu manchen Gruppenausflügen nicht mitgenommen, was ihm gewiß sehr weh tat. Ich erfuhr es durch Zufall, weil mir die Erzieherin von einer seiner Reaktionen berichtete. »Stellen Sie sich vor, Dan ist mir heute um den Hals gefallen, als ich mit der Gruppe aus dem Tierpark zurückkam. Er hat geweint, ich war ganz gerührt. Ich hätte ihm das nicht zugetraut.«

»Aber wieso war er nicht mit?«

»Er zeigt so wenig Interesse, ist so schwierig. Der lange Weg dorthin, wir mußten zweimal umsteigen!«

Daß er sich nicht für die Attraktionen der Tierwelt interessierte, stimmte, wir hatten es selbst erlebt. Zweimal waren wir am Wochenende losgezogen, um unserem Kind diese Augenfreude zu bieten: den Elefanten, das Flußpferd, den Tiger, die Affen.

»Bei der Giraffe staunt er bestimmt, vielleicht hört er's sogar, wenn die Löwen brüllen.«

Unsere Erwartungen waren hochgespannt, Klaus bereitete einen regelrechten Kampfplan vor. »Zuerst gehn wir nach rechts, siehst du, hierher zu den Eisbären. Die sind so wuchtig und bewegen die Köpfe hin und her, da wird er schon mal staunen. Dann die Känguruhs im Freigehege, mit ihren Sprüngen, das ist bestimmt was für ihn. Auf der andern Seite vom Weg befindet sich der kleine See mit den Schwimmvögeln, da, an dieser Stelle stehen immer die Flamingos. Ganze Kolonien, leuchtend rosa in dem

Grün ringsum, wo er doch so für die rotweißen Kegel ist. Danach die Geier; die Füchse und Marder lassen wir weg, die sind zu klein, lieber gleich zu den Dickhäutern und eventuell ins Raubtierhaus. Mal sehn, wann's ihm zuviel wird. Vor allem die Schimpansen dürfen wir nicht vergessen.«

Dan saß noch im Sportwagen, wippte vergnügt und quietschte schon in der Straßenbahn, so daß wir von den auf Wochenenderholung bedachten Mitfahrern mit scheelen Blicken und bissigen Bemerkungen eingedeckt wurden. Wir überstanden die Qualen in der Gewißheit, unserem Sohn ein großartiges Erlebnis zu verschaffen. Das Wetter war herrlich, der Frühling in vollster Blüte, die Voraussetzungen für einen ungetrübten Ausflug also gegeben.

Gemeinsam mit der Menge der übrigen Besucher durchschreiten wir die Tore des Tierparks und folgen der Route, die mein Mann für erfolgversprechend hält. Dan, dem wir zu Hause einige Tierbilder gezeigt haben, scheint aufgekratzt und erwartungsfroh, er sperrt die Augen auf. Doch den Eisbären, auf die wir seinen Blick mit etlicher Mühe lenken, schenkt er keinerlei Aufmerksamkeit.

»Sie sind zu weit weg«, folgert Klaus, und tatsächlich liegt zwischen ihnen und uns die Schutzmauer, der Wassergraben, ein Stück Felsen.

Also weiter, wir stehen ja noch ganz am Anfang. Die Känguruhs besitzen auch keine Anziehungskraft, die halten sich gleichfalls im Hintergrund, sind kleiner als vermutet und offenbar nicht zu sportlichen Übungen aufgelegt. Als endlich eines lahmbeinig zu hüpfen beginnt, springt es von uns weg. Es ist nicht klar, ob Dan die Tiere überhaupt zur Kenntnis nimmt. Die Flamingos hingegen kann er nicht übersehen, sie stellen eine auffallende Pracht dar. Graziös staksen sie durch das flache Wasser, tauchen die langen Schnäbel ein. Ihr rosa schimmerndes Gefieder leuchtet weithin. Dennoch befaßt sich unser Sohn nur flüchtig mit ihnen.

»Na ja, woher soll er wissen, daß sie etwas in unseren Regionen Seltenes darstellen, und was bedeutet das Wort ›selten‹ überhaupt für ihn.«

Er schaukelt in seinem Wagen, schreit »I-i ..., i-i ...« und dreht, wenn man ihn auf den Arm nimmt, den Kopf weg. In sämtliche Richtungen, nur nicht in jene, die man will. Und so weiter im Takt, bei den Nilpferden, bei den Löwen. Auch auf das Gebrüll reagiert er nicht.

Wir sind enttäuscht, versuchen es noch bei den Elefanten – Dan zeigt nicht einmal Angst. Die Paviane erregen seine Aufmerksamkeit durch ihre Kletterkünste, doch nur für einen Augenblick. Als sich die Sonne hinter den Wolken vorschiebt, ist das wichtiger.

Wir haben uns die Sache anders vorgestellt, fast immer stellt man sich die Dinge mit Dan anders vor. Wir haben alles Erdenkliche ausprobiert, um ihn zu fesseln, den Tierkindergarten besucht, Eis gegessen, den Adlern und Raubkatzen zugeschaut, wir haben es im Grunde für uns getan. Bemerkenswertestes Ereignis für den Jungen: ein Köter, der uns auf dem Weg von den Elefanten zu den Löwen entgegenkommt. Ein unscheinbares Hündchen, von seinem Herrn brav an der Leine geführt – bei seinem Anblick leuchten Dans Augen zum ersten- und letztenmal bei diesem Ausflug auf. Nach ihm dreht er sich eine Ewigkeit lang um. Eine Töle, wie man sie stets und ständig auf der Straße sieht!

Tatsächlich, sein Interesse für den Tierpark war gering, zwei Jahre später, bei einem erneuten Besuch, würdigte er genausowenig, was unsereins für würdigenswert hielt. Trotzdem war ich empört. Was für ein Erziehungsprinzip. Zweimal umsteigen ...

»Hat er denn etwas Unrechtes getan, daß er Strafe verdient hätte?«

»Nein ..., wir dachten nur ...«

»Fügt er sich nicht in die Gruppe ein?«

»Das schon, aber man weiß nie, wie ihm was zu erklären ist. Immer muß man ihn bei der Hand nehmen.«

»Er empfindet es doch als schlimme Strafe, wenn Sie einen Ausflug mit der ganzen Gruppe unternehmen und nur ihn dalassen«, sagte ich und hatte das bestürzte, verständnislose Gesicht meines Kindes vor Augen. »Er ist ohnehin so verspannt. Das dürfen Sie nicht tun.«

»Gerd mußte auch dableiben. Sie waren hier bei den anderen, haben schöne Sachen gemacht.«

Gerd ist das Gegenteil von Dan, gewitzt und frech. Die Mutter, selbst gehörlos, kommt nicht mit ihm zurecht. Ich glaube schon, daß er unterwegs auch in der Gruppe schwierig ist. Aber darf man deshalb den Weg des geringsten Widerstandes gehen?

»Ich bin nicht mit Ihrer Methode einverstanden. Dan denkt, er hat was falsch gemacht. Wenn er sich vielleicht auch nicht für die Tiere interessiert – ausgeschlossen sein will er nicht.«

Ein andermal erfuhren wir, daß die Kinder beim Zahnarzt gewesen waren, wo Dan sich schrecklich angestellt haben sollte. »Zwei Mann mußten ihn festhalten, er wollte nicht den Mund aufmachen, hat geschrien und sich mit Händen und Füßen gewehrt. Wir waren hinterher ganz entnervt.«

Es kommt wie ein Vorwurf heraus, obwohl es mir natürlich erscheint, daß jeder Junge, wenn er nicht auf eine solche Situation vorbereitet ist, Sperenzchen macht. Dan hatte offenbar keine Schmerzen, als er sich in den Stuhl setzen und den Mund aufsperren mußte. Man hat ihm mit allerlei Instrumenten im Gebiß herumgestochert, gebohrt und eine Füllung angebracht. Woher soll ihm das Verständnis für eine solche Prozedur kommen?

So etwa verlaufen meine Gedanken, die ich aber in dem abendlichen Abschiedsgedränge, wo die Erzieher stets von Eltern und Kindern mit Beschlag belegt werden, nur teilweise äußern kann.

Unzufrieden ziehe ich mit Dan ab, von dem wie üblich nichts über den Tagesablauf und den Zahnarztbesuch zu erfahren ist. Eine Klage mehr über unser

Kind – ich muß sie schlucken, ohne mich wehren zu können.

Bei einem späteren Besuch in der Jugendzahnklinik, der nicht in den üblichen Turnus fiel, machten wir uns selbst mit auf den Weg. Wir waren nach dem, was wir gehört hatten, auf das Schlimmste gefaßt, aber zu zweit würden wir's schon schaffen.

Dans Gesicht ist nicht eben Lichterglanz, als wir das ihm bekannte Gebäude erreichen. Doch zu unserer Erleichterung steigt er die Treppen willig hoch, setzt sich, ohne aufzubegehren, mit uns in den Warteraum: Als er aufgerufen wird und die Ärztin ihn an der Tür zum Behandlungszimmer in Empfang nimmt, stürzt Klaus hinterher, um ihr Hilfe zu leisten.

»Wo wollen *Sie* denn hin? Hier dürfen nur Kinder rein.«

»Weil Dan sich doch so anstellt bei Ihnen ... Ich wollte sie unterstützen.«

Die Zahnärztin lacht. »Dan stellt sich nicht an, er ist einer unserer ruhigsten Patienten. Wenn alle so brav wären.« – »Das versteh ich nicht, man hat uns gesagt ...« – »Das ist ein Irrtum. Warten Sie ruhig draußen. Ist gleich geschafft.«

Klaus setzt sich wieder neben mich, schaut mich fragend an. Wegen der anderen Kinder und Eltern tauschen wir uns im Augenblick nicht aus. Wir horchen. Im Behandlungszimmer die üblichen Geräusche, das Surren und Kreischen des Bohrers, Kinderjammern, doch nicht von Dan. Nach zehn Minuten taucht die Ärztin mit unserem Sohn wieder in der Tür auf. »Alles erledigt, er war tapfer wie immer.«

»Und Sie haben gebohrt?«

»Ein bißchen schon. Hier unten rechts, der Backenzahn. Zwei Stunden lang darf er nichts essen.«

Als wir gehen, ist unsere Erleichterung größer als die des Jungen, wir sind aber auch erstaunt. Weshalb erzählt man uns im Kindergarten Dinge über Dan, die nicht stimmen? Um zu beweisen, wie schwer man es mit ihm hat und daß er nicht zu den andern paßt? Einmal hat die Leiterin bereits angedeutet, daß er vielleicht gar nicht in die Vorschule gehöre. Nur wohin dann um Himmels willen? Andererseits ist er nach Jahresablauf versetzt worden, muß nicht wiederholen. Wahrscheinlich braucht er eine zusätzliche Förderung. Wir selbst schaffen es einfach nicht.

Wir nehmen uns vor, mit seiner Erzieherin zu sprechen, doch sie ist krank und geht anschließend in Urlaub. Neue Probleme ergeben sich, drängen die Zahnarztfrage in den Hintergrund. Endlich sind wir über einen Bekannten an eine Neurologin geraten, die sich mit Ausdauer bemüht, gegen Dans Schlafstörungen vorzugehen. Die Zeit für uns hat und auch mal abends zu Hause angerufen werden kann. Sie wiederum empfiehlt uns eine Kollegin im Institut für Rehabilitationspädagogik, die unserem Sohn eventuell Nachhilfe geben könnte. Allerdings ist es nicht ganz leicht, bei Frau Dr. Flex einen freien Termin zu bekommen, denn Spezialisten auf diesem Gebiet sind knapper als knapp. Aber es gelingt. Einmal wöchentlich behalten wir Dan künftig zu Hause, fahren zur einstündigen Förderung ins Institut für Rehabilitation. Für meine Arbeit ist dieser Tag natürlich verloren. Wenn nur Dan etwas dabei gewinnt.

33

Dan nimmt trotz seiner stolzen Höhe auch heute noch vor dem kleinsten Hund Reißaus, der frei herumläuft, aber er ist tapfer, wenn es zum Arzt geht. Was sein muß, muß sein: Er schickt sich mit Fassung ins Notwendige. Nicht bloß in der Zahnklinik. Die Erfahrung hat ihn gelehrt, daß bestimmte Dinge, die den Körper betreffen, nur von den Leuten im weißen Kittel zu reparieren sind. So schon die üblichen Erkältungen und Krankheiten der ersten Kinderjahre, bei denen man abgehorcht, betastet und mit Medizin versorgt wurde. Später dann waren es die kleinen und mitunter größeren Unfälle. Sosehr wir aufpaßten, ganz konnten wir nicht verhindern, daß sich Dan unbedacht Schaden zufügte.

Er fuhr mit dem Roller einen Abhang hinunter und stürzte, er sprang von einem Steinhaufen und knickte mit dem Fuß um. In beiden Fällen hinkte er, aber es war nicht herauszubekommen, ob er sich wirklich etwas getan hatte. Er zeigte nicht, ob oder wo es ihm weh tat. Wies man auf eine Stelle, die vielleicht betroffen war, wies er gleichfalls hin, tippte man mit dem Finger auf eine andere, tippte er auch. »Tut's hier weh?« Dan nickt. »Tut's da weh?« Dan nickt wieder. »Hier hast du wohl keine Schmerzen?« Unser Junge schüttelt den Kopf. »Und da auch nicht?« Erneutes Schütteln. Es waren aber in beiden Fällen dieselben Stellen.

Blieb die Poliklinik, wo er geröntgt werden konnte. Er war zehn Jahre alt, als er während eines Aufenthalts bei meinen Schwiegereltern in die elektrische Kaffeemühle griff. Das rotierende Messer, wenn es in Betrieb war, hatte ihn schon lange interessiert. Die Oma wußte es und bewachte ihr Gerät, sie war im Augenblick, da es passierte, sogar in der Küche. Doch sie wandte ihm den Rücken zu. Er handelte blitzschnell.

Die Mühle steht auf dem Buffet, er schnappt sie, schiebt den Stecker in die Dose, schaltet ein. Der Deckel ist nicht aufgeschraubt, denn die Oma will Kaffee einfüllen; am Grund des Geräts drehen sich wirbelnd die beiden Messer und ziehen Dans Blick magisch an. Es ist Sekundensache. Um das Geheimnis zu ergründen, steckt der Junge die linke Hand in die Kaffeemühle. Der Mittelfinger, auch der Ring- und der Zeigefinger erreichen die rotierenden Klingen. Oder andersherum: Die Messer erreichen Nägel und Fleisch.

Zu diesem Aufenthalt war Klaus allein mit dem Jungen nach Z. gefahren, hatte eine Woche Urlaub genommen.

Am Abend des betreffenden Tages rief er mich an, um mich schonend zu unterrichten. Die Szene, plastisch beschrieben, hat sich mir eingeprägt: Klaus sitzt im Wohnzimmer meiner Schwiegereltern am Tisch, blättert in einem Buch, da stürzt seine Mutter herein. »Komm schnell, Dan hat sich weh getan.«

Klaus springt auf, er hat noch keine Ahnung, was das heißen soll, da taucht der Junge selbst in der Tür auf. Er ist sehr blaß, aber er weint nicht; er hält die linke Hand steif von sich, und aus der Kuppe des Mittelfingers spritzt eine kleine Blutfontäne. Ein roter, winzigdünner Strahl.

»Was ist passiert, was habt ihr gemacht?«

»Er hat in die Kaffeemühle gefaßt, hat sie eingeschaltet.«

Dan scheint den Schmerz noch nicht richtig zur Kenntnis zu nehmen, er ist eher erschrocken, hat ein schlechtes Gewissen, weil er etwas getan hat, was ihm untersagt war. Er tritt auf seinen Vater zu und umarmt ihn, wobei er ihm die blutende Hand ans Hemd drückt. Die Oma, vor Schreck ziemlich durcheinander, rennt inzwischen nach Verbandszeug.

Das Blut zum Stillstand zu bringen verursacht einige Mühe. Als der Notverband angelegt ist, steht schon der Trabant eines Nachbarn bereit, Dan und Klaus in die Poliklinik zu befördern. Der Schwerstbeschädigtenausweis und der akute Zustand der Verletzung bewirken, daß Sohn und Vater schnell in die oberen Etagen des Hauses zur chirurgischen Abteilung vordringen.

Dort beginnt dann das Warten. Der Vorraum und der Korridor sind voller Menschen, die verarztet werden wollen. Arme in der Schlinge, verbundene Finger, Gipsbeine. Dan, durch dessen Verband sacht das Blut dringt, hält sich ruhig. Er sitzt auf einem Tisch, der im Flur an der Wand steht, und macht ein bekümmertes Gesicht. Er begreift nach und nach, was er sich da eingebrockt hat. Mit der gesunden Hand hält er sich hilfesuchend an seinem Vater fest.

Nach einer knappen Stunde Wartezeit bittet Klaus die Schwester, Dan, der nun ziemlich mitgenommen scheint, doch dranzunehmen ... Als der Notverband gelöst ist, sieht man den Schaden genauer. Vier Finger sind betroffen, aber zum Glück hat es nur den mittleren stärker erwischt. Er ist aufgerissen, die Kuppe abrasiert. In einem Nebenraum muß unser Sohn die verletzten Finger in eine Schüssel mit Desinfektionslösung stecken, was ihm gar nicht gefällt. Dann geht es zum Röntgen, das ohne Panne absolviert wird – Dan traut sich nicht zu mucksen. Das Schwerste allerdings steht ihm noch bevor, der Finger muß genäht werden.

Es geschieht bei örtlicher Betäubung: Der Junge liegt auf einem Bett, während vier erwachsene Personen um ihn herum sind. Klaus sitzt rechts am Kopfende und hält die gesunde Hand, eine Schwester hat sich bei den Füßen postiert, eine zweite assistiert der Chirurgin, die links vom Bett Platz genommen hat. Dan empfindet sicherlich keinen Schmerz, aber er ist brennend daran interessiert, zu sehen, was mit seiner Hand geschieht. Er beobachtet die Vorgänge außerordentlich mißtrauisch. Immer wieder und mit aller Kraft versucht er der Ärztin seine Hand zu entziehen. Da ihm das nicht gelingt, reißt er die Augen auf, verdreht den Kopf, hebt ihn, strebt mit dem ganzen Oberkörper nach links. Klaus bemüht sich, ihn zu beruhigen, redet ihm gut zu, drückt ihn zurück aufs Bett. Das gleiche tut die Schwester am Fußende, die große Mühe hat, seine mit Sandsäcken beschwerten Beine festzuhalten. Eine anstrengende Prozedur, bei der alle Beteiligten ins Schwitzen kommen – mehrfach muß die Arbeit unterbrochen werden. Als der neue Verband nebst einer Schiene angelegt ist und Vater und Sohn endlich die Klinik verlassen können, sind alles in allem fünf Stunden vergangen.

Dan ist zu erschöpft, um Erleichterung zu zeigen. Zu Hause wird er ins Bett gepackt und schläft am hellen Tag ein, was ihm seit Jahren nicht mehr passiert ist. Er schläft lange und friedlich.

In der Folge gingen wir – ich war Hals über Kopf nach Z. gefahren – mit Dan noch mehrfach zum Verbandwechsel in die Poliklinik, und es war stets dasselbe. Zwar sträubte er sich auf dem Hinweg nicht, doch blieb er still und in sich gekehrt. Auf dem Rückweg dagegen strahlte er, begann zu hüpfen. Gewiß hätte er geträllert oder gesungen, wäre ihm das möglich gewesen.

Die Verletzung brauchte ihre Zeit, verheilte aber gut. Die Nägel fielen ab und wuchsen neu, der Mittelfinger bekam sein normales Aussehen. Er wurde auch nicht gefühllos, wie die Ärztin es noch beim Fädenziehen vermutet hatte. Wohl war die Kuppe unwiderruflich weg, doch das schien unseren Jungen wenig zu stören. Lediglich wenn es darum ging, den Nagel an diesem Finger zu schneiden, zeterte er. Er wollte und will das, so es nötig wird, selbst tun, läßt keinen anderen ran.

34

Mit Hilfe von Frau Dr. Flex versuchten wir, Dan zu fördern, individuell zu fördern, wie es in der Pädagogensprache heißt – es war keine leichte Aufgabe. Es gibt Menschen, die gehen beharrlich ihrer Arbeit nach, einfach weil sie wissen, wenn ich das nicht erledige, tut's keiner. Sie bewegen sich nicht unbedingt im verborgenen, aber doch unauffällig; mitunter wird nie, mitunter erst sehr spät ihre Leistung gewürdigt.

Dr. Flex gehört zu diesen Menschen. Sie war Leiterin der Gehörlosenschule, bevor sie an die Universität kam, konnte sich auf eine lange Praxis im Umgang mit Behinderten stützen. Als Mitarbeiterin der Rehabilitationspädagogik erweiterte sie ihre theoretischen Kenntnisse, baute aber vor allem ihre konkreten Erfahrungen aus. Sie gibt ihr Wissen an die Studenten weiter und befaßt sich gleichzeitig ständig mit der Hör- und Sprecherziehung geschädigter Kleinkinder. Vor einiger Zeit konnte sie der

Öffentlichkeit das Ergebnis ihrer bisherigen Forschungen in einem theoretischen Werk vorlegen, an dem verschiedene Autoren beteiligt waren. Die praktischen Beispiele, die sie anführt, hatten Klaus und ich in der einschlägigen Literatur der DDR einige Jahre zuvor vergeblich gesucht. Nun liegen sie vor, und das Buch war auch schnell vergriffen. Eine wichtige Veröffentlichung besonders für die Wissenschaftler und Studenten – den eigentlich Betroffenen, den Eltern, wäre freilich sehr zu wünschen, daß Dr. Flex die Möglichkeit erhielte, ihren Erkenntnisschatz einmal in einem eigenen Büchlein preisgünstiger zugänglich zu machen.

Dan, für das Forschungsprogramm von Frau Dr. Flex eigentlich schon zu alt, stellte mit seinen Besonderheiten und Auffälligkeiten auch sie vor Probleme.

Ich habe ihren Arbeitsraum vor Augen, der im Keller des Instituts lag – die Fenster führten hoch zur Straße, dicke Heizungsrohre, in denen das Wasser gluckste, zogen sich an der rechten Wand und an der Decke entlang. Unser Sohn, mit dem Rücken zum Fenster, damit er nicht abgelenkt wird, hat sich zunächst lässig an den ja seinetwegen veranstalteten Übungen beteiligt, lümmelt jetzt aber auf seinem Platz. Mit knappen, einfachen, sich wiederholenden Sätzen, gesprochen und von Daktylzeichen unterstützt, bemüht sich die »Lehrerin«, seine Aufmerksamkeit zurückzuholen: »Setz dich richtig hin, Dan. Schau her.«

Dan rückt sich ein wenig zurecht, er schaut Dr. Flex auch an, aber in seinem Blick liegt weniger die Bereitschaft, etwas von den Lippen abzulesen, als spöttische Herausforderung. Er hat den linken Fuß auf eine Sitzbank gelegt, eine Haltung, die unsereins nur mit größter Anstrengung einnehmen könnte.

»Sitz fein. Nimm den Fuß weg.«

Die Wörter sind genau, doch nicht übertrieben artikuliert; der Junge versteht durchaus, was von ihm verlangt wird, auf den Tadel hat er es ja angelegt. Er nimmt den Fuß nicht von der Bank.

»Sitz fein. Den Fuß weg.« Dr. Flex zeigt darauf.

Das Bein bleibt, wo es ist, nun etwas verkrampft. Ich sitze daneben und schweige. Dans Sturheit regt mich auf, doch ich habe mich da rauszuhalten.

Dr. Flex langt über den Tisch und zieht Dans Bein von der Bank. »Du bist böse, Dan.«

Jetzt blickt der Junge verbiestert drein. Der Fuß schnappt auf die Bank zurück.

»Gut. Dann spiele ich nicht mit Dan. Ich spiele mit Mama.« Ein Holzhäuschen, einige Plastikgegenstände werden dem Jungen entzogen und wandern herüber auf meine Seite. Ich fange an, einen Turm zu bauen.

Stärker als Worte wirkten meist Taten. Dan paßt der Szenenwechsel absolut nicht, er möchte die Sachen zurückholen, traut sich bloß nicht. Außerdem schränkt der Fuß auf der Bank seine Beweglichkeit ein. Er ist zwischen Wunsch und Eigensinn hin- und hergerissen. Er möchte das Spiel schon zu Ende führen, will aber auch provozieren. Nur nicht nachgeben. Er ist sich selbst nicht gut.

Mitunter gelingt es, ihn zu ordentlicher Mitarbeit zu bringen, mitunter nicht. Dr. Flex versucht seine Hörreste zu aktivieren, indem sie Hörübungen mit ihm macht: Geräusche mit Quietschtieren, Rasseln, Klingeln und Tuten hinter seinem Rücken; er muß das Instrument erraten. Sie bemüht sich, seine Motorik und Reaktionsschnelligkeit zu entwickeln, indem sie ihm Geschicklichkeitsproben abverlangt: Ballfangen und Greifen. Sie strebt danach, sein Denkvermögen durch Zuordnungsspiele zu schulen. Dan löst die praktischen Aufgaben, wenn er sich nicht wegen eines Wetterumschwungs oder einer besonders schlechten Nacht über die Maßen verspannt, gut; er ist flink beim Perlensammeln, wirft die Bälle nach vorgegebenen Varianten, erlernt das Pusten in verschiedener Stärke, was ihm nicht leichtfällt. Nur die Hauptsache, die Fingersprache oder gar das Ablesen vom Mund, bleibt ihm ein Buch mit sieben Siegeln. Und gerade das wird in der Vorschule verlangt.

Sosehr wir uns dagegen wehrten, wir mußten es zur Kenntnis nehmen: Dan war kein normales gehörloses Kind. Würde er mit Hilfe unserer Anstrengungen noch etwas von dem Rückstand aufholen können, der zu den Gleichaltrigen bestand? Im Kindergarten hatte man ihn nach anfänglichen Förderungsbemühungen, die erfolglos blieben, wohl abgeschrieben – wir hofften noch. Seine Pfiffigkeit auf Teilgebieten verleitete uns dazu. Wir hatten auch keine Wahl und schon gar keine Zeit, über den laufenden Tag hinauszudenken.

Denn das gehört zum Schwersten für die Eltern solcher Kinder: Sie werden so brutal und pausenlos von den Problemen eines banalen Alltags bedrängt, daß sie keine Luft mehr bekommen. Ich lese Roswitha Gepperts bewegendes Buch ›Die Last, die du nicht trägst‹ und finde in anderer Form all jenes wieder, was auch uns zu Boden drückte. Die aufwendige Betreuung eines Jungen, der sich nicht in gebührendem Maße entwickeln will, die Rennerei zu den Ärzten. Die tausend Schritte und Handgriffe, die man täglich zusätzlich in der unsinnigen Hoffnung tut, es könne noch alles gut werden. Vielleicht gelangte Roswitha Geppert heftiger und absoluter zu der Erkenntnis, ein geistig schwerbehindertes Kind zu haben; für uns war es ein anhaltend quälender Prozeß. Nein, für die Leistungen solcher Mütter gibt es keine Auszeichnungen, und fast folgerichtig hat auch das Buch keine erhalten. Obwohl ein DFD-Literaturpreis existiert. Unter anderen.

Pädagogen, Ärzte, Bekannte rieten uns damals und später zu einem zweiten Kind, das uns Lebenskraft, der Familie Halt geben könnte. Wir würden einen ganz anderen Blick bekommen, Dan stünde nicht mehr so im Mittelpunkt, hätte auch jemanden, der ihm eines Tages Stütze wäre. Freundliche, gutgemeinte Worte, und tatsächlich, was für eine befreiende Vorstellung, ein hörendes, sprechendes, lernendes Kind zu haben. Kein besonders schönes oder kluges, sondern einfach ein normales. Ein Mädchen, ein Junge – egal. Aber was, wenn etwas Ähnliches passierte wie bei Dan, es gab ja durchaus Fälle, wo auch das zweite Kind ... Und selbst wenn alles gut ginge, wie die zusätzliche Arbeit bewältigen? Dan schlief weiter miserabel, tyrannisierte uns an den Abenden und Wochenenden, machte uns zu Nervenbündeln. Ein zweites Kind hätte in dieser Atmosphäre nicht ruhig aufwachsen können. Es hätte unbedingt ein eigenes Zimmer gebraucht, vielleicht nicht sofort, aber nach ein, zwei Jahren. Also zusätzliche Laufereien, Anträge, Umzug, und wie hätten wir dem Wohnungsamt unser Anliegen überhaupt klarmachen sollen? Mit einem neuen Kind waren außer den Freuden, die es ins Haus brachte, neue Schwierigkeiten verbunden, wir wurden mit den gegenwärtigen nicht fertig. Nein, ich hatte Angst vor einem zweiten Kind, und in diesem Punkt war ich mit Klaus einig. Falsch, richtig, die Entscheidung hatten wir zu treffen; niemand würde uns im schlimmen Fall helfen können, und auch im günstigen Fall waren wir es, die alles bewältigen mußten.

35

Irgendwann in jenen Tagen hatten wir eine geniale Idee, einen Einfall, dessen Einmaligkeit uns erst mit den Jahren richtig bewußt wurde. Er war einfach, aber es bedurfte langer Erfahrungen, um daraufzukommen. Und wir waren, was unseren Sohn betraf, wirklich erfinderisch.

Seit einiger Zeit erhielt Dan seine Medizin in neuer Zusammenstellung – Prothazin und Radedorm am Abend, und tatsächlich schien sich das zu bewähren. In der Weihnachtswoche, als die Anspannung durch die Vorschule wegfiel, schlief er einige Nächte hintereinander von acht Uhr abends bis sechs Uhr morgens, ohne zwischendurch wach zu werden, was wir seit Jahren nicht erlebt hatten. Doch wenn er erwachte, sprang er sofort aus dem Bett und trapste unaufhörlich im Zimmer umher. Unser altes Problem.

»Wir Dummköpfe, weshalb sind wir nicht eher draufgekommen. Wir müssen ihm den Fußboden polstern.«

Daran hatte ich zwar schon gedacht, mir aber gesagt, daß ihn ein schöner, weicher Boden nur noch mehr zum Spazierengehen anregen würde. »Was willst du damit erreichen?«

»Daß wir nicht mehr von seinem Herumgerenne aufwachen und Angst wegen der Nachbarn haben müssen. Vielleicht schläft er auf dem Fußboden weiter, wenn er merkt, daß sich keiner um ihn kümmert. Wäre immerhin was.«

Die Worte klangen häßlich, hatten aber etwas Verführerisches. Auch ohne Polsterung schlief Dan manchmal in den sonderbarsten Lagen ein: auf der schmalen Gitterwandkante seines Betts, durch ein Bein leicht abgestützt, oder steif wie ein Brett, quer über beiden Gitterwänden; manchmal auch mit dem Kopf unterm Schrank.

»Und was willst du auf dem Fußboden auslegen? Seinen Teppich hat er ja schon.«

»Wir besorgen Matratzen.«

»Matratzen?«

»Ja. Die mit Roßhaar. Wie er sie in seinem Bett hat.«

Noch am selben Morgen maßen wir aus und kamen zum Ergebnis, daß der Fußboden in seinem Zimmer mit drei solchen Matratzen gut bedeckt war. Wir würden sie noch ein Stück unters Bett schieben können. Nur der Raum vor der Tür blieb frei, aber das war ja ohnehin notwendig, damit die Tür aufging.

Sobald Klaus es einrichten konnte, zogen wir los. In zwei Geschäften fragten wir vergeblich nach, es gab nur Schlaraffia, die sich nicht eigneten und zu teuer waren. Im dritten Laden klappte es, sie hatten genau drei Exemplare da. Der Verkäufer sah mich verwundert an, als wir ihn um seine Reserven erleichterten, drei Kinder hatte er mir nicht zugetraut.

Wir fuhren unseren Schatz nach Hause; Klaus nahm sich, bevor er zur Arbeit ging, noch die Zeit, die Matratzen auszulegen. Ich hatte schon vorher eine hübsche, grün und orange leuchtende Sofadecke gekauft, die groß genug war, um straff über die drei Einzelstücke gespannt zu werden und sie so zu einem Ganzen zu verbinden. Befriedigt betrachteten wir unser Werk.

Am Abend holten wir Dan gemeinsam ab, wir wollten gerade an diesem Tag keinen Streit mit ihm. Wir waren sehr gespannt, ob er die Veränderung akzeptieren würde. Meist wehrte er sich ja gegen neue Dinge, betrachtete sie als Eingriff in angestammte Rechte.

Der große Augenblick! Wir betreten die Wohnung, führen Dan zu seinem Zimmer, öffnen die Tür. Wir lassen den Jungen los, sein Blick fällt auf die grün-orangefarbene Decke. Er steht erstarrt da, aber nur für Sekunden. Ein Schritt nach vorn, dann wirft er sich hin, beginnt auf der Polsterung umherzukugeln. Mit »Doi-doi-doi-doi«, seinen Wonnelauten. Er drückt den Kopf in die Unterlage, macht einen Katzenbuckel, schwingt mit dem Körper hin und her. Seine Begeisterung findet kein Ende.

Mit den Matratzen hatten wir Dan eine Freude gemacht, die bis heute anhält. Sie waren weich und gleichzeitig fest, sie schirmten ihn gegen Kälte von unten ab, wenn er sich langlegte, sie bildeten mit dem bunten Deckenüberzug eine Spielwiese von ein mal zwei Metern zwischen Bett und Schrank, auf der er sich nach Belieben fläzen konnte. Sie überdauerten das Kinderbett und eine Liege, die an seine Stelle trat. Das wichtigste aber – sie verhalfen uns und auch Dan wieder zu besserem Schlaf. Nicht sofort und nicht ausschließlich: Viele Faktoren mußten zusammenwirken, damit sich hier etwas änderte, und noch gibt es »Täler«, durch die man sich neu hindurchtastet, aber sie schufen eine wesentliche Voraussetzung. Dans Trapsen, wenn er nachts aufstand, war fortan ein Katzengang, sanft und weich, wir hörten es zwar noch, doch wir wußten, es würde die Nachbarn nicht wecken. Auch übte die Polsterung eine beruhigende Wirkung auf ihn selbst aus; nachdem er eine Weile im Kreis gelaufen war, überkam ihn, verstärkt durch die Medizin vom Abend, das Bedürfnis, sich hinzulegen. Er stieg wieder ins Bett zurück oder dämmerte, wie es Klaus vorausgesehen hatte, auf seiner Unterlage ein. Ich stand dann auf und deckte ihn zu.

Die Liege wurde später durch ein großes Bett ersetzt; doch die Matratzen blieben. Sie wurden lediglich von Zeit zu Zeit gesäubert, erhielten mehrfach einen neuen Deckenüberzug, was für Dan jedesmal ein Ereignis war. Erst im vorigen Jahr trennten wir uns von ihnen; sie bekamen Risse. Doch obwohl es mittlerweile nicht mehr so nötig ist, haben wir unser Prinzip der Schalldämpfung beibehalten. Ein Aufleger für Campingbetten ist an die Stelle der Roßhaarmatratzen getreten, Dan war damit einverstanden, er fühlt sich wohl. Er wacht jetzt nur noch selten auf, und wenn, legt er sich nach dem Austreten wieder ins Bett. Höchstens wenn wir die Schlaftablette einsparen wollen, gibt's Schwierigkeiten. Da muß man behutsam vorgehen.

36

Ein Besuch bei einem Freund meines Mannes vor den Toren Berlins. Wir haben mildes Sommerwetter: Es ist warm, hinter dünnem Federgewölk hervor bestrahlt die Sonne den See vor dem Haus, den Garten, die hier noch relativ unberührte, aus Wald, Feld und Gewässern bestehende Natur. Weiterer Besuch ist eingetroffen; wir haben gebadet, uns unterhalten, prächtige Erdbeertorte verspeist – unser Sohn ist da überhaupt nicht zurückhaltend, er legt los, als gelte es für die nächsten Tage vorauszufuttern. Und nun gibt's ein Konzert im Freien. Ein Vergnügen, wie es nur hier möglich ist: Drinnen im Haus der Plattenspieler, draußen im grünen Gras zwei Stereoboxen, aus denen, Tiefe und Weite gewinnend, heitere klassische Musik dringt. Wir, die Zuhörer, sitzen auf Garten- und Campingstühlen im Halbkreis; das Auge hört mit, weil der Himmel, die Wolken, der See, der Rasen, die Bäume und Vögel ringsum in die Musik eintauchen. Das Ganze erinnert mich an ein Erlebnis, das ich als junges Mädchen bei einer Serenade im Park von Pillnitz und einem Besuch der Gemäldegalerie im dortigen Schloß hatte. Meine Seele war von Caspar David Friedrich und Max Slevogt angerührt, Händel und Mozart brachten sie vollends zum Schwingen. Romantik der Jugend: Das Herz öffnet sich, und man denkt an die großen Dinge; was hatte ich alles noch vor mir, ich war Oberschülerin kurz vor dem Abitur, also auf dem Weg, die Kunst, die Wissenschaft, das Leben zu erobern.

Ein Stück der Straße, die ich dann ging, habe ich wirklich selbst gewählt, und als es sich später darum handelte, nicht mit Dan auf der Strecke zu bleiben, habe ich mich gewehrt, so gut ich konnte. Ich konnte nicht immer gut, aber mit ein bißchen Glück und mit Klaus zur Seite bin ich um die letzte Niederlage herumgekommen. In optimistischen Augenblicken sage ich mir, daß ich schon ein Stück Leben erobert habe, ein ganz besonderes, mit großem Kummer erfülltes, das ich lieber nicht kennengelernt hätte, doch eben *mein* Leben. Eine harte Wegstrecke zehrt an den Kräften, erzieht aber auch zur Zähigkeit, wenn man's lange genug durchgestanden hat. Und sie macht wissend. Was nicht heißen soll, weise, weil das zu sehr nach Alter klingt und weil man, um weise sein zu können, Ruhe, ja Abgeschiedenheit braucht.

Das heutige »Konzert« vermittelt Entspannung und ist für Dan ein Erlebnis. Er sitzt nicht auf einem Gartenstuhl wie wir, sondern auf einer Decke, unmittelbar vor einer der beiden Stereoboxen. Aus dieser Box kommen die Töne, wir haben es ihm gezeigt, und nun preßt er das rechte Ohr gegen die Stoffverkleidung des Lautsprechers. Er hört die Musik oder wenigstens Teile davon. Wenn wir zu Hause das Radio auf vollste Lautstärke stellen und er sitzt davor, hört er es auch, bloß das hält außer ihm niemand diesseits und jenseits der Zimmerwände aus.

Dan lächelt – sein sanftes, von innen kommendes Lächeln, auf das nur er sich versteht und das sich verstärkt, wenn ein Trompetenstoß oder Paukenschlag aus dem Lautsprecher dringt. Mitunter wirft er uns dann einen verschmitzten Blick zu. Er kniet vor der Box und lauscht, lange Zeit und geduldig ausharrend, wenn eine Pause eintritt, die Platte zu Ende ist oder gewendet werden muß. Kann er der Melodie folgen, oder dringen nur Lautfetzen, Rhythmen zu seinem Gehirn vor? Bei Geburtstags- und ähnlichen Feiern in der Tagesstätte beugt er sich genauso übers Tonbandgerät – er spielt auch einfache Kinderlieder nach Farbnoten auf der Triola. Die Erzieherinnen dort haben damit begonnen; jetzt übt Klaus bisweilen mit ihm. Nach selbstgefertigter Vorlage und in letzter Zeit nach dem Triola-Liederbuch. Ein praktisches System, die Noten haben die gleichen Farben wie die entsprechenden Tasten auf dem Blasinstrument. Besitzt Dan ein inneres Gehör für diese Musik? Er merkt sofort, wenn mal ein Ton ausfällt. Als er kürzlich an einem Elternabend sogar ein Solo spielen durfte, brachte er es jedenfalls souverän und ohne sich zu verhaspeln über die Runden.

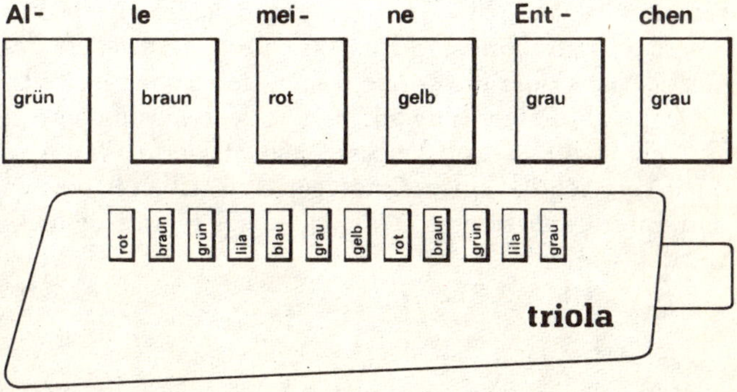

Dans offensichtliches Interesse nicht nur an der Musik, sondern auch an einer Reihe von Arbeiten wie Blumengießen oder Heuwenden imponierte unseren Freunden. Bei früheren Besuchen waren wir ständig damit beschäftigt, ihn von Handlungen abzuhalten, die ihn in Gefahr brachten oder für den Gastgeber wenig angenehm waren. Er rannte immer wieder in die Blumenbeete, zum Bienenhaus, zu einer frisch ausgehobenen Baugrube oder kroch wieselflink die schmale Stiege zum Obergeschoß des Hauses hinauf, von der er abzurutschen drohte. Er blieb nirgendwo sitzen oder stehen, hielt es bei keiner Beschäftigung aus, jagte Katzen und Vögel und schmiß liebend gern Steine gegen Hauswände. Blitzschnell schob er vom Aquarium im Wohnzimmer die Glasplatte beiseite, griff ins Wasser und hielt mir auf der Hand einen Guppy hin, den er tatsächlich erwischt hatte. Ihn zum Spielen in den Garten zu schicken war nicht möglich, in seiner Anwesenheit ein Gespräch zu führen ebensowenig. Wir wollten ihm wie uns frische Luft und Sonne bieten, doch am Abend zu Hause kamen wir uns vor wie durch den Wolf gedreht.

Dennoch zeigte sich bei seltenen Gelegenheiten auch damals schon, daß Dan Ausdauer besaß und Arbeitseifer entwickeln konnte. Zum Beispiel wenn es darum ging, mit meinem Schwiegervater Sonnenblumenkerne in einer Handmühle zu schroten oder bei Bekannten ein Faß Wasser auszuschöpfen. Dan gab sich nicht zufrieden, bevor der Sack oder die Tonne bis auf den Boden leer war. Er legte bei diesen Tätigkeiten eine Begeisterung an den Tag, die sich bis zur Verbissenheit steigerte. Wenn es doch eine Schule, einen Kindergarten gegeben hätte, wo sein Eifer genutzt und in die richtigen Bahnen gelenkt worden wäre.

Trotz aller Bemühungen von Dr. Flex und uns selbst wurde im dritten Jahr der Vorschule klar, daß Dan den Anschluß an die Leistungen seiner Altersklasse nicht herstellen konnte. Nicht nur daß er im Daktylieren, Ablesen vom Mund, Malen und Werken zurückblieb, er war besonders in den Willensäußerungen zu passiv, fand keinen Weg, sich verständlich zu machen. Die anderen gehörlosen Knirpse packten einen bei der Hand, zeigten auf Gegenstände, die sie haben wollten, sprachen mit Händen und Füßen, um ihre Wünsche auszudrücken – Dan schaute uns bestenfalls groß und fragend an.

Wir treffen auf einem entlegenen Spielplatz zufällig Angela, ein siebenjähriges gehörloses Mädchen aus seiner Gruppe, die in der Nähe wohnt. Zu unserer Verwunderung ist sie weder von Papa noch Mama begleitet. Angela ist das Gegenteil von Dan, über alle Maßen aktiv und kontaktfreudig, sie packt unseren Sohn sofort an der Hand und zieht ihn zum Klettergerüst. Bis zur vierten Sprosse soll er hochsteigen, dann abspringen, sie macht es vor und gibt keine Ruhe, bis er ihren Auftrag ausgeführt hat. Aber nicht nur mit Dan springt sie so um, sie dirigiert auch die übrigen, hörenden Kinder. Jüngere und gleichaltrige. Sie zeigt und faßt an, wenn es ihr nicht flott genug geht. Du an diese Ecke, du an jene, du kletterst hier hoch, du hangelst dort rüber. Sie stößt kleine spitze Schreie und Knurrtöne aus, um ihre Gesten zu unterstreichen, und die anderen parieren. Wir sind platt. Diese junge Dame beherrscht wahrhaftig den Spielplatz. Nein, um ihre Zukunft brauchen die Eltern nicht bange zu sein, sie wird ihren Weg bestimmt machen.

Die letzten Monate im Kindergarten – die Jungen und Mädchen werden auf den Eintritt in die Gehörlosenschule vorbereitet, manche Eltern sind aufgeregter als ihre Kinder. Wir nicht, wir sind traurig und voller Angst, es steht schon fest, daß Dan die Schule nicht besuchen kann.

Daß er keinen Beruf erlernen wird, nicht einmal den anspruchslosesten, daß er es nie zum Lesen und Schreiben bringt. Dan kann nicht sprechen und hören – wenn er nicht lesen und schreiben lernt, wie soll er sich je einem Menschen verständlich machen.

Die anderen Eltern sind fröhlicher Stimmung, ihre Kinder haben einen wichtigen Abschnitt erfolgreich hinter sich gebracht. Eine Mutter erzählt mir morgens in der Straßenbahn immer von der Klugheit ihrer Tochter und von den Fortschritten, die ihr Mädchen täglich macht. Ich kann's nicht mehr hören.

Dan hat noch eine Chance, falls man das überhaupt so nennen will, die Gehörlosenhilfsschule im Nachbarbezirk. Dort müßte er bis zu seinem vierzehnten, fünfzehnten Lebensjahr ins Internat und hätte danach die Möglichkeit, einen Teilberuf zu erlernen.

Er könnte Hilfsarbeiten ausführen, vielleicht auch in einer Gärtnerei anfangen. Und ich wollte einen Porzellanmaler aus ihm machen, einen Restaurator alter Skulpturen und Gemälde.

Gärtner – was ist dagegen einzuwenden? Ein schöner Beruf, frische Luft, Sonne und Regen, Poesie der Pflanzen, Blumen und Früchte.

Wir erfuhren, daß die Kinder an der Hilfsschule gleichfalls lesen und schreiben lernten, nicht nach den Regeln der Grammatik, der Konjugations- und Deklinationsschemen, aber immerhin. Sie konnten zum Beispiel mit einem Zettel in eine Bäckerei gehen, auf den sie gekritzelt hatten: Ich kaufen Brot. Es war möglich, ihnen schriftlich aufzutragen: Du holen Hammer. Sie waren in der Lage, sich zu besorgen, was sie brauchten, und waren damit selbständig. Vielleicht nicht völlig, die Hilfe freundlicher Menschen würden sie schon benötigen, dem Spott unverständiger Leute ausgesetzt sein, doch damit hatten wir uns sowieso seit längerem abgefunden. Dagegen war nicht anzukommen. Wir hatten ja alles versucht, Dan eine bessere Ausgangsposition zu verschaffen.

Für Klaus war das Scheitern des Jungen im Kindergarten noch mit einer besonderen Enttäuschung verbunden. Resigniert sagte er: »Ich kaufen Brot – das wird nie reichen, ein Buch zu lesen.«

»Das kann man nicht wissen, er ist noch so klein. Vielleicht bekommt er später Lust daran und lernt weiter. Wenn er nur erst mal begriffen hat, worum's geht und was hinter den Druckzeichen auf dem Papier steckt.«

Aber der Trost war schwach, und Klaus, der sich seit langem vergeblich bemühte, Dan an diese Zeichen heranzuführen, schüttelte den Kopf. »Sie bringen ihnen die verstümmelte Sprache ja bei, weil sie glauben, daß es nicht zu mehr langt. Sie haben ihre Erfahrungen.«

Er, der noch mehr als ich von einer Welt der Bücher umgeben war, würde es nie erleben, seinen Sohn dorthin mitzunehmen. Gerade dieser Gedanke aber hatte ihm bisher Kraft gegeben. Wenn Dan schon nicht hören konnte! Das Reich der Märchen, der Abenteuer, der Poesie, ins Haus gebracht durch den gedruckten Buchstaben! Fremde Länder und Meere, exotische Tiere, aber auch die Technik, der Zusammenhang zwischen Himmel und Erde, die Sonne, die Sterne, der Mond, der gesamte Kosmos! Er hatte gehofft, daß mit den Büchern die Fragen kommen würden. Die Antworten konnte man aufschreiben – ein mühseliger Weg, aber ein Weg! Nun jedoch ...

»Auch meine Bücher wird er nie lesen können.«

Klaus hatte bis dahin nur ein einziges geschrieben, ›Das Zornhaus‹. Nach meiner Meinung und der einiger Freunde ein schönes Buch, wenn auch ohne Resonanz bei der Kritik. Ein seltener Stein, der ohne Wellenringe im Wasser versinkt. Weitere Projekte waren im Ansatz steckengeblieben. Woher bei einem solchen Kind die Muße nehmen. Beim Übersetzen gab es wenigstens das Original, an das man sich hielt. Beim Schreiben zählte nur die eigene Phantasie. Da brauchte man noch mehr innere Ruhe.

Er stand am Schreibtisch, vor sich den Brief, durch den wir aufgefordert waren, Dan für zehn Tage zur Prüfung in die Gehörlosenhilfsschule zu bringen. Ich trat zu ihm und legte ihm, Geste der Zärtlichkeit, das Kinn auf die Schulter. »Hauptsache, der Junge lernt sich irgendwie verständigen und wird überhaupt vernünftiger.«

Klaus gab keine Antwort; er nahm meine Hand und streichelte sie. So standen wir einige Augenblicke. In meinem Kopf tanzten die Sätze: »Ich essen Suppe, du gehen Bett.«

Wir brachten Dan zur Überprüfung in die Hilfsschule; Klaus hatte ein Bild mit Schulbänken und Kindern gemalt, um ihn vorzubereiten. Frühlingszeit, noch hatte sich das Grün nicht vollends durchgesetzt, aber es war schon da: knospende Blätter, frische Triebe und Gräser. Unser alter Trabbi, vielleicht davon beflügelt, legte die Strecke zurück, ohne zu mucksen.

Dan war aufgekratzt wie immer, wenn es auf Reisen ging, wurde aber still, als wir in den Hof einfuhren, den Wagen abstellten. Ein nüchtern wirkender Komplex von Altbauten lag vor uns, aus einem der Gebäude strömten uns lärmende Kinder entgegen. Sie bewegten sich zum Teil auffällig, ihre Gesichter waren anders als die der Jungen und Mädchen, mit denen Dan in der Vorschule zusammengewesen war. Ich war es noch nicht gewöhnt und erschrak ein bißchen.

Wir meldeten uns im angegebenen Gebäude, mußten auch nicht lange warten. Nachdem die Personalien aufgenommen, die Fragen zu Dans Krankheitsgeschichte beantwortet waren, besichtigten wir einige Schul- und Schlafräume, sahen Übungsmaterial an, das von dem uns bekannten nur wenig abwich. Wir versuchten herauszubekommen, worin die Prüfung bestand, und erhielten auch einige Auskünfte. Das meiste müßte Dan bewältigen, wenn er sich nicht zu sehr verspannte, dachten wir. Manches, Wörter wie »Taube«, »Spatz«, »Ente« dem Oberbegriff »Vogel« zuordnen, würde er bestimmt nicht können. Mit Schrift wußte er nichts anzufangen.

Vor dem Abschied hatten wir uns gefürchtet, Dan war,

von Aufenthalten bei meinen Schwiegereltern abgesehen, noch nie von uns getrennt gewesen. Und nun mußte er in einer völlig fremden Umgebung allein bleiben. Aber dann verlief alles unproblematisch. Wir wurden beim Mittagessen gewissermaßen unauffällig voneinander getrennt; plötzlich standen wir ohne unseren Sohn im Speiseraum. Ein einziger bestürzt fragender Blick, als ihn eine Erzieherin freundlich von uns weggeführt hatte. Etwas beruhigt fuhren wir nach Hause.

Es wurde ein sonderbarer Urlaub von Dan, voller Unruhe und Bangigkeit. Da wir den Termin der Überprüfung seit einiger Zeit kannten, hatten wir uns für vier Tage eine Übernachtung in S. organisiert. Klaus hatte sich eine Woche freigeben lassen, die Dinge mußten sowieso ihren Lauf nehmen. Dankbar erinnere ich mich an die Stadt und das Schloß, das wir freilich nur von außen betrachteten, an die historischen Fachwerkbauten, die Fahrten mit der Straßenbahn, unsere Spaziergänge, den See. Das Zimmer war zugig, und da es mit dem Fenster zum Bahnhof lag, hörten wir nachts sämtliche Lautsprecherdurchsagen, aber dafür frühstückten wir ausgiebig und in Ruhe. Wir bedauerten, daß wir die Unterkunft nicht länger behalten konnten.

Wir sprachen nicht über das, was kommen sollte oder kommen konnte – wir hatten schon gelernt, für den Augenblick zu leben. Nach Hause zurückgekehrt, stürzten wir uns in die Arbeit, um die noch freien Tage zu nutzen. Bereits als wir Dan in der Hilfsschule abgeliefert hatten, war uns mitgeteilt worden, daß die Überprüfung möglicherweise nicht die gesamte vorgesehene Zeit in Anspruch nehmen würde; das Telegramm, durch das wir gebeten wurden, unseren Sohn abzuholen, traf dann auch bald ein. Wir versuchten an Ort und Stelle, etwas über den Ausgang der Prüfung zu erfahren, doch das gelang nicht. Es war nicht unbedingt ein gutes Zeichen.

Dan zeigte wenig Freude, als wir an einem Sonnabend aufkreuzten, um ihn abzuholen; er wirkte verstört, lächelte kein einziges Mal. Die wenigen Schritte zum Auto legte er in verspannt hinkenden Schritten zurück, er schielte stark, sein Blick lief an uns vorbei. Am nächsten Tag bemerkte ich zu meinem Schrecken, daß er in seinem Zimmer in die Ecken pinkelte. Wenig, aber konstant. Er war seit Jahren sauber gewesen.

38

Noch besuchte Dan den Kindergarten, und noch warteten wir auf den Bescheid der Hilfsschule. Falls er angenommen war, würde er uns im Herbst verlassen und bis zu seinem vierzehnten Lebensjahr in der fremden Stadt bleiben; alle vier Wochen und in den Ferien könnten wir ihn nach Hause holen. Wenn ich an die Trennung dachte, wußte ich nicht, ob ich mich freuen oder traurig sein sollte. Eine Last wäre von uns genommen, gleichzeitig war unser Leben so von Dan beherrscht und ausgefüllt, daß ich es mir ohne ihn nicht mehr vorstellen konnte.

Aber unsere Erfahrungen besagten, daß positive Antworten oder Entscheidungen schnell ins Haus flatterten, während man sich mit negativen Zeit ließ.

Klaus rief in der Gehörlosenhilfsschule an, doch er konnte nichts in Erfahrung bringen, die Ergebnisse seien noch nicht ausgewertet. Also war, entgegen unseren wachsenden Befürchtungen, nichts verloren.

Inzwischen bemühte ich mich, ihm die Eckenpinkelei auszutreiben. Zunächst mit aller Geduld, die mir das Mitleid eingab, später mit steigender Nervosität.

Ich wußte ja, daß es an seiner inneren Verkrampfung lag und er eigentlich nichts dafür konnte, aber der sich täglich wiederholende Pinkelgeruch brachte mich um.

Er legte es darauf an, uns zur Raserei zu treiben.

Gut zureden, schimpfen, den Hintern verhauen half wie üblich nichts, er verkraftete es auch, daß wir ihm die Süßigkeiten entzogen. Aussperren, womit wir uns sonst beholfen hatten, war hier kein Mittel, er befand sich ja ohnehin in seinem Zimmer. Ein Glück, daß er nicht anfing, im Kindergarten in die Ecken zu machen.

Ich ließ ihn seine Pfützen selbst beseitigen – es trat keine Besserung ein. Ich tat, als bemerkte ich die Ferkelei nicht, übersah seinen provokativen Blick, mit dem er mich auf das aufmerksam machen wollte, was er getan hatte – es half nichts. Dann fuhren wir, zwei, drei Wochen waren vergangen, mit ihm in die Ferien. Zum erstenmal. In der Vorschule war für ihn sowieso nichts mehr zu holen.

Es war ein Experiment für uns, auf das wir hofften und vor dem wir Angst hatten. Urlaubspläne mit Dan waren bis dahin hauptsächlich daran gescheitert, daß wir kein gesondertes Zimmer für ihn bekamen. Wenn sich schon mal über Klaus' Arbeitsstelle eine Möglichkeit bot wegzufahren, so hätten wir zu dritt in einem Raum wohnen und schlafen müssen. Das konnten wir nicht durchstehen. Auch war die Verpflegung mit besonderen Schwierigkeiten verbunden: Wir wagten uns damals mit Dan noch nicht in eine Gaststätte. Er blieb nirgendwo ruhig sitzen, schon gar nicht, um endlos aufs Essen zu warten.

Doch diesmal war uns jener Wohnwagen angeboten worden, von dem ich bereits sprach, mit einem gesonderten winzigen Raum für Dan. Ein Elektrokocher reichte mir, die nötigen Mahlzeiten zu bereiten.

Dennoch hatte uns eine Kollegin von Klaus lange zureden müssen, und bevor wir uns entschlossen, hatte mein Mann Unterkunft und Gegend besichtigt. Er fand beides günstig. »Wenn es überhaupt je was werden sollte, dann dort!«

Wie könnte ich Dans Reaktion vergessen, als wir nach anderthalbstündiger Fahrt am Ziel anlangten, die Tür zum Campingwagen aufschlossen und unsere Koffer hineintrugen. Der Junge war unterwegs gespannt und verhalten fröhlich gewesen, wahrscheinlich hatte er angenommen, daß es zu Oma und Opa ging, obwohl wir ihm nichts dergleichen angekündigt, ihm statt dessen ein Bild mit Bäumen, Wasser, Boot und spielenden Kindern gemalt hatten. Nun sind wir also da, schauen uns die beiden kleinen Räume mit den Tischen und Sitzbänken an, die zu Betten umgebaut werden können. Dan folgt uns mißtrauisch. Wir begutachten die Waschkabine und die Kochnische, und plötzlich scheint er zu begreifen. »Das ist dein Zimmer, Dan. Sieh mal, hier wirst du schlafen.«

Ja, er versteht. Die Fahrt hierher, die fremde Umgebung, fast genauso hat er's doch erst kürzlich erlebt. Es geht nicht zu den Großeltern, die sein Vertrauen besitzen, und auch nicht zurück nach Hause, in die gewohnte Umgebung, er wird hierbleiben. Er stößt einen kurzen wütenden Schrei aus, dann hockt er sich hin und schlägt mit der Stirn auf den Fußboden. So heftig er kann, zwei-, dreimal hintereinander, die Tränen schießen ihm aus den Augen, die dünnen Wände des Wohnwagens dröhnen.

»Dani, mein Kleiner, was ist denn, mach doch das nicht!« Ich stürze zu ihm, reiße ihn an mich, küsse ihn, rede auf ihn ein. »Tu dir doch nicht so weh, du brauchst keine Angst zu haben, wir bleiben bei dir, wir machen Ferien, wir lassen dich nicht allein. Sieh nur mal, wie schön es hier ist, die großen Fenster, der See draußen; komm, wir laufen raus ans Wasser.«

Es fällt schwer, Dan zu beruhigen und seine Tränen zum Stillstand zu bringen. Am Abend kommen Wolken auf, und es wird früh dunkel, aber an Schlaf denkt unser Sohn nicht. Argwöhnisch wacht er darüber, daß die Tür zu seinem Zimmer offenbleibt und er uns im Auge behalten kann. Mehrmals kriecht er aus dem Bett und schaut nach uns. Gegen elf dämmert er ein, gegen vier meldet er sich schon wieder. Am Morgen sind wir völlig zerschlagen. Einen Trost freilich gibt es – Dan ist, als er austreten mußte, brav auf seinen Topf gegangen.

Etliche Tage und Nächte vergingen, ehe sich unser Junge an die neue Lage gewöhnte, sein Mißtrauen überwand und Gefallen an dem Aufenthalt zu finden begann. Für uns, die wir uns über mangelnde Bewegung auch sonst wahrlich nicht zu beklagen brauchten, wurde es ein Urlaub, bei dem wir unablässig auf Achse waren. Zu Fuß durch die Wälder, mit dem Boot über die Seen. Keine fünf Minuten hielt es Dan auf einer Decke oder im Liegestuhl aus. Ablenkung bot lediglich eine Schaukel auf dem Platz, doch unser Sohn blieb nur, wenn man sich auf die Bank daneben setzte. Und er verhielt sich während all dieser Beschäftigungen nur teilweise friedlich, bockte oft, wollte mitten auf dem See aussteigen, Wege gehen, die uns sonstwohin geführt hätten. Er wurde aggressiv, wenn es nicht nach seinem Willen lief, bekam Wutanfälle. Einmal zog er sich einen dicken Holzsplitter ein, weil er voller Zorn mit der Hand über die Bodenbretter im Boot schabte, einmal rieß er sich dabei an einem Nagel. Und dennoch glückte das Experiment letzten Endes – wir hielten vierzehn Tage durch. Wir bildeten uns sogar ein, uns trotz allem etwas erholt zu haben.

Zwei Wochen lang hatte Dan keinen Tropfen neben den Topf gemacht, nach der ersten Nacht zu Hause begann die Tortur von neuem. Ich roch es sofort, als ich morgens in sein Zimmer kam, ich sah auch die Pfütze vor dem Ofen. Mir war stinkmiserabel, ich hatte gehofft, wenigstens das wäre durch den Urlaub in Ordnung gebracht, nun ging alles von vorn los.

Mein Sohn schaute mich erwartungsvoll an. Wie würde ich mich verhalten? Daß ihm die Ferkelei nicht selbst zuwider wurde! Es kostete mich alle Kraft, ihn ganz normal zu begrüßen, so zu tun, als würde ich nichts bemerken. Klaus, als ich aus Dans Zimmer kam, brauchte mich nur anzublicken, um den Sachverhalt zu begreifen. Er schrie: »Das halt ich nicht durch, ich reib ihn mit der Nase rein wie einen Hund.« Er wollte losstürzen. Aber ich hielt ihn zurück. Mir war ein Gedanke gekommen.

Ich wusch Dan, wischte seine Pfütze auf, und wir frühstückten, als sei nichts geschehen. Es war Sonntag, wir waren an einem Sonnabend zurückgefahren. Klaus übte mit ihm, dann ging es an die Essenvorbereitung. Ich wartete bis zum Mittag. Nach dem Mittagessen brachten wir den Jungen erneut ins Zimmer, denn wenn er auch nicht schlief, so gab er doch Ruhe. Geradezu programmgemäß war danach die Stelle am Ofen erneut naß.

Noch einmal, und zwar ganz bewußt, überwinde ich mich. Mit betont freundlicher Miene beuge ich mich zu Dan hinunter, der auf seiner Matratze liegt und mich gespannt anschaut. Doch ich frage ihn verschwörerisch: »Willst du in die Wanne?«

Natürlich versteht er die Worte nicht, aber er begreift sofort, als ich den Schrank öffne und das Badetuch heraushole. Baden in der Wanne ist für ihn etwas Herrliches, das größte Vergnügen, das er sich denken kann. Sofort ist alles andere vergessen, seine Augen leuchten auf, er greift nach dem Tuch. Nein, er will nicht erst Kaffee trinken, er will planschen. Und gerade darauf habe ich meine Hoffnung gesetzt.

Würde mich in diesem Augenblick ein Regisseur beobachten, die Hauptrolle in einem seiner nächsten Filme wäre mir sicher. Meine Schauspielkunst ist perfekt, ich heuchle mit Überzeugungskraft.

Fast habe ich Dan das Badetuch überlassen, da ziehe ich es plötzlich zurück. Mein Blick verdüstert sich, mein Gesicht nimmt einen bestürzten Ausdruck an. Ich habe die neuerliche Schandtat unseres Sohnes entdeckt.

»Was ist denn das, Dan, du hast ja wieder auf den Fußboden gepinkelt!«

Oh, er ist nicht dumm, der Junge, er versteht genau, weshalb das Tuch in den Schrank zurückwandert. Aber so schnell gibt er nicht auf, nicht, wenn's um sein Vergnügen geht.

Er zieht alle Register; er weint erst wütend, dann kläglich, er stürzt zum Schrank, trommelt mit den Fäusten dagegen, rennt ins Bad und dreht am Wasserhahn, er packt mich am Kleid, er bettelt mit den Augen.

Das reißt einem die Seele aus dem Leib, wenn ein Kind, das keine Stimme dazu hat, mit den Augen bettelt.

Nicht schwach werden, Mutterherz, das schon wieder zum Verzeihen bereit ist, alles hängt jetzt davon ab, daß du durchhältst. Ich binde meine Gefühle an, schiebe zurück, was mich zum Nachgeben drängt, doch in Wirklichkeit bin ich gar nicht so überzeugt, daß mein Manöver den gewünschten Erfolg bringt. Nichts hat ja bisher geholfen ...

Wir standen es durch; anstatt zu baden, blieb Dan in seinem Zimmer, ziemlich lange sogar, später durfte er noch ein wenig auf den Balkon. In Hochspannung erwarteten wir den Abend und vor allem den nächsten Morgen. Was würden wir tun, wenn auch dieses Mittel nicht wirkte.

Wir durften aufatmen, das Wunder fand statt. Dan benutzte, wie es sich gehörte, den Topf. Diese Nacht und alle folgenden. Und was er künftig auch ersann, uns zu ärgern oder sich in Szene zu setzen, die Eckenpinkelei war ihm ein für allemal vergällt.

39

Heute war Birgit zu Besuch, eine junge Frau, mit der wir über die Aktion Sühnezeichen bekannt geworden sind. Sie hat Dan mehrmals im Ferienlager betreut, und er ist immer ganz aufgeregt, wenn sie auftaucht. Vor Freude mümmelt er auf dem Sofa, das heißt, er kniet sich drauf, krümmt den Rücken und bohrt mit dem Kopf Mulden in die Polsterung. Manchmal brummt er dazu leise in sich hinein.

»Sühnezeichen«, der Begriff klingt Menschen, die religiösem Denken fernstehen, fremd in den Ohren. Mir selbst ging es anfangs nicht anders. Das Wort »Sühne« ist kaum noch üblich, und selbst wer konfessionell gebunden ist, wird es außerhalb des Gebets nicht verwenden.

Die Aktion Sühnezeichen, von verschiedenen Glaubensrichtungen getragen, entstand als eine Bewegung zur Wiedergutmachung des Unrechts, das den Juden durch den Faschismus zugefügt worden war. Sie gewann in einer Reihe von Ländern Anhänger und stellte sich das Ziel, auch anderes Leid mindern zu helfen. Etwa das hirngeschädigter Kinder. Mit ihrer Unterstützung konnte Dan erstmals ein Ferienlager besuchen. Mit zwölf Jahren.

Der Aufenthalt ist billig, fünfunddreißig Mark für vierzehn Tage, die Organisation unkompliziert. Ein Pfarrhaus im Norden der Republik – die Kinder werden mit Autos hochgebracht und wieder abgeholt. Für die Organisatoren selbst ist es gewiß nicht so einfach: der Transport, die Verpflegung, die ärztliche Versorgung, die Betreuung überhaupt müssen gewährleistet sein. Wer einmal mit hirngeschädigten Kindern zu tun hatte, weiß, was das bedeutet. Obwohl gerade sie es andererseits mit großer Dankbarkeit entgelten.

Birgit gehört zu den jungen Leuten, die, wenn sie es möglich machen können, zwei Wochen ihres Sommerurlaubs daransetzen, Kindern wie Dan zu helfen. Sie ist Studentin für Sonderschulpädagogik.

Wir haben andere Betreuer kennengelernt, junge Arbeiter, angehende Ärzte, Krankenschwestern – alle waren sie mit Begeisterung bei der Sache. Bezahlt wurden sie für ihre Tätigkeit nicht, die Mittel von Aktion Sühnezeichen sind knapp bemessen. War es ein Opfer für sie? In einer Zeit, da Grundstücksbesitzer ihre Datschen zum Tagespreis von dreißig Mark und mehr an Urlauber vermieten, liegt der Gedanke nahe, aber ich glaube nicht, daß sie es so empfinden. Es kommt ein wenig auf die Einstellung zu den fürs Leben wichtigen Dingen an.

Ich wünschte, daß eine solche Aktion, mag sie den Namen tragen, der ihren Initiatoren richtig scheint, ebenso auf weltlicher Ebene existierte. Dazu ist eine Gesellschaft wie die unsere gedacht, daß wir einander über die Schwierigkeiten helfen, wenn es auch keinen persönlichen Vorteil bringt. Was hindert die FDJ, einem guten

Beispiel zu folgen und neben anderen Sommerlagern solche zur Betreuung geschädigter Kinder einzurichten. Es gibt genug angehende Mediziner und Pädagogen, für die das von Nutzen wäre, und einem jungen Kulturfunktionär oder Germanisten, ja selbst einem Elektriker- oder Autoschlosserlehrling würde das Kennenlernen dieser Problematik bestimmt nicht schaden. Mit den Jugendlichen müßte nur über diese Dinge gesprochen und ihre Hilfsbereitschaft geweckt werden. Vielleicht wären auch einige Ängste abzubauen. Materielle Voraussetzungen ließen sich gewiß schaffen. Wenig gehört dazu. Einige Gebäude brauchte man, finanzielle Mittel müßten abgezweigt werden. Notfalls könnte man Sammlungen durchführen.

Natürlich, auf freiwilliger Grundlage müßte eine solche Betreuung schon erfolgen. Verständnis für die Geschädigten und Einfühlungsvermögen wären notwendig, ebenso Wissen, aber das wird am besten durch die Praxis erworben. Niemand sollte für diese Aufgaben abgestellt oder verpflichtet werden, man müßte an das Solidaritätsempfinden appellieren und darauf aufmerksam machen, daß es um Erfahrungen fürs ganze Leben geht. Um Dinge, die nirgendwo sonst kennengelernt werden können. Einfache Dinge der Menschlichkeit.

Den Beteiligten macht es offensichtlich auch Freude, weil sich ein gutes Zusammengehörigkeitsgefühl entwikkelt. Bei der Aktion Sühnezeichen jedenfalls bieten sich stets mehr Betreuer an, als für den Sommer gebraucht werden.

Andererseits können bei weitem nicht alle Kinder berücksichtigt werden, deren Eltern den Antrag für Ferienlager stellen.

Christliche Caritas und atheistische Humanität sollten sich auf diesem Gebiet ergänzen, wie es bereits in anderen Bereichen der Fall ist. Noch vieles ist zu tun.

Birgit war da, und ich beginne zu moralisieren. Ich tu's um Dans, um meiner selbst und auch ein bißchen um der

Zukunft willen, an der wir uns versuchen. Diese Geschichte verleitet mich dazu, – es ist vielleicht nicht das Schlechteste an ihr.

40

Wir warteten lange auf den Bescheid der Gehörlosenhilfsschule, wir hofften immer noch, daß er positiv ausfallen würde – was sollte sonst aus unserem Kind und uns werden. Als er dann eintraf, fünf Zeilen, in denen uns sachlich mitgeteilt wurde, daß Dan leider nicht die erforderliche Befähigung besäße und deshalb fürderhin dem Gesundheitswesen unterstellt sei, hatten wir das Gefühl, auf einer Straße mit Häusern zu stehen, die uns sämtlich verschlossen blieben. Ein Zurück gab es nicht, und vor uns lag drohende Finsternis.

Das Urteil anzufechten war sinnlos, und wahrscheinlich stimmte die Einschätzung der Prüfungskommission auch. Selbst wenn man berücksichtigte, daß Dan besonders sensibel und auf Grund seiner Schwierigkeiten im Kindergarten über alle Maßen verspannt war – was ihm bestimmt nicht geholfen hatte, die gestellten Aufgaben zu lösen. Er begriff gewisse Dinge nicht, wir merkten es ja selber täglich. Also war er tatsächlich schwachsinnig, dümmer noch als die Kinder, die uns im Hof der Schule durch ihre eigenartigen Bewegungen und Gesichtszüge aufgefallen waren. Debil, imbezill, ein Idiot, ein taubstummer Idiot. Hilflos und zu nichts zu gebrauchen.

Dan Möckel, geboren und großgezogen, um in einer psychiatrischen Anstalt zu landen. Aber keiner wußte besser als ich, wie gewitzt er war, wenn's um Dinge ging, die ihn interessierten, wie laut und fröhlich er lachen konnte, so normal wie andere Kinder auch, welchen Charme er an den Tag legte, wenn er nicht verspannt, sondern gelöst war, mit welcher Ausdauer er sich bestimmten Aufgaben widmete.

Ich wußte es, Klaus wußte es, doch das half uns keinen Schritt weiter. Und die Frage, ob Dan diese oder jene normale Reaktion zeigte, stand gar nicht mehr zur Diskussion. Entscheidend war lediglich, wie es weitergehen sollte.

Ich führe ein letztes Gespräch im Kindergarten, die Leiterin spricht wie stets nüchtern und kompromißlos: Der Junge kann – leider – die erforderlichen Leistungen nicht bringen; er ist nicht schulbildungsfähig. Anfang Juli, das heißt, in wenigen Tagen muß er den Kindergarten verlassen.

»Aber wie soll's mit ihm weitergehen? Wir können ihn doch nicht für unbestimmte Zeit zu Hause behalten, den ganzen Tag.«

Eine Kinderärztin ist dabei, verantwortlich für den Stadtbezirk, in dem die Vorschule liegt. Sie sagt: »Ja, das ist schwierig, Frau Möckel. Im Augenblick können wir da aber nicht helfen.«

»Ich hab gehört, daß sich hier in der Nähe eine Tagesstätte für hirngeschädigte Kinder befindet. Vielleicht, wenn ich mich dorthin wende ...«

»Das hat keinen Zweck. Sie ist überfüllt. Außerdem wohnen Sie ja in einem anderen Bezirk. Der ist für Sie zuständig.«

»Aber in unserem Stadtbezirk gibt es keine Tagesstätte.«

»Das ist richtig. Die Eltern sollten sich dafür einsetzen, daß mehr solcher Einrichtungen geschaffen werden. Vielleicht versuchen Sie es mal bei der Kirche. Die kirchlichen Instanzen werden zu diesem Zweck vom Staat finanziell unterstützt.«

Die Antworten sind korrekt, aber unpersönlich, sie wirken auf mich wie Hammerschläge. Ich begreife, daß ich hier nicht auf Hilfe rechnen kann. Doch wo sonst? Ich wage noch einen letzten Versuch.

»Könnte Dan nicht wenigstens über die Sommerferien im Kindergarten bleiben? Bis zu Beginn des neuen Schuljahres, wie die andern. Wir hätten etwas Zeit, uns um eine Unterbringung zu kümmern.«

Ein knapper Blickaustausch zwischen den beiden, mir scheint, daß sie auf diese Frage gewartet, sich darauf eingerichtet haben. Die Ärztin erwidert: »Das geht nun wirklich nicht, Frau Möckel, so sehr wir es bedauern, die Vorschule hat andere Aufgaben. Sie werden schon eine Lösung finden.«

Die Leiterin nickt bekräftigend; es ist alles klar. Der Fall ist für sie erledigt, weitere Vorstöße wären sinnlos. Neben der Tatsache, daß zur Urlaubszeit im Kindergarten Personalmangel herrscht, spielt bei dieser Frau gewiß auch der Gedanke mit, daß ich ja zu Hause bin und mich ruhig ein bißchen abplagen kann.

Ich bin entlassen, aufgewühlt bis ins Innerste. Nein, ich kann diese Herzlosigkeit nicht verzeihen. Es wäre eine kleine Mühe für sie gewesen, uns diese letzte Atempause zu gönnen, eine bescheidene, von Verständnis zeugende Geste. Es wäre – was hilft's. Dan ist raus aus der Volksbildung, aus und vorbei. Nun befinden wir uns wirklich an einem Punkt, wo es nicht mehr tiefer hinabgeht.

Dan blieb noch ein letzter »Unterrichtstag« im Kindergarten, für die anderen bildete er einen fröhlichen Abschluß. Die Erzieherinnen freuten sich, das Jahr hinter sich gebracht zu haben, die Eltern wußten, daß ihre Mädchen und Jungen ab Herbst die Schule besuchen würden. Die Kinder quirlten durcheinander, jedes hatte eine kleine Schultüte mit Süßigkeiten bekommen. Dan, obwohl er nie zum ABC-Schützen aufrücken konnte, war nicht leer ausgegangen. Allen wurde Glück für die Zukunft gewünscht, auch uns. Wir bekamen die Hände geschüttelt, man sah uns dabei nicht an.

»Glück für die Zukunft, alles Gute.« Eine Erzieherin drückte mir die Hand ein wenig anders als den übrigen Eltern und sagte: »Ich kann mir denken, wie Ihnen zumute ist. Ich hoffe, daß sich auch für Dan noch eine Möglichkeit findet.«

Ich erwiderte nichts, Klaus zuckte die Achseln – immerhin, es war ein Wort, das auf unsere Gemütsverfassung einging. Das einzige zu unserer miesen Lage; vielleicht habe ich mir's deshalb gemerkt. Dann standen wir auf der Straße. Sonnengeflirr, glanzblauer Himmel, Streichelwind. Schöner hätte der Tag nicht sein können.

Dan hatte natürlich gemerkt, daß etwas Besonderes los war, wir hatten ihm auch klarzumachen versucht: Er brauche nun nicht mehr in den Kindergarten. Völlig hatte er es sicherlich nicht begriffen, aber dafür würde die Zeit sorgen. Er war jedenfalls vergnügt.

Wir fuhren aus der Stadt hinaus, zum Baden an den Fluß. Etwas abseits vom Trubel, im Schatten alter Kiefern, breiteten wir unsere Decken aus. Dan durfte im flachen Wasser planschen und sich dann den Bauch mit dem Zuckerzeug aus der Tüte vollschlagen; unterwegs hatten wir auch noch etwas zu trinken gekauft. Schiffe der Weißen Flotte, beladen mit lärmenden, winkenden Fahrgästen, fuhren vorüber, die Leute am Ufer winkten zurück. Eine Idylle: die Familie Möckel in Strandkleidung, faulenzend, das kleine eigene Auto im Hintergrund. Frieden, der allgemeine Wohlstand gesichert, wie schön ist die Welt.

Das Sonderbare ist, daß wir beide, Klaus und ich, so tun, als gäbe es nur diesen schönen Badenachmittag und kein Morgen. Dabei liegen Wochen und Monate vor uns, die völlig ungewiß sind und in denen jeder einzelne Tag zum Problem wird.

41

Kürzlich habe ich Rössi wiedergesehen, er trug den neuesten modischen Chic, weiche graue Kordhosen und ein helles Kordjackett, ein leger fallendes rötliches Hemd und einen halbbreiten Binder, einen eleganten braunen Aktenkoffer. Wir unterhielten uns als gute Freunde. Er ist seit ein paar Jahren wieder verheiratet, sie scheint um etliches jünger zu sein, Kinder haben sie nicht. Rössi hat sich gut gehalten, zwar werden die Haare grau, doch das Herz bleibt jung, wie er sagt. Er hat mir von einer Urlaubsreise nach Jugoslawien erzählt, die er im Sommer unternehmen wird, ich habe ihn gar nicht erst gefragt, wie er da rangekommen ist. Leute wie er bewältigen das eben. Ich sage das ein wenig neidisch, doch ohne Vorwurf. Er arbeitet nicht mehr als Lehrer, sondern hat den Sprung an die Universität geschafft. Obwohl wissenschaftliche Studien nie sein Fall waren. Er ist trotzdem kein Karrierist, vieles fliegt ihm zu, einiges organisiert er sich geschickt. Er besitzt die Fähigkeit, für sich zu sorgen, ohne daß es aufdringlich wirkt. Die Sympathie, die ich für ihn empfand, ist noch da, mehr aber auch nicht.

Damals, in der schwierigen Kindergartenzeit, hat es Rössi nicht sofort aufgegeben. Ein paar Tage nach der Schlaftablettengeschichte tauchte er an meiner Tür auf, ahnungslos natürlich, mit Konfekt und einem Margeritenstrauß. Er ging vorsichtig vor, er wollte dort anknüpfen, wo wir auf der Parkbank abgebrochen hatten. Aber ich ließ mich auf nichts mehr ein, ich hatte mich entschieden. Nicht daß ich plötzlich vor Gefühllosigkeit gestrotzt hätte, ich war im Gegenteil hin und her gerissen, ein Nervenbündel, unausgeglichen, unzufrieden mit mir und der Welt, wahrscheinlich unausstehlich. Nur in diesem einen Punkt war ich fest – ich wollte mich nicht von Dan und Klaus trennen. Ich wußte, wäre ich mit Rössi gegangen, hätte er vielleicht einen Ausweg gefunden. Für mich, gegen mein Kind. Das mich tyrannisierte. Klaus fand keinen Ausweg. Er zog den gegen Dan nicht in Betracht.

Ich sagte es Rössi so ähnlich, und er mußte akzeptieren. Er stellte in Frage, ob dieses Opfer, wie er es nannte, für Dan wirklich so notwendig sei. Da war ich mir selbst nicht sicher. Doch ich wollte nicht immer dieselben Dinge diskutieren. Ich nahm die Lage, wie sie war.

Fatalistisch, wenn man so will. Es war meine Art der Verteidigung.

Rössi begegnete mir noch ein paarmal »rein zufällig« in der Bibliothek, dann begriff er, daß es keinen Zweck hatte. Es ging bei ihm tief, wie er behauptete, und das schmeichelte meiner Eitelkeit. Zu tief aber wohl nicht. Männer wie ihn wirft ein Stückchen unerfüllter Liebe nicht um.

Nun wird er also seinen Urlaub in Jugoslawien verbringen, Klaus und ich werden in den knapp vierzehn Tagen, die Dan mit der Aktion Sühnezeichen unterwegs ist, ein-, zweimal bei Freunden kampieren, sonst jedoch zu Hause, denn wir haben für August nirgendwo mehr eine Unterkunft gekriegt. Im Augenblick freilich sitze ich noch und nähe den Namen des Jungen in seine Wäsche ein. Damit man sie nicht mit der anderer Kinder verwechselt.

Dan hat im Sessel vor dem Fernseher Platz genommen und guckt. Seit kurzem ist sein Interesse daran erwacht. Abends, wenn wir ihn von der Tagesstätte nach Hause geholt haben, geht er zunächst in sein Zimmer, taucht aber bald wieder bei uns auf. Rückt sich den Sessel zurecht, greift zur Brille wie ein Alter, bedeutet uns, einen imaginären Knopf drückend, daß wir den Apparat einschalten sollen. Da für ihn alles als Stummfilm läuft, bevorzugt er »action«. Szenen mit viel Bewegung: Autos, die auf ihn zurasen, Verfolgungen zu Fuß und zu Pferde, Box- und Ringkämpfe, humorige Gags. Auch Trickfilme, in denen viel passiert. Dann ist er gefesselt, quietscht ab und zu amüsiert auf. Er versucht den Sinn der Vorgänge zu ergründen, manchmal blickt er mich erschrocken fragend an, wenn Dinge geschehen, die er sich nicht zu erklären vermag. Gibt's Reden, Gesänge, Dialoge mit wenig Handlung, hockt er gelangweilt da und fordert, daß wir ihm etwas Besseres beschaffen. Er wartet aber, wenn das nicht gelingt, geduldig auf *seine* Sendung. Wie jetzt, wo ich ihn von der Seite her beobachte und mir vorstelle, was bei der Rössi-Variante aus ihm geworden wäre. Zur Zeit wird Dan von jedermann gelobt, weil er sich so herausgemacht hat. Was er kann, reicht nicht aus, ihm zur Selbständigkeit zu verhelfen, er braucht seine Bezugsperson, wird sie immer brauchen. Aber wenn man ihn in bestimmten Dingen führt, behauptet er sich. Er ist nur noch selten verspannt, fast immer heiter. Wäre er heute so, wenn wir ihn damals in ein Heim gegeben hätten?

Ich erinnere mich an einen Versuch aus der Zeit, als Dan etwa neun Jahre alt war und wir ihn täglich nach Steinberg brachten. Wir hatten erfahren, daß sich ein Fachkrankenhaus in der Republik besonders mit gehörlosen Kindern befaßte, und fuhren dorthin. Selbstverständlich nach Anmeldung; wir wollten uns das ansehen, die Ärzte um Rat fragen.

Wir unterhielten uns mit der Leiterin, die erstaunt war, daß wir, bevor wir einen Antrag auf Unterbringung stellten, erst einen Einblick gewinnen wollten – die Plätze dort waren gefragt –, und wir hätten ohnehin ein Jahr bis zur Überprüfung unseres Jungen warten müssen. Wir schauten uns auch die geschädigten Kinder an. Sie waren fröhlich, in ihren Grenzen aufgeweckt, man merkte, daß sich die Schwestern um sie bemühten. Und doch fuhren wir mit der Gewißheit wieder ab, daß wir Dan nicht hingeben würden. Er lernte damals gerade die ersten Schriftbilder, ordnete sie den entsprechenden Abbildungen und Gegenständen zu, und er eignete sich die Zahlen von eins bis zehn an. Er begann sich stärker für seine Umgebung zu interessieren, nahm uns mehr zur Kenntnis als bisher. Der Stand, den er hatte, war in etwa das Ziel, das man sich in dieser Klinik für die Vierzehnjährigen stellte. Und mit vierzehn Jahren sagte man uns, müßten die Kinder wieder zu den Eltern zurück.

Wie würde Dan heute aussehen, wenn wir den Antrag gestellt und die Angelegenheit ein wenig zu unseren Gunsten geregelt hätten. Für Klaus und mich war es schon eine schwierige Entscheidung, denn uns war klar, daß es sich auf Jahre hinaus um die einzige Chance handelte, von der Kette loszukommen. Bis er vierzehn war, konnte viel geschehen, und vielleicht hätte sich dort trotz allem eine Möglichkeit für ihn gefunden, länger zu bleiben.

Wir sprachen auf der Rückfahrt von dieser einmaligen Gelegenheit und auch zu Hause, solange wir den Brief mit der endgültigen Absage noch nicht losgeschickt hatten. Wir gingen viele Varianten durch, zum Beispiel die, in jenen Bezirk zu ziehen, um Dan so oft wie möglich zu uns holen zu können.

Aber im Grunde war bereits alles klar gewesen, als wir dort losgefahren waren – ich wußte es so gut wie Klaus. Dan sollte eine glückliche Kindheit bei uns in der Familie haben, etwas anderes konnten wir ihm nicht mehr bieten.

Er war geistig geschädigt, schwachsinnig, imbezill, alles, was man wollte, aber er war unser Kind.

42

Nach Dans Abschied vom Gehörlosenkindergarten waren wir auf der Talsohle angelangt, eine lange, triste Wegstrecke lag vor uns.

Zwei Aufgaben mußten zuallererst bewältigt werden: der Alltag mit dem Jungen und der Kampf um eine Tagesunterbringung. Noch existierten die staatlich gelenkten Tagesstätten für geschädigte Kinder, die inzwischen in allen Stadtbezirken vorhanden sind, nur als Ausnahme, waren die entsprechenden konfessionellen Einrichtungen überfüllt. Wir versuchten es trotzdem überall, führten Gespräche, schrieben Anträge und Bittgesuche. Die Bittschriften, die wir in den vierzehn Jahren seit Dans Geburt aufgesetzt haben, sind nicht mehr zu zählen. Abschlägige Antworten, bestenfalls Vertröstungen. Fast hätte es in einer kirchlichen Förderungsstätte geklappt – wir hatten den Jungen vorgestellt, und er hinterließ einen günstigen

Eindruck –, doch dann zerschlug sich auch diese Hoffnung. Seine Gehörlosigkeit gab den Ausschlag; die Leitung dort wollte zunächst eine Blindengruppe aufbauen, solche Fälle waren häufiger.

Wir setzten uns mit der Sozialabteilung des Stadtbezirks in Verbindung – unsere Angelegenheit kam nicht voran. Und wie stets dauerte es seine Zeit, bis von irgendwoher eine Antwort eintraf, die oft neue Briefe oder Gespräche erforderte. Die Wochen und Monate verstrichen.

Die einzelnen Tage freilich wollten oft nicht vergehen. Was stellt man mit einem Kind an, das vom Alter und der Konstitution her die Schule besuchen müßte, aber nicht die Fähigkeit dazu besitzt, das quicklebendig ist, doch weder in der Wohnung spielt noch zum Spielen runtergeschickt werden kann. Dan war nach Verlassen des Kindergartens von einem Druck befreit. Wenn wir zufällig in die Nähe des Gebäudes kamen, das er genau kannte, strebte er mit allen Kräften fort. Gleichzeitig jedoch war er weniger ausgefüllt; ihm fehlten die Kinder. Ein paarmal versuchten wir ihn mit gleichaltrigen oder jüngeren Kindern aus der Nachbarschaft zusammenzubringen – das funktionierte nicht. »Mutti, er spielt nicht mit; Tante Aljonna, der macht mir alles kaputt.« Wir gewannen eine ältere Frau im Haus, ihn hin und wieder einen Nachmittag zu übernehmen. Für ein paar Mark. Sie ging mit ihm spazieren, bewirtete ihn mit Kuchen, behielt ihn zum Abendbrot. Sie war lieb zu ihm, stellte sich auf ihn ein, bei ihr machte er kaum Schwierigkeiten. Aber zu oft konnte man ihn nicht hinschicken, er akzeptierte es mehr als eine Ausnahme von der Regel.

Wir bemühten uns, die Tage so abwechslungsreich wie möglich zu gestalten. Ich fuhr einmal in der Woche mit Dan zu Frau Dr. Flex, die ihn ungeachtet seiner nunmehr bescheinigten Lernunfähigkeit weiterhin betreute; ich besuchte Verwandte und Bekannte, wann immer es ging, ganz gleich, ob es sie freute oder nicht. Klaus, nervös und immer unzufriedener mit dem Lauf der Geschehnisse, blieb von der Arbeit zu Hause, so oft es ihm möglich war. Er schleppte Schreibkram mit, den er abends erledigte. An den so frei gewordenen Tagen und an den Wochenenden zog er mit unserem Sohn stundenlang durch die Gegend.

Ich sehe die beiden in der Straßenbahn. Sie kutschen durch die Stadt, eine vorher geplante Strecke, bei der man mehrfach umsteigen muß. Laufen, auch ein Stück Busfahrt ist dabei. Heiße Tage, kühle Tage, Regen, Sonnenschein, Wind. Klaus hat einen Beutel mit, in dem ein Buch steckt, er nutzt jeden stillen Augenblick, um ein paar Seiten zu lesen. Aber Dan ist nicht immer bereit, das zuzulassen. Er hat sich eine unangenehme Angewohnheit zugelegt, er belästigt die anderen Passagiere. Deshalb muß man Plätze suchen, wo keiner vor oder neben ihm sitzt. Ein Ding der Unmöglichkeit bei stets wechselnden Fahrgästen.

Klaus hat diesmal günstige Plätze gefunden, er liest, und Dan beobachtet durchs Fenster ein Mädchen mit einem Hund. Aber der Hund entschwindet dem Blick, die Landschaft wird uninteressant. Also wendet sich der Junge den Vorgängen im Wagen zu, die leider gleichfalls wenig Abwechslung bieten. Auf dem Vordersitz niemand, da bleibt bloß der Vater. Dan greift nach dem Buch, will es an sich reißen. Das kann Klaus nicht zulassen, doch er ist bereit, der Situation Tribut zu zollen. Er steckt das Buch weg, holt Papier und Bleistift hervor. Nichts da, unwirsch schiebt Dan die lästige Hand weg. Statt dessen hebt er den Fuß, preßt die schmutzige Schuhsohle so weit oben wie möglich gegen die Rücklehne des Vordersitzes. Ein kräftiger Abdruck – ein graubärtiger Mann hinter ihnen räuspert sich vorwurfsvoll.

»Wisch das weg, Dan.« Der Junge bekommt ein Papiertaschentuch in die Hand. Er denkt allerdings nicht daran, es zu benutzen. Ein langwieriger Kampf zwischen Vater und Sohn deutet sich an und bricht nur deshalb nicht ernstlich aus, weil an der Haltestelle das Publikum wechselt. Viele Leute steigen zu, plötzlich sind alle Plätze besetzt. Vor Dan reckt sich eine Dame mit Hut, unter dem bläuliche Locken hervorquellen. Faszinierend! Mit einem scheelen Blick auf Klaus greift der Junge nach dieser Pracht. Abrupt steht der Vater auf; nichts wie weg hier. Dan folgt sehr widerwillig, er merkt, daß der Ort seinetwegen gewechselt wird. Sein Sohlenabdruck, nur halb verwischt, bleibt auf der Hinterseite der Lehne zurück.

Und so weiter. Zwei bis drei Stunden dauernde Ausflüge, die zum ständigen, nervenaufreibenden Kampf werden, selbst wenn es nicht zum letzten Zusammenstoß kommt. Nicht gerechnet die Widrigkeiten im Gedränge, an Haltestellen, auf besonders lebhaften Straßen, auf Treppen, die zu Bahnsteigen und Brücken führen. Wo Menschen hasten, sich stoßen und schieben, fühlt sich unser Junge angeregt, auf seine Art mitzumachen.

»Was fällt denn Ihrem Bengel ein, kann er nicht aufpassen?«

»Er hört nicht, sagen Sie, das ist kein Grund, mich zu schubsen, sehen kann er doch wohl!«

Und dann gibt es die »stillen« Attacken von Dan, auf die man nicht gefaßt ist. Zum Beispiel diese: Klaus holt unseren Sohn von den Großeltern ab, wo er einige Tage verbracht hat. Auch das ist ein Mittel, die Wochen zu überbrücken; vor allem Opa unternimmt lange Wanderungen mit ihm. Die Rückfahrt verläuft ohne größere Aufregungen, und als man den Heimatort erreicht hat, lächelt der Junge seinen Vater sogar freundlich an. Besonders auf der langen Treppe hinab zur Bahnhofshalle. Er strahlt wie bei keiner Ankunft vorher, seine Augen leuchten von Stufe zu Stufe stärker. Klaus schleppt links einen Koffer und hält rechts seinen Sohn an der Hand, der als einziges Gepäckstück einen kleinen Sportbeutel auf dem Rücken trägt. Der Strom der Reisenden umspült sie, jeder schubst den anderen, selbst wer nicht drängeln möchte, wird dazu gezwungen.

Bei Dan ist's vielleicht weniger die Freude, wieder zu Hause zu sein, als der Spaß an der Drängelei, denkt Klaus. Er kennt seinen Sohn, weiß, worüber er sich amüsiert. Bis er, fast unten angelangt, einen Blick nach rechts wirft und erschrocken den wirklichen Grund der Heiterkeit entdeckt. Dan hat seine freie Hand tief in der Einkaufstasche einer korpulenten Dame neben sich versenkt und bewahrt sie dort offenbar schon eine ganze Weile auf. Nicht daß er etwas herausholen will, auf den Gedanken kommt er gar nicht. Er will sehen, was der Vater dazu meint.

»Um Himmels willen.« Klaus stößt seinen Entsetzensruf nicht laut aus, er bewegt nur die Lippen. Doch das Kind, das die ganze Zeit auf diese Reaktion gewartet hat, sieht es sofort. Ein Zaudern in seinen Augen: Soll ich die Hand weiter in der Tasche lassen oder nicht. Klaus wagt nicht nach hinten zu blicken, aber da sich ringsum niemand rührt, ist es wohl noch nicht bemerkt worden. »Dan!« Die Augen des Vaters schimpfen nicht, sie flehen. Wenn der Junge sich jetzt versteift, kann es eine schlimme Szene geben. Doch das Schicksal meint es noch einmal gut, die Frau wird vom Sog schneller vorwärts getragen, und sanft zieht Dan seine Hand aus der Tasche. Natürlich leer, aber wer hätte den beiden das im Fall eines »Ertappens auf frischer Tat« geglaubt. Zum Glück hat keiner den Vorgang beobachtet. Nur dem geschockten Vater steht der Schweiß auf der Stirn.

43

Gab es in jenen Monaten Entspannung für uns, Ereignisse, die uns aufrichteten? Meine Arbeit lag brach, ich hatte kaum eine freie Minute; wenn Klaus mit Dan weg war, verlangte der Haushalt nach mir. Höchstens, daß ich mir gewaltsam mal eine Stunde zum Übersetzen nahm.

Natürlich, unser Sohn bestand nicht nur aus Verspanntheit, Opposition, Unarten. Ich habe seine Freude vor Augen, wenn Besuch kam oder wenn eine Reise angekündigt wurde. Dreimal am Tag lief er ins Schlafzimmer, um nachzuschauen, wie weit der Koffer gepackt war, immer wieder ließ er sich die Fotos von Oma und Opa zeigen. Einmal hatten wir ihn bei den Großeltern zurückgelassen, um ein paar Tage nach Thüringen zu fahren. Unser Wegbleiben war ihm zu lang; die Oma berichtete später, daß er eines Abends plötzlich zum Radio ging, wo mein Foto stand, es in die Hand nahm und lange studierte. Still legte er es dann wieder zurück. So gleichgültig, wie es oft schien, war ihm die Mama also doch nicht.

Solche Erlebnisse gaben uns mehr Kraft als die wenigen Tage ohne den Jungen, die wir auf Kosten der Großeltern ergatterten. Obwohl auch sie unersetzlich waren. – Die Rudelsburg, die Saalebrücken in Jena, wir versuchten jede Stunde doppelt bewußt zu leben.

Dankbar waren wir ebenfalls für Dans Eigenschaft, uns abends fröhlich zu verabschieden, wenn wir uns wirklich mal zum Weggehen aufrafften. Nicht wie Kinder, die ihren Eltern zur Schlafenszeit keinen Schritt aus dem Haus erlaubten. Dan – wir hatten uns von Anfang an sehr darum bemüht – nahm unsere Ausgänge als eine Art Auszeichnung. Eine gewisse Feierlichkeit gehörte dazu. Anzug und Schlips für Klaus, ein hübsches Kleid für mich. Dazu Schmuck, schön gekämmtes Haar mit einer Duftnote, Make-up, Absatzschuhe. »Wir gehn jetzt weg, Dan, du darfst ganz allein bleiben. Hier ist dein Töpfchen, wir schließen das Zimmer ab, schlaf schön.« Dann die entsprechende Geste: Wange auf die Hand gelegt. Außerdem ein Küßchen, ein Händedruck, ein letztes Winken von der Tür seines Zimmers aus. Dan winkt zurück, allerdings mehr im Sinne einer Aufforderung: Nun macht euch schon davon. Er lacht. Kein einziges Mal, daß er bei solcher Gelegenheit verstimmt wäre.

Wir gehen selten aus und kommen meist nicht weit. Ins

nächstgelegene Kino, ins Café an der Ecke. Ein Glas Wein, eine Zigarette, ein tiefes Atemholen, Hauptsache Tapetenwechsel. Kraft für den nächsten Tag, die kommende Woche.

Als die Monate verflossen, ohne daß sich etwas tat, als alles festgefahren schien, schrieben wir eine Eingabe an den Rat der Stadt. Wir hatten uns erkundigt, einen Namen ausfindig gemacht. Den jener Frau, die für die Dinge im Gesundheitswesen zuständig war. Unbürokratisch wurden wir diesmal an das psychiatrische Fachkrankenhaus in Steinberg vermittelt.

Haus B., Tagesunterbringung für geistig geschädigte Kinder. Ich rufe zunächst an, laß mir einen Termin geben, an dem ich Dan vorstellen kann. Auch hier die gewohnten Fragen zur Krankengeschichte und eine Aufnahmeuntersuchung. Um ins Arztzimmer zu gelangen, durchschreiten wir einen langen Korridor, von dem rechts und links Räume mit vergitterten Fenstern abgehen. Die Tür- und Fenstergriffe sind abmontiert, ein Geruch nach Medizin und altem Gemäuer hängt in der Luft. Die Kinder, die uns begegnen, sind heiter, ihre abnormen Bewegungen und Gesichtszüge erschrecken mich kaum noch. Aus einem Zimmer ertönt Poltern und Geschrei, die energische Stimme einer Schwester ist zu hören.

Ich hatte gehofft, Dan bald unterbringen zu können, aber im Augenblick ist kein Platz frei. Ein paar Wochen werden wir noch warten müssen. Das trifft uns, doch für Dan ist's schlimmer. Als wir gehen, gibt es einen kleinen Tanz mit ihm. Er hat die Kinder gesehen und will nicht nach Hause. Solange wir drin sind, hält er sich wacker, doch als die Tür der Station hinter uns ins Schloß fällt, begehrt er auf. Es ist sonderbar, man kann ihm nichts erklären, und er begreift's trotzdem; man weiß, daß er keinen Kontakt zu den andern Kinder herstellt, aber es zieht ihn magisch zu ihnen.

Er will zurück – zum Glück ist die Tür verschlossen. Er

weigert sich, die Treppe hinunterzusteigen, weint und boxt, unten kriege ich ihn kaum durch den Ausgang. Ich habe den Wagen dabei, er macht auch da Sperenzchen, aber schließlich ist er verstaut. Laß dich beim Fahren nicht ablenken, denke ich, der Berufsverkehr setzt ein. Doch ich muß mich zusammenreißen, um diesen Vorsatz zu beherzigen. Endlich, als wir fast zu Hause sind, gelingt es mir, Dan zu beruhigen.

Die Jahre in Steinberg – eine Etappe voller Mühen, dunkel anfangs, später mit Lichtblicken. Ohne Zweifel eine Verbesserung gegenüber den Monaten vorher: Ich hatte wieder Zeit zum Arbeiten, Klaus brauchte nicht jede freie Minute für Dan zu opfern. Aber der Weg war weit, er führte durch die halbe Stadt, wenigstens zweimal zwei Stunden täglich, und das schlimmste: Dan legte es darauf an, die Fahrt zur Qual werden zu lassen.

Was er tat? Er leistete Widerstand. Gegen die Gesetze des Lebens, das normale Menschen organisiert haben. Eine Straßenbahn an entlegenem Ort fährt alle zwanzig Minuten, verpaßt man sie, muß man warten. Dan, der bereits eine Viertelstunde mit mir gewartet hat, weigert sich einzusteigen, und sie fährt ohne uns ab. Sind wir drin, setzt er sich nicht auf den freien Platz, der sich bietet, sondern beharrt darauf, an der Tür zu stehen. Um sie nach Möglichkeit offenzuhalten oder den Fuß in den Spalt unten neben der Stufe zu stecken. Er hat sich auch eine neue Unart angewöhnt, er zieht laut die Nase hoch. Immer wenn die Bahn hält oder es besonders still im Wagen ist. Da ist er einmalig gewitzt, er kann es nicht hören, doch er merkt, daß es in diesen Augenblicken am meisten wirkt.

Oder beim Taxi. Es ist dafür gedacht, saubere Menschen zu transportieren, notfalls auch Betrunkene, denn die gehören zum normalen Leben. Dan schert sich nicht darum – braust an entlegenem Ort ein leeres Taxi daher und bin ich glücklich, es heranwinken zu können, setzt er sich ganz schnell noch in den Schmutz.

»Tja, junge Frau, so kann ich Sie aber nicht mitnehmen!«

»Bitte ..., einen Augenblick ..., er ist hingefallen, ich putz ihn gleich ab.«

Doch während ich mich noch bemühe, Dan hinten notdürftig zu säubern, hat er vorne einen alten Zigarrenstummel entdeckt und beginnt daran zu lutschen. Der Taxifahrer verzieht angewidert das Gesicht und legt den ersten Gang ein. Fünf Meter weiter hält gleichfalls jemand nach einem Wagen Ausschau. Macht einen besseren Eindruck.

Im Haus B stellte sich Dan schnell auf die hier herrschende Ordnung ein, er gehörte keineswegs zu den Auffälligen. Außer in der ersten Zeit – Jahre später verriet uns eine Ärztin, nach den Beurteilungen und nach dem Anfangseindruck einen künftigen Pflegefall in ihm gesehen zu haben. Aber er wurde bald ruhiger, war in der Arbeitstherapie einer der Besten. Wenn wir von den Schwierigkeiten sprachen, die er unterwegs machte, schüttelten die Schwestern ungläubig den Kopf.

Am Anfang besaßen wir noch das Auto, wir fuhren beide, irgendwie hatten wir's geschafft, die Fahrprüfung abzulegen. Aber es brachte nicht die Erleichterung, die wir uns davon versprochen hatten. Zu viele Reparaturen; wurde es gebraucht, stand es in der Werkstatt. Dazu kam Dans unvernünftiges Verhalten im Verkehr. Gewiß, wenn der Wagen lief und wir zu dritt loszuckelten, war's nicht schlecht.

Klaus am Lenkrad, ich hinten neben Dan, damit er nichts anstellen kann. Wir fahren durch den Herbst mit seinen zum Teil noch grünen, zum Teil gelben oder roten Sträuchern und Bäumen, die Straße liegt zwischen kurzgeschorenen Wiesen, auf denen vereinzelt Kühe oder Schafe weiden, der Wind pfeift, die Sonne drängt sich immer wieder zwischen den Wolkenfeldern hindurch. Wir halten, holen Decken und Picknickkorb aus dem Kofferraum, lassen uns im Schutz einer Hecke nieder.

Zwar ist Dan unruhig, der Wind sitzt ihm im Kopf, doch sobald es Kekse, Tee, einen Apfel gibt, besinnt er sich, vespert mit. Danach Ballspiel im Gras oder ein Ausflug bis zum nächsten Waldstreifen. Manchmal stoßen wir auf einen Hasen oder sogar auf ein Reh. Ist das Tier nahe, flüchtet Dan erschrocken zu uns. Der große Vorteil des Autos: Wird er unleidlich oder legt er sich mit uns an, packt man ihn hinein, und es geht weiter. Bestimmte Sonderregeln sind uns beim Fahren allerdings auferlegt. Auch hier protestiert er heftig, wenn man dieselbe Strekke zurückfährt, Sackgassen meiden wir deshalb mehr als die schlimmsten Schotterwege. Und wehe, wir kommen unterwegs – vielleicht wegen plötzlich einsetzenden Regens – nicht zum Aussteigen. Eine Fahrt an sich, also ohne Aufenthalt, nimmt unser Junge nicht für voll. Er sitzt dann murrend im Wagen, weigert sich am Ende auszusteigen und mit nach oben zu kommen.

44

Die ersten Fahrten nach Steinberg bestritten wir noch mit dem Trabant, aber es war stets eine große Nervenanspannung, und schließlich kam es zu Klaus' Unfall.

Eines Morgens gegen halb acht, die beiden Männer sind wie üblich aus dem Haus. Klaus wird Dan abliefern und danach zur Arbeit fahren. Trübes, leicht nieseliges Wetter, auch kühl ist es über Nacht geworden. Ich stehe im Morgenrock in der Küche und wasche das Frühstücksgeschirr ab. Plötzlich ein heftiges Klopfen an der Tür, der Nachbar, ein Rentner, dem ich ab und zu was einkaufe. Doch heute braucht er meine Hilfe nicht. Er will mich ans Telefon holen. »Ihr Mann, Frau Möckel, ich glaube, es ist was mit dem Auto.«

Ich bin nicht erfreut, denke an eine Panne und weiß, was für Laufereien damit verbunden sind. Außerdem muß ich dann wahrscheinlich Dan nach Steinberg bringen; weit werden die beiden kaum gekommen sein. Als ich den Hörer abnehme, erkenne ich im ersten Augenblick gar nicht Klaus' Stimme. Sie klingt nicht aufgeregt, ist eher einen Ton zu still. Leise, irgendwie brüchig. »Du mußt gleich kommen, Dan übernehmen. In die Herzroder Allee, Ecke Lindtstraße. Ein Unfall, ich hab hier noch mit der Polizei zu tun.«

»Hattet *ihr* den Unfall? Ist euch was passiert?«

»Nein, nichts. Brauchst dich nicht zu sorgen. Ich bin bei jemandem aufgefahren.«

»Hast du die Schuld?«

Er zögert. Dann: »Ja ... Wird wohl so sein.«

Zurück in die Wohnung, den Morgenrock hingeschmissen, einen Pulli, die erstbeste Hose, Schuhe, eine Jacke angezogen und ab. Als ich hinkomme, haben sich die meisten Gaffer schon verlaufen. Ein Polizeibarkas steht am Straßenrand und auf dem Trottoir unser Trabant. Vorn eingedrückt, verbeult, mit kaputten Scheinwerfern. Leicht ineinandergeschoben. Klaus und Dan sitzen auf einem Steinpodest, ziemlich bedrückt, sie warten auf mich. Die notwendigen ersten Formalitäten mit den Verkehrshütern sind bereits erledigt, der mitbetroffene Wagen konnte zum Glück weiterfahren.

»Was war denn los? Ist jemand verletzt?«

»Niemand. Ich hab mir bloß das Knie geprellt.«

Ich ziehe Dan von seinem Sitz hoch, schaue ihn mir von allen Seiten an, er scheint völlig in Ordnung. Klaus humpelt ein wenig, am besten, er läßt das Knie röntgen. Was mich aber mehr beunruhigt, ist der apathisch-resignierende Ton, in dem er spricht. Der Schock, das Nachlassen der nervlichen Anspannung? Für den Augenblick habe ich keine Zeit, das zu ergründen. Wort um Wort hole ich aus ihm heraus, was geschehen ist.

Eigentlich haben wir noch Glück gehabt: Ein Vorfall, der schlimmer hätte ausgehen können. Klaus war wie üblich gestartet, hatte sich in den Berufsverkehr eingereiht. Fahrzeugkolonnen, Stau an den Ampeln und Fußgängerwegen, dann allgemeines Beschleunigen. Den Fuß aufs Gas, aufs Bremspedal, erster Gang, zweiter, dritter und wieder ein Stopp, der Schalthebel gleitet in den Leerlauf zurück.

Ausgelöst wird der Zusammenstoß durch das Gedränge in einer Fahrbahnverengung. Ein Rohrbruch oder etwas Ähnliches, Arbeiter sperren eine Fahrspur, die PKW-Kolonne hält und ruckt dann jäh an. Ein Posten, auf Flüssigkeit des Verkehrs bedacht, winkt Fahrer, die nicht schnell genug schalten, ungeduldig durch, und mit einemmal klafft ein Loch vor Klaus. Also Gas, und im Augenblick der Beschleunigung passiert's. Erstens gibt es vorne aus unerklärlichem Grund wieder einen Stau, ein plötzliches Abstoppen, zweitens verfällt Dan auf die Idee, den Vater am Ohr zu ziehen.

»Laß das! Nicht! Setz dich hin!«

Sekundensache, Klaus wendet den Kopf nur halb, nimmt die Hand vom Lenkrad, um den Jungen zurückzudrängen, da ist es schon geschehen. Die Lücke zum Wagen vor ihm, der erneut steht, ist fast geschlossen, er aber sieht es zu spät. Zwar versucht er noch eine Notbremsung, doch der Abstand ist zu knapp. Quietschende Reifen, ein Rumpeln und Knallen, dann Ruhe. Nein, der Aufprall war nicht so stark, daß Klaus mit dem Kopf gegen die Scheibe geflogen wäre, sich den Brustkorb gequetscht hätte, nur das Bein hat er sich an der Lenksäule gestoßen. Für Dan und den Fahrer vorne blieb es sogar bei einer kurzen Schütteleinlage. Blech beziehungsweise Kunststoffschaden. Was den Trabant betrifft, freilich erheblich.

Ich greife mir Dan, dem man ein Schuldbewußtsein durchaus anmerkt, ich bemühe mich, Klaus aufzumuntern. Schließlich ist kein Schaden an Leben und Gesundheit entstanden. »Mach kein solches Gesicht. Das überstehen wir auch noch.«

»Ich hab alles so satt.«

»Wir kriegen's schon wieder hin.«

»Ja, ja. Bring du den Jungen, ich kümmere mich ums Auto.«

»Aber geh zum Röntgen, hörst du.«

»Erst mal zur Arbeit, vielleicht schleppt mir Rennert den Wagen in die Werkstatt.«

Ich zog los, später telefonierte ich mit Klaus. Aus seinen Worten sprach eine Gleichgültigkeit, die ich so noch nicht kannte. Die Karre sei hinüber, am besten, man lasse sie gleich zum Schrottplatz bringen, er wolle auch kein neues Auto, es habe ja doch alles keinen Zweck.

»Warst du beim Arzt?«

»Nein ..., noch nicht ..., tut ja kaum weh.«

»Manchmal kommt was nach. Dann ist es zu spät.«

Ein Lachen, das spöttisch klingen sollte. »Zu spät, was heißt das schon. Bei uns war's von Anfang an zu spät.«

»Red doch nicht so, Klaus. Wir dürfen uns jetzt nicht gehenlassen. Das macht alles bloß schlimmer.«

Am Abend sitzt er im Sessel, die Flasche Weizenkorn auf dem Tisch. »Wenn wir dieses Dreckstück von Karre nicht mehr haben, kann ich wenigstens saufen.« Ich versuche mitzutrinken, ich möchte ihm helfen, aber ich kriege Schnaps nur schwer runter. Außerdem ist er nicht ansprechbar. Er brütet vor sich hin.

Zu allem Überfluß klingelt's draußen; der Freund jener jungen Frau, die den beschädigten Wartburg steuerte. Ein unangenehmer Typ, er hat erst jetzt von der Angelegenheit erfahren und sich gleich auf die Socken gemacht, um Klaus die Meinung zu geigen. Er bezeichnet ihn als »Verkehrsrowdy«, verlangt, daß wir ihm eine Werkstatt besorgen. Und Ersatzteile. Als ich schüchtern einwende, daß seinem Wagen doch nicht viel passiert sei, wird er wütend.

Wir holen ihn in die Wohnung, drängen ihm einen Schnaps auf, wir versuchen ihm unsere Lage klarzumachen. So und so war der Hergang, eine Werkstatt können wir ihm nicht vermitteln, aber natürlich werden wir seine Schadensmeldung schnell an die Versicherung weiterleiten. Wir können seinen Ärger ja verstehen, die Sache tut uns leid. Schließlich ist er etwas besänftigt und geht. Klaus ist durch diesen Auftritt wieder nüchtern geworden. Freilich nicht zuversichtlicher. Er schiebt die Flasche weg, starrt aber erneut schweigend ins Leere. Lediglich als Dan hustet und mit seinem Bett knarrt – er ist schlecht eingeschlafen, die Aufregungen des Tages machen ihm zu schaffen –, fährt er hoch. »Geh ja nicht zu ihm rein. Er ist an allem schuld, nur er.«

45

Dan ist ein Süßmaul, jetzt, wo er uns schon über den Kopf wächst, sind ihm Babysüßspeisen, Limonade, Bonbons noch immer das liebste. Im Café stibitzt er uns den Würfelzucker oder, wo es nur geht, ein Stück aus der Dose auf dem Tisch. »Na, der junge Mann auch ein Bier?« fragt im Restaurant der Kellner, und wir verneinen belustigt. Zu Hause bieten wir ihm manchmal spaßeshalber einen Schluck an, aber wir kennen seine Reaktion. Er schüttelt angewidert den Kopf. Viel zu bitter.

Von Bekannten läßt er sich gern mit Kuchen und Schokolade vollstopfen – wir müssen abbremsen. Zwar nimmt er nie so viel, daß ihm übel wird, da ist er vernünftig, aber einen Bauch würde er sich schon anfuttern. Zumal er auch Kartoffeln, Pudding, Weißbrot, Breie aller Art in ziemlichen Mengen verputzt. Er geht mehr als früher aus sich heraus, wenn er etwas haben will, zeigt auf sich und seinen Teller, mitunter mit Nachdruck. Kürzlich in der Milchbar, er hatte einen Eisbecher mit Sahne bereits leer gelöffelt, stach ihm ein Erdbeermilchshake so in die Augen, daß er mehrmals auf den Tisch pochte. Was bedeuten sollte: Hierher mit dem feinen Zeug. Als die Serviererin das Getränk dann auf einen Nebentisch stellte, knurrte er unwillig.

Ein anderes Erlebnis sind neue Anziehsachen. Dafür

hatte er schon früher eine Neigung, er sieht hier jenen praktischen Nutzen, der ihm zum Beispiel beim Spielzeug fehlt. In Erinnerung bleibt mir die Szene bei Oma und Opa, als er eine neue Kordhose bekam. Sie war hellgrau, hatte tiefe Taschen und paßte genau. (Hosen müssen bei ihm bequem sitzen, nicht eng an den Hüften kleben.) Ein Prachtstück, nicht anders zu sagen. Dennoch hatten wir wenig Hoffnung, daß Dan der Hose mehr als einen Blick schenken würde. Er brauchte sie zwar, doch er war damals noch klein, nahm von den Dingen um sich herum kaum Notiz. Aber wir hatten uns getäuscht. Er sah die Hose, griff sie sich sofort und zog sie an. Die Hände in den Taschen, stolzierte er durchs Zimmer: Was kostet die Welt.

Ähnlich ist es bei neuen Hemden, Pullovern. Sein dreizehnter Geburtstag: Meine Mutter ist mit ihrem neuen Mann da, auch mein Bruder, der an einer Historikertagung teilnimmt, ist eingetroffen.

Große Freude bei Dan, denn die Anwesenden haben nicht nur Süßigkeiten mitgebracht, sie gehören überhaupt zu seinen bevorzugten Besuchern. Er hat sie an der Tür empfangen und ins Wohnzimmer begleitet. Jetzt sitzen wir alle bei Kaffee und Kuchen um die Tafel, und er ist noch immer ganz aufgeregt. Er zappelt mit den Beinen, wippt leicht mit dem Oberkörper. In die Unterhaltung, die sich um seine Person dreht, können wir ihn leider nicht einbeziehen. Klaus, der den Platz neben ihm auf dem Sofa hat, klopft ihm ab und zu beruhigend auf die Schulter, Mutter auf der anderen Seite schäkert mit ihm, mein Bruder gießt ihm Kakao nach: Immerhin ist er heute die Hauptperson.

Feststimmung, Blumen, brennende Kerzen. Die Geschenke von uns und den Gästen sind auf einem runden Tisch in der Ecke aufgebaut, unter den Bonbons hat Dan schon geräubert, die Schokolade hat er zur Hälfte liquidiert, das Schwungradauto zweimal kräftig anrollen lassen, um es ans Ohr zu drücken und so das ratschende

Geräusch zu hören. Ein Karten- und ein Legespiel, von uns besorgt, wurden lässig beiseite geschoben. Verstellung, Freude heucheln gibt's bei Dan nicht. Aber nun, nach dem Kuchen, lassen wir ihn die beiden Pullover anprobieren, die Mutter gekauft hat. Einer, für die kältere Jahreszeit, ist rot und schwarz gemustert und hat einen breiten Rollkragen, der andere, dünnere, ist durchgehend blau mit einem weißen Längsstreifen an der Seite.

Dan ist gefesselt, er zieht zunächst den blauen Pulli an, der ihm auch gefällt, aber offenbar nicht so imponiert wie der rot-schwarze. Ein Blick in den Spiegel, eine kurze Wanderung durchs Zimmer, dann streift er ihn ab. In den Winterpullover dagegen verliebt er sich. Er bewundert sich im großen Spiegel und läßt sich ausgiebig bewundern. Er will ihn, obwohl ihm warm sein muß, überhaupt nicht mehr ausziehen. Den Rollkragen bis zum Kinn sitzt er da und steckt die Brust heraus. Er fühlt sich.

»Na komm, zieh jetzt wieder dein Hemd an. Der Pullover ist viel zu warm.« Ich fasse ihn beim Ärmel.

Doch er schüttelt den Kopf und schiebt meine Hand weg.

»Aber du schwitzt doch.«

»Laß nur, ist schließlich sein Geburtstagsgeschenk«, sagt Mutter.

Und der Junge verbringt den Nachmittag in der selbstgewählten Sauna. Erst als er ins Bett geht, läßt er sich bewegen, das gute Stück abzulegen.

46

Nach der Rössi-Episode, nach dem Schwinden auch der letzten schwachen Hoffnung, Dan eine Schulbildung zu ermöglichen, und sei sie noch so bescheiden, versuchte ich, mich mit der Lage abzufinden. So und nicht anders war die Situation, Gedanken an die Zukunft verdrängte ich, die täglichen Aufgaben waren strapaziös genug. Als unser Junge in Steinberg untergebracht war, fand ich wieder mehr Zeit fürs Übersetzen. Schob meine Probleme zurück, tauchte in fremde Welten und Schicksale ein, die eine Distanz zu den eigenen schufen. Freilich zerbröckelte die Stabilität, nach der ich strebte, oft genug im Ansatz. Nach wie vor waren die Nächte mit Dan aufreibend, ohne Auto wurden die Wege endlos. Vernünftiges Handeln konnte diesem Kind offenbar nicht anerzogen werden, seine Bockigkeit brachte uns fast um. So hatte er in der Straßenbahn das Notsignal entdeckt, und es gab einen ständigen Kampf, weil er an den roten Knopf vorn neben der Tür gelangen wollte. Das ging über Monate, manchmal schaffte er es auch im Gedränge, die Klingel zu betätigen, und das führte dann zu Mißlichkeiten.

Dieser Art etwa: Wir sind gerade noch mitgekommen, meine Bemühungen, Dan vom Eingang wegzuziehen, fruchten nicht, der Wagen ist vollgestopft. Die Bahn ruckt an, erreicht normales Tempo; ich bitte eine Frau, meinen Fahrschein zu lochen. Um ihn wieder in Empfang zu nehmen, muß ich mich nach vorn recken, und das gibt meinem Sohn die nötige Freiheit. Für Sekunden ist keiner da, der ihn hindern würde. Die Klingel schrillt, und noch bevor die Bremsen anschlagen, habe ich begriffen. Doch das nützt nichts mehr.

Ein jähes Halten, die Räder knirschen, der ganze Wagenzug ächzt. Die Leute, Leib an Leib stehend, werden nach vorn gedrückt, wo Lücken waren, stößt man sich, fällt auch hin. Jemand rutscht vom Sitz, allgemeines Schimpfen und Fluchen. Die Fahrerin, eine große, korpulente Person, rennt außen entlang. »Was ist los, wer hat geklingelt?«

Ich möchte mich gern klein machen, aber schon schiebt ein Mann neben Dan die Tür auf: »Der Junge hier war's.«

»Du, weshalb? Ist dir schlecht?«

»Es war ein Versehen«, sage ich. »Entschuldigung.«

»Ein Versehen?« Der Mann an der Tür grinst hämisch. »Absicht war's, ich hab's genau beobachtet.«

»Ist das Ihr Kind?« fragt die Fahrerin. »Dann haften Sie dafür. Steigen Sie aus und geben Sie mir Ihre Adresse. Sie können mir nicht weismachen, daß der Bengel zufällig an den Knopf gekommen ist.«

Einige Fahrgäste lachen, andere bleiben still. Von hinten ruft eine Männerstimme: »Weiterfahren!«

»Meine Adresse können Sie haben. Aber aussteigen werden wir nicht. Bin froh, daß wir endlich drin sind.«

»Scheint ja ein schönes Früchtchen zu sein«, sagt der Mann an der Tür. »Jetzt, wo er 's verbockt hat, kriegt er die Klappe nicht auf.«

Tatsächlich verhält sich Dan mucksmäuschenstill. Er weiß schon, daß er an dem Trubel schuld ist.

»Er kann nicht sprechen, ist taubstumm.« Bei solchen Gelegenheiten verwenden wir bewußt diesen veralteten Begriff, denn bei dem exakteren »gehörlos« nehmen die Leute oftmals an, daß er trotzdem reden kann.

Der Mann schweigt etwas betreten, auch die Fahrerin steckt zurück. »Kein Grund, das Notsignal zu betätigen«, sagt sie noch. »Man denkt, es ist sonstwas passiert.«

»Weiterfahren, weiterfahren!«

»Ist jemand verletzt?«

Da sich niemand meldet und ich mich nochmals entschuldige, kehrt die Fahrerin schließlich in ihre Kabine zurück. Die Bahn setzt sich wieder in Bewegung, die Aufregung legt sich. Nur der Mann an der Tür murmelt nach einer Weile: »Wenn's so ist, müßte sie doch erst recht auf den Bengel aufpassen.«

Am meisten machte uns zu schaffen, daß Dan nur darauf wartete, etwas untersagt zu bekommen. »Laß die Kippe liegen!« – und er nimmt sie sofort in den Mund. »Wirf nicht mit Steinen!« – und sie fliegen erst recht durch die Gegend. Aber er beließ es nicht bei dem einen Mal, er merkte sich genau, was ihm verboten wurde, und erwählte das dann zu seiner Lieblingsmarotte. Es gab kein Mittel dagegen, Freundlichkeit half sowenig wie Härte. Er verbiesterte sich richtiggehend. Dabei überwarf er sich sonderbarerweise mit dem einen von uns immer stärker als mit dem anderen. Als wollte er es nie zugleich mit beiden verderben. Mal kam ich besser mit ihm aus, mal Klaus. Zum Glück, denn seine Widerborstigkeit ging so weit, daß der jeweils Betroffene keine Kraft und keinen Mut mehr hatte, ihn aus Steinberg abzuholen, am Wochenende mit ihm runterzugehen. Dan schnitt sich auf diese Weise ins eigene Fleisch, er mußte länger in seinem Zimmer bleiben, doch das begriff er nicht. Erst nach zwei bis drei Wochen ließen die Provokationen gegenüber dem nach, der gerade Zielscheibe war.

Es nahm uns beide mit, aber Klaus mehr als mich. Daß sein Sohn ohne jede Chance bleiben sollte, einen Zugang zur Welt zu finden, verkraftete er nicht. Erbittert setzte er an den Wochenenden seine Lernübungen mit Dan fort, erreichte auch kleine Fortschritte – Schriftbilder, die aus einem Wort bestanden, ordnete der Junge den entsprechenden Gegenständen inzwischen in größerer Zahl zu –, doch ein praktischer Nutzen ergab sich kaum. Der Auffahrunfall mit dem Auto, das wir nochmals instandsetzen ließen, nur um es verkaufen zu können, tat ein übriges. Der Glaube an den Jungen, bisher durch nichts zu erschüttern, verwandelte sich in Groll. »Wenn er schon nichts begreift, müßte er wenigstens lieb sein, dürfte uns nicht so übel mitspielen.« Aber diese Worte waren für Leute wie ihn und mich gesprochen. Für Dan hatten sie keinen Sinn.

Klaus lief jetzt ständig mit düsterer Miene umher, er war mürrisch und gereizt. Ich vermochte ihn kaum aus seinem Tief herauszuholen. – »Ach, laß mich in Ruhe, unser Leben ist sowieso verpfuscht.« Dan merkte die Feindseligkeit seines Vaters und wurde noch verstockter. Sein Kippensammeln nahm unerträgliche Ausmaße an. Wir versuchten ihm durch Gesten und Mienenspiel klarzumachen, wie widerwärtig diese Manie war, daß man sich nicht bloß vor ihm ekeln würde, sondern er auch krank werden könne – er fühlte sich nur bestärkt in seinem Tun. Seine Finger rochen nach Tabak; wenn er den Stummel im Mundwinkel hatte, starrten die Leute ihn und uns an, als wären wir aussätzig. Wir hielten es nicht mehr aus, rissen ihm das Zeug aus den Lippen, drückten ihm die Hand mit den Kippen zusammen, bis er vor Schmerz aufjaulte. Er versuchte, uns seine Finger zu entziehen, doch er gab nicht nach. Klaus schrie ihn an, versetzte ihm Katzenköpfe, es war, als schlüge er gegen einen Baumstamm.

Immer öfter kam mein Mann nach den Ausmärschen mit Dan völlig entnervt nach Hause. Er steckte den Jungen ins Zimmer und war eine Stunde lang nicht ansprechbar. Dann holte ich stückchenweise aus ihm heraus, was sich unterwegs zugetragen hatte. Es war, in unterschiedlichen Varianten, stets das gleiche. Anfangs, solange Dans Freude über das Runtergehen währte, relative Ruhe, danach zunehmende Streitereien. Die Kippen, die Steine, der Stiefel, der im größten Schmutz ausgezogen wurde. Eine Zeitlang ignorierte Klaus das Verhalten seines Sohnes; aber irgendwann ging's nicht mehr. Etwa wenn der Tabak mit Bedacht zerkaut wurde, die Steine gegen Fenster oder Autos flogen, der Stiefel in einer Pfütze zwischen den Bahngleisen stand. Einmal schmiß Dan einer Frau eine Handvoll Kippen ins Gesicht. Klaus hatte ihn geschüttelt, wollte, daß er das Dreckzeug fallen ließ, da erfolgte diese Reaktion. Ein schlimmer Augenblick. Die Frau spuckt und zieht erbost über den Vater her, der Entschuldigungen stammelt, aber nicht dazu kommt, etwas zu erklären. Würde sie den Jungen anbrüllen, es wäre für ihn und uns von Nutzen. Von Fremden nimmt Dan Lehren an; wenn sie schimpfen oder auch nur energisch mit ihm sprechen, wird er ganz klein. Aber jedermann wetterte zuerst mit uns und sagte dann, falls es uns gelang, die Lage zu erläutern: »Ach, der arme Junge!« Damit war weder ihm noch uns geholfen.

Ein andermal geht Klaus mit Dan durch eine Stadtrandsiedlung, denn er sucht sich ruhige Gegenden aus, wo es nicht so viele Möglichkeiten für Hakeleien gibt. Aber groß ist der Gewinn nicht, diesmal zum Beispiel hat unser Sohn einen Stock gefunden und schlägt damit gegen die abgestellten PKWs. Das darf sein Vater nicht zulassen. Erst versucht er ihm den Stock abzuluchsen, dann redet er ihm ins Gewissen, schließlich packt er ihn, entwindet ihm den Knüppel. Dan gibt sich nicht geschlagen, er nimmt eine Handvoll Kies auf und wirft damit, er heult, geht mit Fäusten und Füßen auf einen Wartburg los. Klaus schreit ihn an und rüttelt ihn. Als alles nichts hilft, faßt er ihn beim Schlafittchen, schleppt ihn um die Ecke und zieht ihm eins mit dem Stock über den Rücken.

In diesem Augenblick steuert eine ältere Frau von der anderen Straßenseite her auf die beiden zu. Sie hat nur den letzten Teil des Geschehens beobachtet, ist entrüstet und zetert sofort los: »Was machen Sie mit dem Kind, Sie brutaler Kerl; es mit dem Knüppel zu schlagen, ich werd Sie der Polizei melden!«

Das ist für meinen Mann, der sich nicht mehr zu helfen weiß, den die ständigen Auseinandersetzungen mit Dan unsäglich gereizt und in einen Zustand andauernder Gespanntheit versetzt haben, der Funke am Benzinkanister. Er sieht rot, die Wut bricht mit Macht aus ihm heraus, und er schreit die Frau an: »Was kapierst denn du schon, dumme Kuh. Hau bloß ab, sonst zieh ich *dir* ein paar über.«

Der Frau kugeln fast die Augen heraus, mit offenem Mund weicht sie einige Schritte zurück, dreht sich um und rennt davon, empörte Worte brabbelnd.

Sie hat Angst vor meinem Mann, diesem Rowdy. Klaus Möckel, überall bekannt für sein ruhiges Wesen und seine Höflichkeit, fuchtelt mit einem Stock herum und stößt Verwünschungen gegen völlig fremde Menschen aus. Was ist bloß aus uns geworden!

Heute, sechs Jahre danach, überlege ich, was man damals hätte besser machen können. Dan ist noch immer unruhig, bisweilen auch störrisch, aber er sucht nicht mehr die Konfrontation, im Gegenteil, er möchte kein böses Gesicht sehen. Gerade in der letzten Zeit hat er in dieser Hinsicht einen großen Schritt nach vorne getan. Es ist, als ob seine Freundlichkeit, die ihm im Grunde stets eigen war, nun voll nach außen träte. Wenn seine weitere Entwicklung ein bißchen klarer wäre, könnte man aufatmen.

Klaus schreibt an seinen Geschichten, sogar eifriger als in der Zeit des ›Zornhauses‹, ich übersetze – wir leben. Damals konnte man es kaum so nennen. Es ging uns wie den meisten Eltern in einem Buch, das ich kürzlich mit Mühe und Glück erstand, Gerda Juns ›Kinder, die *anders* sind‹. Neben einem populärwissenschaftlichen Teil sind darin Berichte von Müttern und Vätern über das Leben mit ihrem geschädigten Kind enthalten. Tatsachenberichte, schmucklos, ergreifend in ihrer Aufrichtigkeit. Die Autorin ist Fachärztin für Psychiatrie und Neurologie, sie hat sich seit langem mit diesem Fragenkreis befaßt. Verknappt finden sich in dem ›Elternreport‹ – so der Untertitel – all unsere Probleme wieder. Die Hilflosigkeit und Isolation, die nervliche und physische Belastung, die Angst vor dem nächsten Tag. Auch die Hoffnung, wenn es mal besser lief oder Unterstützung zu spüren war.

Je schwerer ein Kind geschädigt, je schwieriger es ist, desto mehr Aufwand erfordert seine Betreuung. Eine Mutter im ›Elternreport‹ spricht es direkt aus, wenn sie sagt: »Das ganze Familienleben stellt sich völlig auf das Kind ein. Viel andere Zeit gibt es eigentlich gar nicht.« Und doch geht es bei aller Liebe oder gerade ihretwegen darum, nicht jede Minute und jedes Wort auf das eine Problem zu verwenden. Weil es einen sonst knebelt und unterkriegt. Wir waren damals fast soweit. Zur Rössi-Zeit ich, später Klaus. Kaum ein Gedanke, der über Dan hinausreichte. Kein Blick zur Sonne.

Vielleicht hätten wir manchmal mehr Abstand gebraucht. Einmal im Jahr drei Wochen Urlaub ohne Dan, wie es unsereinem das Gesetz inzwischen zubilligt – das hätte geholfen. Aber in der Praxis war das nicht zu erreichen. Jedenfalls fanden wir weder die Kraft noch die Möglichkeit, so etwas durchzusetzen. Zu groß war der Mangel an geeigneten Heimen und Arbeitskräften. Außerdem erwies sich Dans Gehörlosigkeit als sehr hinderlich. Ein Kind, mit dem man nicht sprechen, das man nicht rufen konnte, da hatten selbst erfahrene Erzieherinnen Angst. Noch in der Tagesstätte schreckte man anfangs davor zurück, ihn mit ins Ferienlager zu nehmen. Obwohl sich der Junge gut in jede neue Gruppe einfügte, keinerlei Schwierigkeiten machte, mußte er in den ersten Jahren zu Hause bleiben. Dazu kam, daß wir ihn nicht einfach irgendwo unterbringen wollten. Eine Betreuerin oder zwei, drei Kinder sollte er wenigstens kennen, damit er sich nicht abgeschoben und verlassen fühlte.

Wir schafften es nicht; vielleicht bemühten wir uns trotz allem nicht genug, resignierten zu schnell. Da war freilich auch niemand, der uns über eventuelle Rechte aufgeklärt oder uns gar geholfen hätte, sie zu verwirklichen. Selbst eine materielle Unterstützung gab es damals noch nicht. Wir bekamen kein Pflegegeld, besaßen vor allem keinen Beschädigtenausweis. Ich sehe mich in die Bahn einsteigen, ein paar Plätze sind noch frei. Dan ist so zappelig, daß ich ihn gern hinsetzen möchte, aber ich muß erst bezahlen, meinen und seinen Fahrschein lochen. Was eine Weile dauert, weil ich nicht sofort an die Box herankomme. Danach ist alles besetzt, und ich kann nur versuchen, mich mit dem Jungen in eine Ecke zu drükken. Manchmal sieht jemand, was los ist, und steht auf. Meist sind es Frauen mittleren Alters, selten Männer, ganz selten Jugendliche. Je voller die Bahn ist, desto schwieriger wird es. Und Klaus hat in solchen Fällen noch weniger Chancen als ich.

Seit wir den Ausweis haben, seit einigen Jahren, sind wir besser dran. Wir steigen in die Bahn, ich zeige Dans grüne Karte, und wir gehen zu den Plätzen durch, denn als Begleitperson fahre ich gleichfalls frei. Wir sparen einiges, doch ist es für uns erst in zweiter Linie eine Frage des Geldes. Viel wichtiger: Ich bin nicht mehr auf das Mitleid der Fahrgäste angewiesen, wenn der Junge verspannt und quirlig ist; notfalls kann ich auch mal jemanden bitten aufzustehen. Gewiß muß Dan nicht immer sitzen, aber ruhiger fährt sich's schon.

48

Trickfilmstunde – Dienstag, achtzehn Uhr fünfzehn und folgender Film: Ein Mann reitet zufrieden auf einem Esel durch die Gegend, bis ein anderer mit einem Pferd vorbeikommt. Da wird er neidisch, steigt ab und knetet so lange an seinem Esel herum, bis er tatsächlich zum Pferd wird. Aufgesessen und weiter, aber nun reitet einer majestätisch auf einem Kamel daher. Die Fröhlichkeit unseres Helden ist hin, er springt von seinem Gaul, schlägt ihm mit dem Hammer wuchtig ins Kreuz, auf daß zwei Hökker hervorschießen. Gleich darauf besitzt er ein vollwertiges Kamel und schaukelt davon, doch ein Inder auf einem Elefanten läßt ihn erneut unzufrieden werden. Wieder gelingt es ihm, sein Reittier zu verwandeln, und schließlich trifft der Mann zu Hause ein. Der Elefant wird an der Krippe angepflockt, wo sonst der Esel speiste, der Mann geht ins Haus, legt sich müde ins Bett. Doch nun geschieht, was geschehen muß. Das Heu des Esels ist für den Elefanten nur ein Happen, und mit einem gewaltigen Rüsselgriff verleibt sich das Tier das Strohdach mitsamt der Hütte ein. Zurück bleibt das Männchen mit seinem Entsetzen.

Dan sitzt neben Klaus im Sessel und amüsiert sich mächtig. Er schlägt sich vor Begeisterung an die Ohren, macht »hum, hum, hum« und bricht am Ende in Gelächter aus. Ob er den Film versteht? Auf jeden Fall die äußeren Vorgänge, die gewaltsamen Tierumwandlungen und am Ende den Gag: Er freut sich am meisten, als das Haus verschlungen wird. Er weiß, daß es so was in Wirklichkeit nicht gibt, aber wie sieht's mit der Idee des Ganzen aus? Einer will immer höher hinaus und fällt dabei auf die Nase. Oder mit der simplen Tatsache, daß ein großes Tier eben viel mehr zu fressen braucht als ein kleines. Vielleicht macht sich Dan solche Gedanken gar nicht, lacht nur der Überraschung wegen. Oder unterschätze ich ihn da? Man müßte ihn fragen, sich mit ihm unterhalten können. Eigentlich ist dieser Film genau das, was unser Junge braucht: Er enthält einen Grundgedanken, der mit Hilfe einfacher Bilder konsequent bis zur Pointe geführt wird. Unverschnörkelt und kindgemäß.

Es ist eine unserer Hauptschwierigkeiten, daß Dan keine Antworten gibt und man deshalb nie weiß, wieviel er wirklich von den Dingen versteht. Von einigem kann er einfach keine Ahnung haben. Daß einer hoch hinaus will, wo sollte ihm diese Erfahrung begegnet sein?

Wie kommt man an ihn heran, wie erreicht man, daß er erst einmal die Frage begreift. Zum Beispiel wenn es um etwas geht, was noch wichtiger für ihn ist als für andere Menschen, um seine Augen. Irgendwas ist mit dem rechten los, seit einigen Tagen drückt er mit der Hand dagegen, zeigt manchmal sogar darauf. Wir sind alarmiert; zwar können wir nichts Ungewöhnliches entdecken, doch was will das bei uns Laien schon besagen. Also zum Augenarzt und auch zu einem Optiker, den wir gut kennen. Von dem einen wird eine Entzündung festgestellt, die wir mit Salbe behandeln müssen, der andere soll eine Brille für unseren Sohn bestimmen. Und hier beginnt nun die Schwierigkeit. Was aus Dans Augen herauszulesen ist, kann der Mann im weißen Kittel mit Hilfe seiner

Spezialgeräte schon ermitteln, problematisch wird es dagegen, wenn er die Mitarbeit des Jungen braucht.

Wir befinden uns im Geschäft des Optikers, vor den üblichen, in unterschiedlicher Größe an die Wand projizierten Zahlen- und Buchstabenkolonnen. Dan soll angeben, was er sieht, aber wie macht man ihm das klar. Andere Kinder fragt man, bei ihm geht das nicht. Herr Berndt kann noch soviel auf das A oder die Eins zeigen, der Junge lächelt ihn freundlich an.

»Wenn du den Buchstaben erkennst, mußt du nicken, wenn du ihn nicht erkennst, den Kopf schütteln«, der Optiker macht beides vor. »Also los: A.«

Dan nickt.

»B.«

Dan schüttelt den Kopf.

»Eins.«

Dan schüttelt den Kopf.

»Zwei.«

Dan schüttelt den Kopf.

»So kriegen wir nichts raus.« Herr Berndt ist entmutigt. »Wie kann man ihn nur packen.«

Ich überlege. »Vielleicht mit Papier und Bleistift.«

»Sie meinen, daß er's aufschreibt?«

»Ja.«

Wir versuchen's, und es klappt. Dan schreibt die Zeichen auf, bis er nichts mehr erkennt. Unklar aber fallen seine Antworten bei anderen Tests aus. Wie sieht sein Auge bestimmte geometrische Formen, eckige Klammern, einen nicht ganz geschlossenen Kreis, wie stellt es zwei Stäbe zueinander? Als Kreuz? Vertikal?

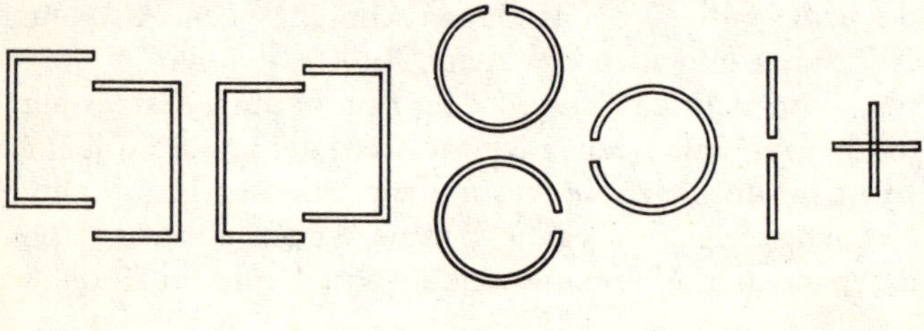

Dan malt, was er sieht, aber die Ergebnisse sind nicht eindeutig. So vertagten wir das Problem; Klaus würde zunächst Pappschablonen anfertigen, damit wir zu Hause üben konnten. Zwischendurch blieben wir mit dem Optiker in Kontakt, der sich viel Mühe gab, unserem Jungen weiterzuhelfen. Er verschaffte uns beispielsweise einen Termin bei einem älteren, erfahrenen und sehr gefragten Kollegen. Er nahm auch selbst an dieser Konsultation teil.

Vierzehn Tage später klappten die Tests, die Werte wurden bestimmt, die Brille konnte in Auftrag gegeben werden. Dan setzt sie seither im Haus und in der Tagesstätte auf, zum Arbeiten, Fernsehen, er faßt sich nun nicht mehr ans Auge.

»Siehst du gut mit der Brille, Dan?«

Der Junge nickt. Ich frage ihn allerdings nicht das Gegenteil. Es genügt mir, daß er freiwillig nach der Sehhilfe greift, wenn er einen Film anschauen oder etwas Kniffliges zustande bringen will.

49

In Steinberg selbst gab es mit Dan kaum Probleme, er befolgte dort die allgemeinen Regeln, lehnte sich nie auf. Arbeiten, die motorische und geistige Fähigkeiten entwickeln halfen, Basteln, Perlenfädeln, Sortieren von kleinen Metallteilen, erledigte er schnell und zuverlässig. Er sah sich's bei der Erzieherin oder bei anderen Kindern ab und machte kaum Fehler, wenn er's einmal begriffen hatte. Nach anderthalb Jahren hatte er solche Fortschritte erreicht, daß er von der Klinik erneut für die Aufnahmeprüfung in der Gehörlosenhilfsschule vorgeschlagen wurde.

Diesmal stimmten wir nur zögernd und ohne jede Illusion zu, deshalb war es auch keine allzu große Enttäuschung, als er nicht bestand. Er hatte einiges besser gemacht als beim erstenmal, man schrieb es der Tatsache zu, daß wir das in Kenntnis der Lage fleißig mit ihm geübt hätten. Was nicht der Fall gewesen war. Diese zweite Ablehnung erfolgte zum Glück bereits an Ort und Stelle. Die Einschätzung war ein wenig freundlicher, aber genauso bestimmt wie zwei Jahre zuvor. Nach ihrer Meinung war er auch zu alt – er wurde gerade neun.

Es war, objektiv betrachtet, schon schlimm, aber wir waren nun doch stärker im Nehmen. Auch Klaus – der dunkelste Augenblick lag bereits eine Weile zurück.

Der dunkelste Augenblick, das war die Weihnachtsmarktepisode. Im Herbst, wenn die Stürme kamen, die Kälte hereinbrach, benahm sich Dan am auffälligsten und störrischsten. Den Sommer über ging's, im hohen Winter blieb er gleichfalls relativ ruhig, im Frühling wurde es schwierig mit ihm, den Herbst fürchteten wir. Erst jetzt beginnt sich das zu verschleifen.

Wir hatten es, selbst damals, als wir mit Dan kaum noch zurechtkamen, nicht aufgegeben, ihm anzubieten, was ihm nach unserer Meinung Freude machen konnte. Ausflüge in die Umgebung der Stadt, Schiffsfahrten in der warmen Jahreszeit, Ballspielen, Rodeln, wenn Schnee lag. Und alle Jahre wieder den Weihnachtsmarkt. Schon als er noch im Sportwagen saß und ständig quietschte, hatten wir uns mit ihm ins Getümmel gestürzt. Die Lichterketten, das Riesenrad, die Karussells und das Durcheinander der vielen Menschen waren für ihn ein Erlebnis. Mitunter hörte er sogar etwas, horchte auf, wenn wir nahe an einen Lautsprecher herangingen, aus dem Musik erscholl. Sein andächtiges Gesicht, seine staunenden Augen entschädigten für hundert anstrengende Tage. Als er zum erstenmal aufs Kinderkarussell durfte, in den gelben Bus mit der Hupe, die ein Dreikäsehoch ununterbrochen betätigte, wollte er nicht mehr herunter. Und mittlerweile war er ja auch für Schokolade zu haben, für Marzipan, kandierte Äpfel und vor allem für Zuckerwatte.

Diesmal waren die Voraussetzungen ungünstig, und wir hatten lange überlegt, ob wir nicht lieber verzichten sollten. Fast jeder Ausflug endete in der letzten Zeit mit Zank, manchmal ging es bereits los, wenn wir unten auf der Straße waren, mit dem ersten Zigarettenstummel, der im Rinnstein lag, dem ersten heranpreschenden PKW. Nichts nützte, nicht einmal, daß wir zu Mittag aßen, ohne ihm etwas abzugeben; wir füllten unsere Teller und seinen nicht. Er begriff sehr wohl, weshalb; obwohl er aufs Mittagessen sonst keinen großen Wert legte, barmte und schimpfte er, und ich brachte selber keinen Bissen runter. Aber beim nächstenmal verhielt er sich keinen Deut besser.

Wir entschlossen uns, dennoch zu gehen. Den Weihnachtsmarkt gab's nur einmal im Jahr, er bot soviel Abwechslung, vielleicht würde Dan sich fesseln lassen, und wir konnten eine Wende in seinem Verhalten erreichen.

Der Sonnabend, an dem wir los wollten, kam heran. Am Abend vorher war der Junge friedlich gewesen, doch nachts schlief er schlecht, wachte zeitig auf. Außerdem begann es gegen Mittag zu regnen, die Quecksilbersäule, in den Tagen zuvor immer ein paar Grad unter Null, kletterte empor, und die Schneedecke auf Plätzen und Gehwegen pappte zusammen. Gleichzeitig kam Wind auf. Der Temperaturanstieg hätte Dan eigentlich guttun müssen, aber der Wind machte das wieder zunichte.

Am Vortag hatten wir das Schildchen mit dem buntbemalten Riesenrad an Dans Kalender angebracht, nun konnten wir nicht mehr zurück. Er hatte sich auch gefreut, wir sahen's am Aufleuchten seiner Augen und daran, daß er mehrfach zum Kalender lief. Abends und morgens studierte er ausgiebig das Bild.

Der Vormittag zog sich hin, nach zwölf brachen wir auf. Dan war voller Erwartung und verhältnismäßig gut lenkbar. Von weitem schon sahen wir eine hohe Tanne und das Riesenrad, das im Augenblick noch stillstand. Leider nieselte es; zu unseren Füßen bildeten sich Pfützen. Wir hatten uns wetterfest angezogen, wir wollten vor allem Dan vor Erkältung schützen: Erstens wünscht man seinem Kind ja keine Krankheit, zweitens hätten wir ihn in diesem Fall ein bis zwei Wochen zu Hause betreuen müssen.

Wir hatten noch nicht Mittag gegessen, wollten uns den Appetit aufsparen, zuerst sollte es zur Budenreihe mit den Leckereien gehen. Schaschlikspieße, Currywurst, gebratene Leber, Quarkkeulchen, Schmalzgebäck und dazu Tee, der im Becher dampfte. Hier ein Happen, da ein Happen, wir würden schneller satt sein, als wir wünschten. Dachten wir jedenfalls, doch es kam wieder mal anders. Dan zog es zunächst zu einem Karussell mit stromlinienförmigen Rennwagen und rot, weiß und grün flakkernden Lampen, dann zum Riesenrad. Und da fing es bereits an.

Der übliche nichtige Anlaß. Bis hierher ist alles gut verlaufen, wir mußten uns kaum anstellen, denn der Andrang ist um diese Zeit noch gering. Wir sitzen zu dritt in einer Gondel, die uns ganz nach oben trägt und dort haltmacht, weil man unten zusteigt. Herrlich der Blick über den weiten Platz mit den Schaubuden und Verkaufsständen, der Geisterbahn, der »Spinne«, dem Scooter, der Ponyschule, der »Kosmostrommel«. Unten quirlen die Menschen durcheinander, laufen Weihnachtsmänner mit rotem Mantel und weißer Kapuze umher, verkaufen Luftballons. »Sieh mal, Dan, der helle Stern dort am Tannenbaum. Und da drüben, gleich neben dem Lichtrad, können wir Zuckerwatte kaufen.«

Er versteht's nicht, das ist klar, aber wir reden trotzdem mit ihm wie mit einem normalen Kind, weisen in die entsprechende Richtung. Im ersten Augenblick läßt er sich auch bewegen, mit dem Blick unserem Fingerzeig zu folgen, doch dann interessiert ihn etwas Näherliegendes.

Die Eisenverstrebung des Riesenrads links hinter ihm. Die Gondel schaukelt leicht, er nutzt die Pendelbewegung aus, um nach dem Träger zu fassen, lehnt sich über den Rand, immer weiter. Ich halte ihn fest, doch das paßt ihm nicht.

»Laß das, Dan, nicht so weit hinauslehnen, du fällst!«

Das Rad dreht sich ein Stück, das Schaukeln wird stärker, die Verstrebung gleitet an uns vorbei. Dan ruckt heftig zur Seite, ich kriege einen Schreck, reiße ihn zurück, heftiger vielleicht, als es nötig wäre – wer will es mir verdenken. Jedenfalls ist damit der Kampf eröffnet. Unser Junge hat keinen Blick mehr für das Treiben unten, für die Fahrt mit ihrem Hinauf und Hinunter, er muß uns unbedingt beweisen, daß es nach seinem Kopf geht. Er muß den Eisenträger zu fassen kriegen, sich über den Rand der Gondel beugen, er macht sich steif wie ein Brett, weil ich ihn daran hindere. Für Augenblicke, wenn es ihm im Bauch kitzelt, entspannt er sich zwar etwas, kräht fröhlich auf, doch in der nächsten Sekunde bockt er wieder. Und nach Beendigung der Fahrt findet er sofort ein neues Mittel, uns zu nerven. Er entdeckt die Mülltonnen für sich.

Das ist keine neue Entdeckung, seit geraumer Zeit schon versucht er im Hof ihre Deckel zu heben, den Inhalt herauszuholen. Möglicherweise Forscherdrang – man kann ihn dennoch nicht gewähren lassen. Wir haben ihm gezeigt, daß da aller Schmutz hineinkommt. Klaus hat mehrfach die Abfalleimer mit ihm geleert, es nützte nichts. Zu Hause hat er wenig Gelegenheit, sich damit zu beschäftigen, hier schon.

Bei keinem Weihnachtsmarkt vorher ist uns bewußt geworden, wie viele Abfallbehälter zum Inventar gehören. An jedem Würstchen- und Broilerstand sind sie zu finden, bei jeder Eisbude, dort, wo Getränke in Plastikbechern verkauft werden, Krustas auf Papptellern, Gebäck, das man aus der Tüte ißt. Selbst am Zuckerwattehäuschen stehen zwei, die abgeschleckten Holzspeiler sollen schließlich nicht auf den Rasen wandern. Und wohin wir auch steuern, Dan sieht sie alle. Die Lichter ringsumher, die sausenden Karussells sind uninteressant geworden. Er zerrt in Richtung der Mülltonnen, wir zerren zurück, es macht keinen Spaß. »Laß ihn doch los«, sagt Klaus wütend, »soll er seinen Willen haben.« Aber als Dan dann den Deckel scheppernd auf- und zuklappt, sogar in den senfbekleckerten Pappkärtchen zu wühlen beginnt, ist er der erste, der ihn zurückreißt. »Er macht mich wahnsinnig, komm, bloß weg von hier.«

Ohne Ruhe und folglich ohne Appetit essen wir was, fahren abwechselnd mit dem Jungen zwei-, dreimal Karussell. Bis Klaus plötzlich feststellt, daß er einen seiner neuen Lederhandschuhe verloren hat. Mit gesteppter Naht sind die, bulgarischer Import. Es muß beim Kauf des kandierten Apfels passiert sein, als Dan mit einer der kleinen Tonnen kippelte und sein Vater schnell hinzusprang, um das Ärgste zu verhindern.

»Hätt ich die Dinger bloß zu Hause gelassen, aber du wolltest ja, daß ich mich für den Ausgang mit unserem Goldsohn fein mache.«

»Ach, jetzt bin wohl ich noch schuld, wenn du nicht aufpaßt!«

Klaus rennt zum betreffenden Kiosk zurück – kein Handschuh. An anderen Orten hat sich gleichfalls nichts gefunden. Unser Stimmungsbarometer sinkt weiter, zumal es nun stärker zu regnen beginnt. Zwar habe ich einen Schirm mit, doch Dan ist nicht drunterzukriegen. Im Gegenteil, er setzt seine Mütze ab.

»Setz die Mütze auf, du erkältest dich!«

»Laß ihn doch.« Klaus' Stimme ist böse. »Weshalb bemühen wir uns eigentlich so um ihn. Holt er sich eben was weg.«

»Und ich hab drei Wochen zu tun, um ihn wieder gesund zu kriegen.«

Was wir auch anstellen, wir schneiden uns in die eigenen Finger. Mit Macht stülpe ich Dan die Mütze auf den

Kopf, binde sie zu. Eine braune, puschlige Lammfellmütze, nach der wir lange herumgelaufen sind. Um ihn auf andere Gedanken zu bringen, kaufen wir einen großen blauen Luftballon, doch dem Jungen geht es hier wie vor Jahren mit den Kegeln. Von weitem bewundert er die Ballons, gibt man ihm einen in die Hand, bekommt er Angst.

Wir können ihm nichts recht machen, wir brechen auf. Er will nicht weg, nur was will er überhaupt. Außer Mülltonnen umkippen. Auf dem Heimweg drangsaliert er uns mit seinen üblichen Mätzchen. Er sperrt sich beim Einsteigen in die Bahn ebenso wie beim Aussteigen. Ständig muß ich mit ihm streiten.

Klaus beteiligt sich nicht mehr am Streit, er ignoriert Dan und meine Bemühungen. Mit finsterer Miene sitzt er da, frißt seine Wut in sich hinein. Ich kenne das, es ist kein gutes Zeichen, irgendwas brütet er aus. Doch ich habe keine Zeit, mich darum zu kümmern, halte in der einen Hand den Luftballon, an der anderen das widerspenstige Kind. Ich bin selber wütend und traurig. Fix und fertig bin ich. So gelangen wir endlich bis zu unserer Haustür.

»Seine Mütze, wo hat er seine Mütze gelassen?«

In der Tat, der Junge steht mit bloßem Kopf da, jetzt merke ich's auch. Ich habe ihn die letzten hundert Meter hinter mir hergezogen und nicht darauf geachtet. Vielleicht hat er sich zuletzt deswegen so gestemmt. Mir schießen die Tränen in die Augen. Die Pelzmütze war ein solches Prachtstück. Sie paßte gut und hielt warm; wie ein Bärenjunges sah er damit aus. Ich sage: »Beim Aussteigen hatte er sie noch. Er muß sie eben erst verloren haben. So lauf doch schon die paar Meter zurück, sie muß irgendwo auf dem Bürgersteig liegen. Schau auch an der Haltestelle nach, möglich, daß sie jemand aufgehoben und auf die Bank gelegt hat.«

Klaus wirft uns einen bitterbösen Blick zu, rennt aber los. Seit dem Verlust sind ja nur Minuten vergangen.

Doch es geht ihm wie mit seinem Handschuh, er kann nichts mehr ausrichten. Die Mütze ist weg, ein Ehepaar, das er anspricht, hat nichts gesehen. Wahrscheinlich ist sie gefunden worden, unmittelbar nachdem Dan sie verloren hatte. Jemand hat sie aufgehoben und mitgenommen.

Das also ist unser Weihnachtsmarkterlebnis – eine Schlappe auf allen Ebenen. Als ich die Wohnungstür hinter uns geschlossen habe, bin ich so am Boden, daß ich am liebsten unter die Bettdecke kriechen und bis zum Montag dort bleiben möchte. Oder länger. Aber ich habe kaum die Schuhe ausgezogen, da passiert es.

Ich habe Dan in sein Zimmer geschubst und die Tür hinter ihm zugeworfen, jetzt sitze ich erschöpft in der Küche. Wie Klaus, der keinen Ton von sich gibt; ich sehe seine Erregung nur an den ruckhaften Bewegungen, mit denen er die Schuhe von den Füßen reißt. Plötzlich jedoch springt er auf, sagt leise zischend: »Nein, so kommt er mir diesmal nicht davon«, rennt aus dem Raum und hinüber zu unserem Sohn. Dan jammert auf, und für einen Augenblick denke ich noch in einer Art Rachegefühl: Jetzt kriegt der Bengel 'ne Tracht, und die hat er verdient. Dann merke ich, daß da drüben was Schlimmeres vor sich geht. Ja, Klaus verprügelt Dan, aber auf eine verbissen-unkontrollierte Weise, die mir angst macht. Er hat den Jungen zu Boden gedrückt, auf seine Matratzen, und schlägt wild mit Fäusten auf ihn ein. »Du Ekel, du Kretin, du wirst's nicht schaffen, uns kaputtzumachen. Eher schlag ich dich selber tot, du denkst, du kannst dir alles erlauben, aber du hast dich getäuscht. Wollen doch mal sehn, wer der Stärkere ist ...« Er schreit nicht, Klaus hechelt das alles atemlos hervor, er japst, flucht und schlägt zu, man könnte meinen, daß er übergeschnappt ist. Oder dabei, verrückt zu werden, im nächsten Augenblick einen Schlaganfall zu bekommen. Dan, ein Bündel Elend, verteidigt sich nicht, weicht auch nicht aus. Er nimmt die Schläge hin, er hat sich zusammengekrümmt, das Gesicht unter den Armen und halb unterm Körper versteckt, vor Schrecken und Schmerz jault er in langgezogenen Tönen.

»Bist du wahnsinnig, willst du ihn umbringen?« Ich stürze mich auf meinen Mann, versuche ihn zurückzureißen. Doch er schleudert mich weg und geht nun mit Füßen auf den Jungen los. »Ja, ich bring ihn um, Totschlag im Affekt, zehn Jahre Knast sind besser als ein Leben lang Sklaverei, ich bring ihn um, ich bring ihn um.«

Ich werfe mich erneut auf ihn. »Hör auf, hör doch auf.« Ich klammere mich an ihn und zerre ihn mit aller Kraft zurück. »Nimm endlich Vernunft an, so geht's nicht.« Ich packe, stoße ihn, und schließlich gelingt es mir, meinen Körper zwischen ihn und Dan zu schieben.

Für Sekunden habe ich den Eindruck, daß Klaus auch auf mich los will, er steht mit zusammengebissenen Zähnen da, außer sich vor Erregung, doch mit einemmal läßt er die Arme sinken. Es ist vorbei, wie Papierfeuer fällt sein Zorn in sich zusammen. Er verharrt, schaut mich an, den Jungen, dann verläßt er, ohne ein Wort zu sagen, den Raum. Er geht ins Schlafzimmer und schließt die Tür hinter sich ab.

50

Ich denke nur ungern an diese Zeit und diesen Tag zurück, er hat sich mir als ein Tiefpunkt eingeprägt, den man vergessen möchte und der doch unauslöschlich zu unserer Geschichte gehört. Danach gab es noch viele Situationen, wo uns Dan in die Enge trieb, maßlos reizte, ratlos machte, mit den Jahren erst wurde es besser, mit den kürzeren Wegen zur Tagesunterbringung, und noch immer sind wir nicht gefeit. Eine neue Marotte kann neue Komplikationen bringen, der Einbruch polarer Luft, Spannungen in Dans Tagesablauf, von denen wir nichts wissen, setzen sich bei ihm in Unruhe und Auflehnung um. Dennoch, zu einer Wiederholung jenes Vorfalls kam es nicht. Wir hatten es uns geschworen und uns daran gehalten. Am nächsten Morgen setzten wir uns hin und redeten lange darüber. Wir wußten, daß wir uns in diesem Punkt nur selber helfen konnten, so schwer es fiel. Der Mensch ist kein Tier, er kann denken, sich absprechen, außerdem waren wir zwei. Klaus spielte dann mit Dan außer der Reihe, eine Art Abbitte, von der unser Junge allerdings nichts begriff. Aber Dan hatte diesmal wohl auch so etwas wie ein schlechtes Gewissen, man merkte es an den verschämten, scheelen Blicken, die er uns zuwarf.

Wir suchten künftig noch stoischer hinzunehmen, was uns aufbrachte und provozierte, verwandten die doppelte Energie darauf, den Anstoßsteinen aus dem Weg zu gehen. Die Klippen waren wie früher vorhanden, aber wir steuerten besser daran vorbei. Nach und nach gelangten wir in freieres Gewässer.

Als Dan die Prüfung für die Gehörlosenhilfsschule auch im zweiten Anlauf nicht bestand und wir uns entschieden hatten, keinen Heim- oder gar Klinikplatz für ihn anzustreben, solange er Kind war, bemühten wir uns, unsere Lage wenigstens teilweise zu verbessern. Damals wurde endlich eine Tagesstätte für förderungsfähige Kinder im Stadtbezirk eröffnet. Es hatte der Richtlinien eines Parteitages bedurft, um in dem uns betreffenden Bereich des Sozialwesens jene Fortschritte zu erzielen, auf die viele Eltern seit langem hofften.

Dan hatte sich in Steinberg soweit gefestigt, daß er übernommen werden konnte; sein Platz wurde außerdem für nachrückende Kinder gebraucht. Den »Umzug« verkraftete er ohne Schwierigkeiten, neue Gesichter und vor allem neue Kinder interessierten ihn – es war immer wieder erstaunlich, wie schnell er sich in eine ungewohnte Umgebung einfügte. Man traute ihm auch etwas zu, er kam von Anfang an in die Gruppe der größeren und geschickteren Kinder – das erstemal, daß ich gleich zu Beginn gute Worte über ihn hörte. Wenn es um Sprachanbildung (übers Ohr), um Singen und ähnliches ging, langweilte er sich zwar ein wenig, doch dort, wo er die Hände einsetzen konnte, zog er gut mit.

An den Abenden und am Wochenende versuchten wir ihm Gebärden beizubringen, mit denen er sich – wenigstens uns gegenüber – hätte besser ausdrücken können. Wir hatten Unterricht bei Frau Dr. Flex genommen (wo sonst?), uns die wichtigsten Begriffe der »Plaudersprache« angeeignet, die nicht mit den Daktylzeichen verwechselt werden darf. In der Daktylsprache werden die einzelnen Buchstaben zu Wörtern gefingert, die »Plauder«-Gebärden sind allgemeiner und umfassender. Ein Kreis stellt die Sonne dar, eine weitgedehnte Handbewegung über dem Kopf den Himmel. Wir können nicht fließend sprechen, sind nicht in der Lage, den schnellen, lebhaften Gesten eines Gehörlosen zu folgen, aber wir können Dan ein paar Begriffe vermitteln. Wir fahren Bahn – das bedeutet Nachahmen der Pleuelstange; wir fahren Auto – Andeutung des Lenkrads; wir spielen Ball – beide Hände formen den Ball; geh schlafen – die Handfläche wird an die Wange gedrückt. Klaus sitzt mit dem Jungen in der Küche und fragt Bilder aus Kinderbüchern ab. Was ist hier zu sehen, was da? Bei einzelnen klar umrissenen Gegenständen, die durch eine Geste benannt werden können, gibt unser Sohn schnell und sicher Antwort: ein Baum – Gebärde des Schüttelns; ein Boot – die Hände formen einen Bug, der die Wellen zerschneidet. Sollen dagegen mehrere Dinge bezeichnet oder gar Zusammenhänge erklärt werden, hat er Schwierigkeiten. Es fehlt ihm an Verständnis und Interesse. Sind zum Beispiel auf einem Bild Baum, Hund und Traktor zu sehen, benennt er den Baum und fertig; er hat seine Pflicht erfüllt. »Da ist nicht nur ein Baum drauf, Dan.« – Der Junge schaut gelangweilt in der Gegend umher. – »Was ist das?« Klaus zeigt auf den Hund. – Nach langer Pause wird endlich die Hand ans Kinn geführt, um eine Schnauze anzudeuten. – »Und das?« – Schließlich ahmt Dan auch noch das Lenkrad, die Ratterbewegung des Traktors nach.

Wenn er doch begreifen wollte, was ihm Sprache geben kann. Mitunter möchte er uns etwas mitteilen, dann kritzelt er seinen Vornamen auf einen Zettel, die Zeitung, ein Buch. Nichts weiter, da soll nun einer herausbekommen, worum es geht.

Wenn er etwas sehr gern tun will, etwa mit Bus, Bahn oder Schiff fahren, führt er die entsprechende Gebärde aus. Das geschieht aber außerordentlich selten, gewissermaßen im Notfall. Ob es daran liegt, daß ihn die anderen, auch die in der Tagesstätte, nicht verstehen? Sicherlich wäre es von Nutzen, wenn er in dieser Hinsicht mehr gefordert würde, aber dazu bedürfte es einer speziellen Förderungseinrichtung. Das Hauptübel liegt wohl in seiner Passivität. Er macht mit, er ahmt nach, aber er ergreift kaum selber die Initiative. Wer kann sagen, ob er je aus diesem Zustand, der ihm anscheinend genügt, herausfinden wird.

51

Im Grunde ist Dan nicht anders als wir: Er braucht ein Dach überm Kopf, ein Bett zum Schlafen, Essen und Trinken, Menschen, in deren Nähe er sich wohlfühlt, eine ihn interessierende Beschäftigung. Tadel betrübt ihn, Anerkennung richtet ihn auf. Am Wochenende liebt er es, sich morgens nach ausgiebigem Frühstück noch eine Weile in der Küche aufzuhalten. Während wir am Tisch sitzen und den Tagesablauf besprechen, legt er sich, ein Kissen unterm Kopf, rücklings auf die Matte vor dem Abwaschschrank. Er beobachtet uns, das Licht an der Decke, nickt uns zu oder bewegt den Kopf hin und her. Anfangs versuchten wir ihn davon abzubringen – wo gibt es so was, daß sich ein Mensch wie ein Tier auf den Fußboden wirft –, aber als wir merkten, es macht ihm Freude, ließen wir es zu. Was tut der »Normale« nicht alles um seiner Bequemlichkeit und seines Vergnügens willen. Wir ersetzten die harte Matte durch eine weiche, wärmere, gaben ihm das Kissen. Eine Viertelstunde etwa – an Tagen, an denen er zu Hause bleibt, ist das für ihn und uns Gewohnheit geworden. So sind wir noch ein wenig beisammen, bevor wir unseren Aufgaben nachgehen. Danach beginnt Klaus die Übungen mit Dan. Der Junge hat sich auf diesen Ablauf eingestellt.

Aber er liebt auch die Abwechslung: Reisen mit der Gruppe ins Ferienlager, Sonntagsausflüge ins Grüne oder zu Bekannten. Schön, wenn's dann was für ihn zu tun gibt, nicht nur am Tisch gesessen und geschwatzt wird. Wenn man Holz zerkleinern, ein Becken mit Wasser füllen, Äpfel abnehmen kann. Besonders attraktiv: ein Feuer im Garten, in dem man herumstochern kann, wo man Äpfel oder Kartoffeln schmort. Zum Beispiel beim »Mann mit der Pfeife«, so benannt, weil er sich ab und an eine Piepe stopft. Früher war Dan ganz fasziniert davon, er konnte es nicht erwarten, bis die Raucherei losging, und wollte es selbst versuchen. Wir skizzierten deshalb für seinen Kalender einen Männerkopf mit qualmender Tabakspfeife, der als Symbol diente. Das Zeichen ist geblieben, wenn Dans Bewunderung für Raucher auch zurückging und unser Bekannter sich den Nikotinkonsum fast abgewöhnt hat. Was sich einmal eingeprägt hat, gilt für immer.

Ein Frühlings-, Sommer- oder Herbstnachmittag, das Himmelsblau ist mit Federwolken durchwirkt, auf dem Rasen vor dem Gartenhaus stehen im Kreis Stühle. Schwacher Wind weht, scheucht die Flammen des Holzfeuers hoch, das in einem Steinring inmitten des Stuhlkreises brennt, treibt den Rauch mal in diese, mal in jene Richtung. Dan sucht nach Brennholz oder beobachtet die Katze, die um unsere Beine streicht; ihr Verhalten ist ihm nicht geheuer. Dann gibt's eine richtige Mahlzeit im Freien, mit Steaks, vom Hausherrn auf dem Rost gebraten, mit frischem Brot und Käse, von seiner Frau gereicht, mit den dazu passenden Getränken, Bier und Most. Die Tochter bringt Flaschen und Gläser. Wir sitzen, essen, lassen's uns wohl sein, auch Dan, der sich nicht am Gespräch beteiligen kann, aber kräftig zulangt. Er schaut von einem zum anderen und riecht abends am meisten von uns allen nach Rauch.

Oder das: Eine Freundin von mir – wir hatten uns jahrelang aus den Augen verloren – besitzt eines von den begehrten Wassergrundstücken, auf denen man sich bestens erholt, die aber auch Arbeit machen. Vor allem wenn man das bescheidene Häuschen ausbauen will. Wir sind Nutznießer, haben den See, die frische Waldluft schon öfter genossen, da gehört sich's, daß wir mit anpacken, wenn Not am Mann ist. Soweit es unsere geringen handwerklichen Fähigkeiten erlauben. Eine Schaufel, um Kies zu schippen und Beton zu mischen, kann jedermann in die Hand nehmen, selbst jemand, der sich sonst mit Büchern beschäftigt. Also geht's an einem Sonnabend los, wir werden per PKW zum Grundstück befördert, denn der Zement ist besorgt, der Sand angefahren. Vor allem für Dan ist das ein Abenteuer.

Die Arbeit beginnt: Erst werden die Zementsäcke auf einer Schubkarre zum Werkplatz geschafft, dann geht das Schaufeln los. Vier Anteile Kies, einen Anteil Zement in die Mischtrommel, die sich ächzend und heulend zu drehen anfängt, dazu ausreichend Wasser aus der Gießkanne. Die Männer schippen, Dan, zeitweise von uns Frauen unterstützt, schleppt das Wasser von der Pumpe heran. Das macht er eifrig und ausdauernd, man muß ihm nur klare Anweisungen geben. Wenn er zwei Eimer, seinen Kräften gemäß zu drei Vierteln gefüllt, herangetragen hat, legt er eine Pause ein, schaut zu, wie sich im Mischer der Brei bildet. Der erste Beton fließt in die Schubkarre und wird in die Holzverschalung des künftigen Fundaments gekippt. Dan bekommt einen kurzen Spaten, mit dem er die Masse verteilt. Dazwischen klatschen Steine und Ziegelbrocken, Abfall zurückliegender Bauerei, der hier Verwendung findet.

»Nicht alles auf einen Fleck, Dan, auch mal was hierher!«

»Halt, den Stein liegenlassen, den nehmen wir später weg, da muß das Abflußrohr durch!«

Schade, daß man ihm nicht den Zweck erläutern kann, dem diese Arbeiten dienen. Was hier entstehen soll, ahnt er nicht, wir können's ihm nur viel später zeigen, nach der Fertigstellung. Gewiß wird er sich dann erinnern. Im Augenblick freut es uns, daß er bei der Sache ist. Mehr als manches andere Kind.

52

Die Tagesstätte, die Dan besucht, ist im Erdgeschoß eines alten Wohnhauses untergebracht. Sie hat den Nachteil, vorn von verkehrsreichen Straßen, hinten von einem engen Hof eingegrenzt zu sein. Kein Stückchen Garten oder sonstige Grünfläche, wo die Kinder spielen könnten. Zwar gibt es in der Nähe einen Park, aber gerade für Geschädigte wäre etwas Eigenes schön.

Die Räume sind groß und hell; als die Kinder noch klein waren, genügten sie einigermaßen. Doch aus den Sieben- und Achtjährigen sind mittlerweile Zwölf-, Dreizehn- und Vierzehnjährige geworden, die mehr Raum brauchen, und auch die Anzahl hat sich erhöht. Kleinere Kinder kommen hinzu, nicht alle großen können von den geschützten Werkstätten übernommen werden. Theoretisch könnte Dan bis zu seinem achtzehnten Lebensjahr bleiben, praktisch hat er das Ziel der hier möglichen Förderung erreicht und nähme anderen den Platz weg.

Zwischen der Leitung der Tagesstätte, die vom Elternaktiv unterstützt wird, und den Stadtbezirksverantwortlichen beginnt ein zähes Ringen. Es fehlt ein Raum für ein paar Werkbänke, die sanitären Anlagen reichen nicht aus. Anträge werden geschrieben, man setzt sich zur Diskussion zusammen. Am besten wäre eine neue, großzügiger eingerichtete, freundlicher gelegene Stätte, den unterschiedlichen Altersstufen und den medizinischen Erfordernissen angemessen – Anfallskinder; Kinder die regelmäßig einmachen, sind hier –, aber das scheint im Augenblick in diesem Stadtbezirk mit überwiegender Altbausubstanz nicht möglich.

Was jedoch ist möglich?

Nach langem Hin und Her ein Kompromiß. Der Tagesstätte wird eine Zweizimmerwohnung im Hinterhaus zugesprochen, in die wegen der ungünstigen Lage keiner mehr ziehen will. In Wochenendeinsätzen räumen Erzieher und Eltern alte Möbel und Gerümpel aus, das sich angesammelt hat. Dann wird saubergemacht, zu Farbtopf und Pinsel gegriffen. Leider sind es nur wenige Eltern und stets dieselben, die zupacken.

Leid und eigene Plackerei können den Menschen für die Mühen, die andere haben, aufgeschlossen machen, sie können ihn auch abstumpfen. Manche sind tatsächlich nicht in der Lage, sich zu beteiligen: Eine alleinstehende Mutter mit zwei oder drei Kindern, davon einem behinderten, braucht ihre Abende oder Wochenendvormittage, das bedarf keiner Begründung. Aber wo sind die Abgesandten der übrigen Familien, Väter oder Mütter, die durchaus mal ein paar Stunden kommen könnten, wenn's um bessere Bedingungen für ihr Kind geht. Das Argument, sie hätten für ebendieses Kind genug zusätzliche Arbeit zu leisten, ist schlecht von der Hand zu weisen und reicht dennoch nicht aus. Nicht in diesem Fall, wo der eigene Anteil den Mitbetroffenen aufgehalst wird.

Die Leute, die im Haus wohnen, vorne, hinten, in den Seitenflügeln, werden von dem Lärm aufgestört, der beim Aufräumen entsteht, und einige sehen mißtrauisch-interessiert zu.

»Macht Spaß, beim Arbeiten aufzupassen, was?«

»Ein bißchen weniger Krach könntet ihr schon machen.«

»Kommen Sie doch runter, zeigen Sie uns, wie's leiser geht.«

Das Gesicht verschwindet, das Fenster wird geschlossen, aber selbstverständlich erscheint niemand, der uns hilft. Das wäre ja nun wirklich zuviel verlangt.

Einige Wochen später, als die Arbeit, soweit von Laien zu bewältigen, getan war, flatterte ein Schreiben auf den Tisch der Leiterin. Mieter des Hauses hatten sich beim Stadtbezirk beschwert, weil beide Räume jener Wohnung der Tagesstätte zugesprochen worden waren. Dabei wurde dringend eine Abstellmöglichkeit für Kinderwagen gebraucht. Schließlich konnten die jungen Mütter sie nicht täglich zwei oder drei Treppen hoch in ihre Wohnung schleppen.

Nichts dagegen einzuwenden, erstaunlich nur, daß es die Jahre vorher keinem eingefallen war, einen Antrag zu stellen. Oder wenigstens vier Wochen vorher, als noch niemand mit dem Aufräumen begonnen hatte.

Der Stadtbezirk entschied, daß ein Zimmer, das kleinere, an die Mieter abzugeben sei. Was denn auch geschah. Wie gesagt, eine Unterstellmöglichkeit für Kinderwagen ist eine gute Sache. Allerdings erwies sich, daß die jungen Väter und Mütter im Haus ebenfalls einen Arbeitseinsatz leisten mußten, als sie den Raum in Besitz nehmen wollten. Heinzelmännchen hatten ihn über Nacht erneut mit Gerümpel vollgestellt.

53

Bis acht Uhr bringe ich Dan in die Tagesstätte, und oft treffen wir schon unterwegs bekannte Kinder. Die meisten kommen mit Mutter oder Vater, einige, die ältesten und fortgeschrittensten, schaffen es allein. Ingo zum Beispiel, mit seinem weltentrückten Lächeln auf dem Gesicht und den höflichen Antworten, oder der poltrige Ralf, der ununterbrochen redet, aber nur schwer zu verstehen ist. Auch Frank mit seinen stets offenen Schnürsenkeln und die dicke, liebenswerte Kerstin. Dan sieht seine »Mitschüler« bereits von weitem und ist außerordentlich erfreut, er tut jedoch verschämt. Wenn er bis zu diesem Augenblick an der Straßenbahnhaltestelle unruhig um mich herumrannte, faßt er mich jetzt bei der Hand und drückt sich an mich. Manchmal merke ich erst auf diese Weise, daß Marion, Peter oder Kathrin in Sicht sind.

Wenig später klingeln wir an der Tür der Einrichtung – in letzter Zeit verabschieden wir Dan vor dem Haus, um ihn zu mehr Selbständigkeit zu erziehen – und stehen dann im Korridor, wo die Kinder ihre Beutel und Jacken ablegen. Hier herrscht ein mächtiges Gedränge, und falls nicht wichtige Informationen mit den Erziehern auszutauschen sind, schüttle ich Dan schnell die Hand, streiche ihm über den Kopf und mache mich davon. Den Ton geben ab jetzt sowieso andere an, das weiß er. Er geht in das Zimmer seiner Gruppe, setzt sich auf seinen Platz und wartet, bis das Tagesprogramm beginnt. Da er keine Gespräche führen kann, nimmt er an den Spielen der Kinder nur teil, wenn sie ihn direkt einbeziehen.

Mitunter, besonders wenn ich mich selbst allein fühle, glaube ich etwas von jener riesengroßen Einsamkeit zu begreifen, in der unser Sohn leben muß. Wir versuchen ihm durch Blicke, Gesten und Berührungen Brücken zur Welt zu bauen, die er zögernd oder auch gar nicht betritt. Wir freuen uns über jeden Steg, der hinzukommt, wir mühen uns, die Brücken zu verbreitern. Hier und da gelingt es uns. Das sind wunderbare Augenblicke.

Aber wahrscheinlich empfindet er sein Für-sich-leben überhaupt nicht als Einsamkeit, solange er akzeptiert wird. Solange von ihm Mögliches verlangt wird, Begreifbares. Wie fest er in sich ruht, zeigt ein Erlebnis, das noch keine zwölf Monate zurückliegt. Man könnte es auch eine Prüfung nennen. Dan hat sie mit »sehr gut« bestanden.

Im Winter vergangenen Jahres durfte er mit Kindern der Tagesstätte in ein Ferienheim an der Ostsee fahren. Für knappe zwei Wochen; Klaus und ich hatten die Gelegenheit genutzt, uns in der Nähe Potsdams einzumieten. Ich wollte ein bißchen übersetzen, er an einer neuen Skizze arbeiten, wir wollten viel spazierengehen, ausspannen. Doch aus der Erholung wurde nichts, nach drei Tagen kam bereits ein Anruf vom Heim. Wir sollten nicht erschrecken, Dan sei ins Krankenhaus nach W. eingeliefert worden. Er müsse am Blinddarm operiert werden.

Nicht erschrecken – gut gesagt. Es stimmte schon, eine Blinddarmoperation war nichts Ungewöhnliches. Ich sah mich sofort in jene Stunde meines Studentendaseins zurückversetzt, da ich selber, die Hände auf den schmerzenden Bauch gepreßt, der Poliklinik zustrebte. Nur war es bei Dan etwas anderes. Im Krankenhaus würde er sich unter völlig fremden Menschen befinden, die ihm nichts erklären konnten. Auch wenn die Operation normal verlief, was wir voraussetzten, wie würde er das verkraften?

Am liebsten wäre ich Hals über Kopf nach W. gefahren, aber das ging nicht. Erstens wäre ich mitten in der Nacht angekommen, zweitens war es besser, vorher mit dem zuständigen Arzt zu sprechen. Wir telefonierten mit der Klinik, erreichten die Stationsschwester. Ja, die Operation sei bereits durchgeführt und gut verlaufen, alles sei in Ordnung. Bevor wir aber Dan besuchten, sollten wir am nächsten Morgen noch mal anrufen, den Arzt konsultieren. Er sei gegen neun erreichbar.

Tröstend hatte sie noch versichert, unser Junge sei tapfer, eine Auskunft, die die Leiterin der Tagesstätte später bestätigte. Hinter ihr lagen aufregende Stunden. Sie hatte als erste gesehen, daß Dan sich öfter an den Bauch faßte und zusammengekrümmt dasaß, hatte ihn beobachtet und zu fragen versucht. Da er sich bei solchen Gelegenheiten nicht bemerkbar machte und es nicht seine Art war zu jammern, erkannte man nur schwer, ob ihm wirklich etwas fehlte. Der Bauch begann sich dann zu blähen, und als er rund und hart wurde wie ein Ball, hatte sie nicht länger gewartet. Sie hatte einen Wagen organisiert und Dan in die Klinik begleitet. »Er hat kaum einen Mucks von sich gegeben, obwohl es ihm sehr weh getan haben muß. Er hatte Mühe, die Treppen hochzusteigen, wir mußten ihn stützen. Außerdem hat er mich ständig gestreichelt, als wollte er sich für die Ungelegenheiten entschuldigen, die er mir machte.«

»Solange wir noch hier sind, werden wir ihn besuchen«, fügte Frau K. hinzu, »gleich morgen früh bringen wir ihm Wäsche und was er so braucht. Auch ein bißchen Spielzeug, der arme Kerl wird gar nicht wissen, wie ihm geschehen ist.«

Noch hatte ich die Absicht, am nächsten Tag loszufahren, doch der Arzt, mit dem wir zur angegebenen Zeit telefonierten, riet ab. Es sei nicht einfach der Blinddarm gewesen, sondern eine gefährliche Lymphknotenentzündung. »Wir mußten einen größeren Schnitt machen«, sagte er, »es war höchste Eisenbahn. Aber es ist noch mal gut gegangen. Jetzt muß der Junge ein Weilchen hierbleiben, und wenn die Mutter auftaucht, wird er vielleicht unruhig. Rufen Sie morgen wieder an, wir sprechen uns von Tag zu Tag ab.«

So schwer es fiel, wir fügten uns. Dan schickte sich ganz offensichtlich in seine Lage, und solange ihn seine Erzieher besuchten, war er nicht völlig vergessen. Er wußte, daß sie sich noch in der Nähe befanden, ihn nicht allein zurückgelassen hatten. Sah er dagegen mich, wollte er gewiß mit nach Hause. Das würde Probleme schaffen und den Heilungsprozeß erschweren.

Wir brachen den Urlaub ab; aus der Arbeit wurde ohnehin nichts mehr, und auch zum Spazierengehen fehlte uns die Ruhe. Wir riefen täglich im Krankenhaus an; die Schwestern waren sehr freundlich, lobten Dans Geduld und Verständigkeit. Er befolgte die Anweisungen, aß, was ihm vorgesetzt wurde, und fand sich, als er aufstehen durfte, schnell auf der Station zurecht. Man mußte nur achtgeben, daß er von den Kindern in seinem Zimmer keine Süßigkeiten zugesteckt bekam. Er griff freudig zu, denn er ahnte ja nicht, daß sie ihm schadeten.

Nach ein paar Tagen hielt ich's aber doch nicht mehr aus. Dans Gruppe rüstete zur Heimkehr, er selbst war offenbar noch nicht über den Berg. Er hatte ständig Fieber, und es bestand die Gefahr, daß er ein zweites Mal geschnitten werden mußte. Ich stellte mir sein sicherlich schmal gewordenes Gesicht vor und dachte, daß er sich fragen würde, wo die Mama blieb. Ich fuhr los, Klaus hatte mir per Telefon in W., wo es kaum Übernachtungsmöglichkeiten gab, ein Zimmer in einer Pension besorgt. Am späten Abend kam ich an, ich hatte Mühe, die Unterkunft zu finden. In dem altertümlichen Bett mit der durchgelegenen Matratze schlief ich miserabel. Ich erwartete den Morgen mit mehr als Ungeduld.

Dan hatte keine Ahnung, daß ich kommen würde. Als ich in der Tür zu seinem Zimmer stehe, sieht er mich baß erstaunt an. Er liegt lang und mager in seinem Bett, den Kopf etwas angehoben, und zieht die Brauen hoch: Nanu, die kennst du doch. Er macht ein ernstes Gesicht, nur zögernd glimmt ein Funken in seinen Augen auf. Langsam, sehr langsam erwächst aus diesem Funken das vertraute Leuchten. Ich gehe zu seinem Bett, das sich gleich neben der Tür befindet. »Dan, die Mama ist da, erkennst du mich nicht?« Die Frage ist Unsinn, natürlich hat er mich sofort erkannt, aber irgendwie muß ich meinen Gefühlen ja Ausdruck verleihen. Ich streiche ihm über den Kopf, gebe ihm einen Kuß und setze mich auf die Bettkante. »Hier, was ich dir mitgebracht habe.« Ich packe ein paar Spielsachen aus, mit denen er sich zu Hause manchmal abgibt. Zu essen und zu trinken darf man ihm nichts bringen. Lediglich ein winziges Stück Zucker. Das freut ihn am meisten.

Vier Betten stehen in einer Reihe in dem Zimmer, das mittelgroß und hell ist. Die anderen drei Patienten, aufgeweckte Jungs, schauen mich neugierig an, immerhin platze ich außerhalb der Besuchszeit herein. Es scheint ihnen nicht schlecht zu gehen; wie sie mir bald mitteilen, haben sie ihre Operation schon hinter sich; einer soll am nächsten Tag entlassen werden. Auf ihren Nachttischen stehen Getränke. Auch Dan hat etwas Tee in der Tasse. Ich nehme seine Hand und streichle sie. Was wohl in seinem Kopf vorgehen mag.

Allmählich taut er auf, beginnt zu lächeln. Ich habe ihm einen frischen Schlafanzug, Handtücher und Hausschuhe mitgebracht, das gefällt ihm außerordentlich. Er sagt „Mamm“, ein Wort, das zugleich Bitte und Anerkennung ist. Er will den Schlafanzug sofort anziehen, richtet sich halb auf und schlägt die Decke zurück.

Er streift die Hose ab, zeigt auf seinen Bauch, und ich erschrecke. Zwar hatte der Arzt gesagt, daß es mehr als eine Blinddarmoperation gewesen sei, aber diesen langen, blutverkrusteten Schnitt unterm Mull habe ich doch nicht erwartet. Der reicht ja bis zum Nabel hoch. Hoffentlich muß das nicht noch mal aufgemacht werden.

Dan kann einen gewissen Stolz über die lange Narbe nicht verbergen. Bereits Frau K. hatte er sie gezeigt, ohne aufgefordert gewesen zu sein. Dann zieht er sich um und sieht mich gespannt an. Da ich nun da bin, habe ich für ein Programm zu sorgen.

Ich habe mir vorher was überlegt, ein Buch zum Blättern, ein Legespiel mitgebracht. Ein kleines Aufziehauto vom Papa, zwei Ansichtskarten von Oma und Opa, auf denen Grüße an ihn ausgerichtet sind. Groß geschrieben zum Beispiel sein Name, den er ja kennt. Er studiert alles, er versteht durchaus, worum's geht. Während ich mich so mit ihm beschäftige, tauchen abwechselnd die Schwestern der Station in der Tür auf und schauen uns zu. Sie möchten gern wissen, wie Dan reagiert und was wir treiben. Ein solches Kind ist nicht alltäglich für sie.

Dann will der Junge aufstehen, und wir drehen eine kleine Runde. Während er zum Klo geht, unterhalte ich mich kurz mit der Oberschwester. Nach anderthalb Stunden breche ich auf, ich werde am Nachmittag wiederkommen. Dan versteht genau, daß er noch bleiben muß. Vielleicht ist er ein bißchen betrübt, aber er läßt sich's nicht anmerken.

Der Arzt, mit dem ich spreche, fragt, ob uns nicht schon früher was aufgefallen ist, ob Dan sich nicht manchmal an den Bauch gefaßt hat. Und in der Tat, das hat er. Zweimal waren wir deswegen mit ihm in der Poliklinik; einmal, als er einen ziemlichen Blähbauch und leichtes Fieber hatte, wurde er lange untersucht und sogar geröntgt. Aber schließlich schien doch nur alles die Folge einer Magenverstimmung. Auch den Ausschlag an den Innenseiten der Schenkel, von der Hautärztin als eine Art Flechte angesehen und über Monate hinweg mit Salben behandelt, brachten wir nicht damit in Zusammenhang. Dabei waren wir fast verzweifelt, weil die Pusteln immer wiederkamen. Das eine wie das andere stellten Symptome für die Lymphknotenerkrankung dar.

Ich bin erstaunt und bestürzt, doch schon ist alles Vergangenheit: Ich muß mich mit der Gegenwart befassen. Noch ist die Gefahr einer zweiten Operation nicht gebannt. Medikamente sollen die Entzündung, die sich irgendwo innen neu entwickeln will, zurückdrängen, hoffentlich schaffen sie's. Um Dan wenigstens moralisch zu unterstützen, miete ich mich für eine Woche in der Pension ein und besuche ihn täglich zweimal. Das ist mir in diesem Ausnahmefall gestattet worden. Außerdem telefoniere ich regelmäßig mit Klaus, der inzwischen wieder arbeiten geht.

Ostern nahte, und endlich stellte sich heraus, daß kein neuer Schnitt erforderlich war. Freilich sollte Dan noch eine Weile im Krankenhaus bleiben, mit unserem Einverständnis, wir wollten ja, daß er ganz gesund würde, bevor er nach Hause kam. Ich selbst mußte dringend zurück, wenigstens für ein paar Tage; ich versuchte ihm klarzumachen, daß er viermal schlafen müsse, ehe ich ihn wieder besuchte. Dafür würde dann auch Papa mitkommen. Ich war mir nicht sicher, ob er's verstand. Doch ich hatte ihn unterschätzt. Als wir Ostern eintrafen, erzählten uns die Schwestern, daß er sich heute bereits mehrfach an der Stationstür herumgedrückt habe. Im Gegensatz zu den Tagen vorher. Er wußte genau Bescheid.

Diesmal durfte er ein paar Süßigkeiten bekommen, er erhielt auch wie die anderen Jungs auf dem Zimmer sein Osternest. Mitnehmen konnten wir ihn nach den Feiertagen zwar noch nicht, aber er war merklich munterer geworden. Er kam gut zurecht. Er wurde von den Ärzten und Schwestern wie ein normales Kind behandelt, auf das man nur speziell einzugehen brauchte, und er verhielt sich normal. Die Betreuung im Krankenhaus in W. war vorbildlich.

Als ich Dan dann nach Hause holte, war er doch sehr froh. Blitzschnell hatte er sich angezogen und seine Sachen gegriffen; die Verabschiedung von den Schwestern nahm er in aller Eile vor. Während der Fahrt lächelte er in sich hinein und streichelte mich. Er klopfte sich auch erstmals seit Wochen wieder ans Ohr, eine Geste, die bei ihm Freude und Wohlbehagen ausdrückt.

Dan ist nicht einsam, er kann es allerdings werden, wenn man versäumt, auf ihn einzugehen, das Falsche von ihm verlangt. Wenn man die Geduld mit ihm verliert. Ich denke nur daran, daß er Jahre brauchte, um zu begreifen: Mit dem Kopf nicken heißt Ja, den Kopf schütteln Nein. Anfangs schüttelte er immer den Kopf, auch wenn er etwas kriegen sollte, was er gern mochte, dann nickte er ständig: Später nickte und schüttelte er mal an der richtigen, mal an der falschen Stelle, und schließlich machte er vorsichtshalber beide Gebärden hintereinander. „Möchtest du noch eine Stulle?« – »Ja, nein«, und er nahm sie. »Ist dir der Pullover zu warm?« – »Ja, nein«, und er zog ihn aus. Solange er sich selbst bediente, ging's noch. Aber wenn einer auf die Frage, ob ihm der Kopf weh tut, zugleich schüttelt und nickt, ist ihm schwer zu helfen.

Wieder ist Sonntag; das Sonntagskind Dan sitzt mit vergnügtem Gesicht in der Küche auf seinem Stuhl, einen Frisierumhang um die Schultern. Ich habe heute versprochen, ihm die Haare zu waschen und zu schneiden, und seither hat er mehrfach die Schnippelbewegung mit den Fingern angedeutet. Auf diesem Gebiet bin ich zwar Laie, doch ist es für uns zu Hause einfacher als beim Friseur. Inzwischen kriege ich seinen Schnitt ganz gut hin.

Doch ich bin nicht recht bei der Sache, ich lichte Dans Schopf, der vierzehn Tage später wieder genauso dicht sein wird, und denke an die Zukunft. Immer häufiger in letzter Zeit, es besteht Anlaß dazu.

Nicht meinetwegen. Was mich angeht, so schlucke ich regelmäßig die verordneten Tabletten und fühle mich nicht schlechter als andere. Meine Gesundheit hat sich stabilisiert, ich muß nur ein bißchen mit den Kräften haushalten. Für nächsten Monat steht mir eine Kur ins Haus. Im Erzgebirge. Klaus wird Dan in dieser Zeit betreuen, es wird schon alles klappen.

Es ist wegen Dan, er hat seine Arbeit im Rahmen der ergodiagnostischen Überprüfung zur Zufriedenheit erledigt, und uns liegt das Angebot vor, ihn in eine geschützte Werkstatt aufzunehmen. Der Sohn der dortigen Leiterin ist gleichfalls gehörlos – es ergäben sich Anknüpfungspunkte. Doch so gut das gemeint sein mag, praktisch ist es für uns nicht durchführbar. Die Werkstatt liegt am anderen Ende der Stadt, wir müßten Dan spätestens um sieben Uhr morgens abliefern, eine Betreuung am Nachmittag wäre nicht gewährleistet. Mit anderen Worten, einer von uns wäre ständig unterwegs: mit dem Jungen hin, allein zurück; allein hin, mit ihm zurück. Vor allem aber würde sich unser Hauptproblem vergrößern, ihn in der freien Zeit zu beschäftigen. Auch ein Wohnungstausch, ohnehin schwer zu bewerkstelligen, könnte nichts ändern.

Denn das ist eine besondere Schwierigkeit mit Dan: Sobald er seine Stunden in der Werkstatt hinter sich hat, ist er ganz auf uns angewiesen. Im Gegensatz etwa zu Antje, Peter, Karsten, die hören und einigermaßen sprechen können. Man geht die Straße entlang, und unvermutet beugt sich ein junger Mann zu einem herab, sechzehn Jahre alt, spricht einen an: »Holst den Dan ab, Süße?«

»Ach, du bist's, Thomas. Hab dich gar nicht erkannt, bist groß geworden.«

Thomas, der vor einem Jahr noch die Tagesstätte besuchte, tritt von einem Bein aufs andere und grinst über sein breites Gesicht.

»Kommst wohl aus der Werkstatt?«

»Jaha ... Holst den Dan ab?«

»Nein, ist ja noch zu zeitig, ich muß was einkaufen.«

»Ich fertig, geh Hause.«

»Wie lange arbeitest du denn?«

»Bis zwölf, hab noch gessen.«

»Und was machst du zu Hause?«

»Hör Radio, Süße.«

»Du kannst doch nicht zu fremden Frauen einfach ›Süße‹ sagen, Thomas, das gehört sich nicht.«

»Bist keine fremde Frau, Süße, bist Mama von Dan.«

Mit Thomas gibt's auch Probleme, das sehe ich, aber er ist doch viel selbständiger. Er hat, wenn er aus der Werkstatt kommt, seine Beschäftigung, fährt Rad, spielt mit Freunden Ball. Bei Dan fällt das weg, uns bleibt nichts übrig, als eine Ganztagsunterbringung mit Teilarbeit zu suchen. In der Nähe gibt es eine konfessionelle Einrichtung, die einen guten Ruf hat, ob wir uns da bewerben? Ich habe mir die Werkstatt dort früher schon mal angeschaut, die Betreuung der Jugendlichen ist ausgezeichnet, die Arbeiten sind vielfältig: Sie stecken Diarahmen zusammen, löten Fahrradventile, fertigen Handarbeiten und schöne Keramik. Ob Dan das schaffen würde; ob sie den Jungen, ausgerechnet unseren, überhaupt nehmen?

Mit achtzehn müßte er die Werkstatt wieder verlassen, aber das ist überall so. Dans weitere Zukunft bleibt in der Schwebe, irgendwann muß sie geregelt werden, vier Jahre, das wäre ein Aufschub.

Ob man später mal eine neue Heimat für ihn finden wird, einen Platz, wo er etwas arbeiten kann, sich wohl fühlt und gut betreut wird, wo er geschützt lebt? Wenn ich vorausschaue, sehe ich mitunter einen Erwachsenen vor mir, der nie ein Erwachsener sein wird, der keine Verwandten und Freunde hat, aber der Hilfe von Menschen bedarf, ihrer Liebe, um existieren zu können. Ich möchte schon jetzt etwas tun, daß er solche Menschen findet.

Mit Dan ist es bergauf gegangen, nicht so, wie wir lange Zeit hofften, aber doch bergauf. Jetzt, da er ruhiger geworden ist, anhänglicher, fiele uns eine Trennung noch schwerer als früher. Doch große Kinder gehen aus dem Haus, eines Tages wird auch Dan aus dem Haus gehen müssen.

Es wäre schön, wenn er dann unter seinesgleichen wohnen könnte, in einer Gemeinschaft, einer speziellen Siedlung, einem besonderen Heim. Noch gibt es bedauerndes Achselzucken, wenn ich mich nach solchen Möglichkeiten erkundige; irgendwo sollen Gruppen behinderter Jugendlicher Altersheimen angeschlossen werden, es steckt alles in den Anfängen.

Klaus und ich haben einen Traum: eine Wohngemeinschaft Behinderter, in die Dan langsam hineinwachsen könnte. Er würde anfangs drei Wochen im Jahr dort leben, später von Montag bis Freitag, und eines Tages, wenn wir ihm nicht mehr nützen können, ganz. Ein Wunsch – verlangen wir damit zuviel? Niemand soll sagen, daß es an Mitteln und Menschen fehlt, um solche Lösungen zu schaffen, daß die allgemeine Situation zu angespannt sei. Die Situation wird immer angespannt sein, die Mittel bleiben immer beschränkt. Aber es kommt auf den Ernst an, mit dem sich die Gesellschaft solchen Problemen widmet. Manches ist in den letzten Jahren getan worden, ein wichtiger Schritt steht noch aus.

Ich habe die Hand mit der Schere sinken lassen, Dan schaut mich erstaunt an, er weiß, daß ich mit dem Schneiden nicht fertig bin. Geduld, mein Junge, es geht gleich weiter.

Immer geht es weiter.

Zu den folgenden Seiten:

Wie Brauch in vielen Familien, versuchten auch wir, Fotos von unserem Sohn zu machen. Sie sollten ihn vorteilhaft und fröhlich zeigen.

Als der Gedanke entstand, den Bericht durch ein paar Aufnahmen zu ergänzen, stellte sich heraus, daß die für Dan typischen Haltungen kaum auf Zelluloid gebannt waren. Wer hat schon die Muße, im Zustand äußerster Erregung sein Kind zu fotografieren? Auch gestattete die Qualität der Bilder oft keine Wiedergabe.

Ein paar Fotos fanden sich dennoch, die Dans Gemütsbewegungen und Gestik charakterisieren ...

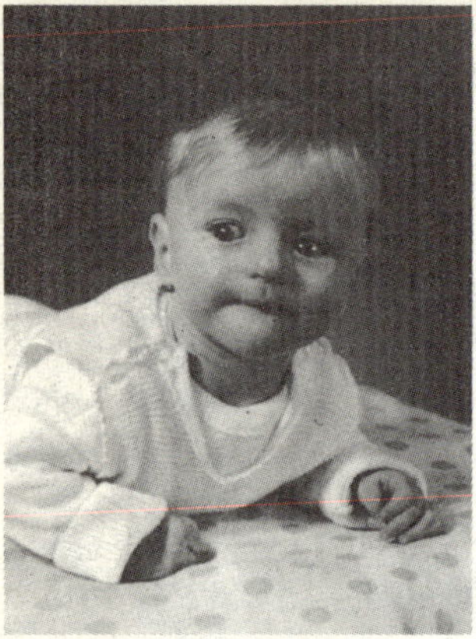

Dan als Säugling. Nichts deutet auf eine Schädigung hin.

Dan, von einer Hausecke fasziniert. Er steht endlos lange, sträubt sich hartnäckig, weiterzugehen.

Bei einer Wanderung. Der Rückweg steht bevor. Erste Anzeichen von Widerstand in Dans Haltung.

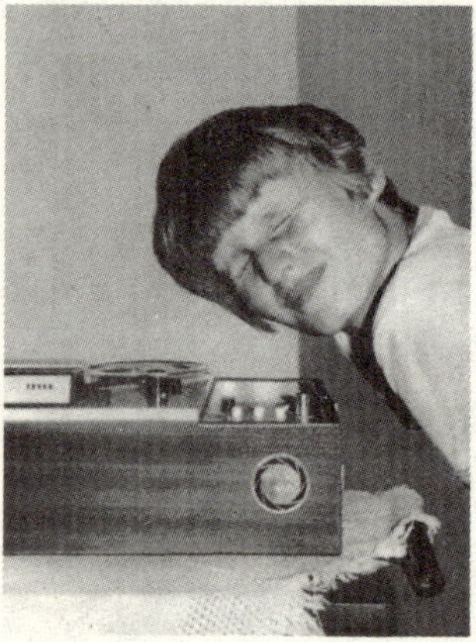

Dan hört sehr laut Musik. Das Zusammenkneifen der Augen ist ein Ausdruck äußerster Freude.

Etwa vierzehnjährig, hat Dan noch die für ihn typischen Gehbewegungen beibehalten.

Konzert im Freien. Dan in Lauschhaltung an der Lautsprecherbox.

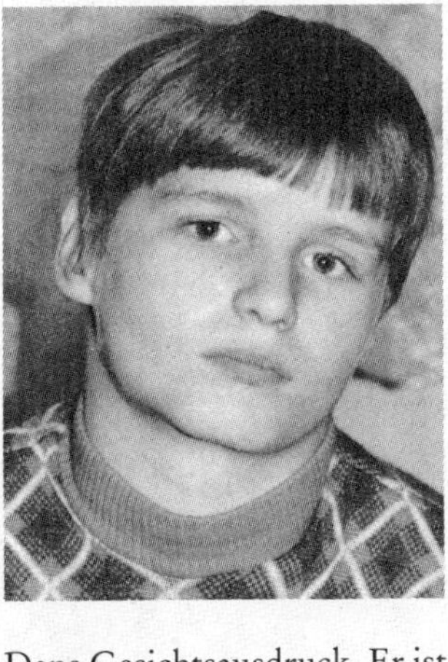

Dans Gesichtsausdruck. Er ist bezeichnend für Phasen der Gelöstheit ...

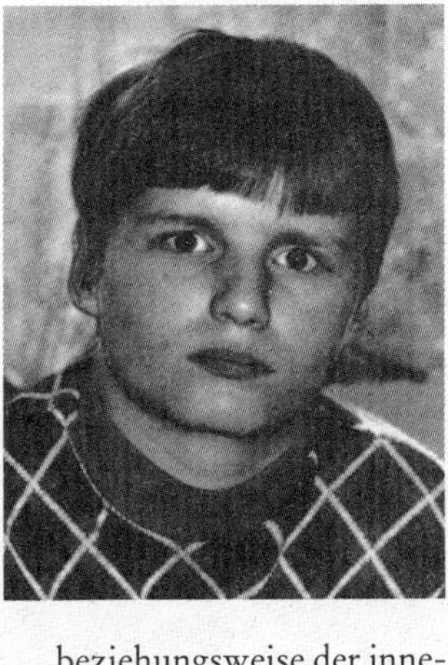

... beziehungsweise der inneren Verspannung.

Wilhelm und Elfriede Thom

Rückkehr ins Leben

Ein Bericht

7. Auflage, 448 Seiten
gebunden mit Schutzumschlag
ISBN 3-355-01324-2

Ein Mann wird aus der Bahn gerissen: Nach einem Autounfall ist er für immer an den Rollstuhl gefesselt. Aus einer DDR-Bilderbuchkarriere - Arbeiterkind, Sportler, Sportoffizier und Trainer im Armeesportklub - gerät er aus dem Zentrum des Lebens an die Peripherie einer Krankenstation und erfährt, daß es wichtigeres gibt als Beruf und Karriere: Zuwendung, die Liebe seiner Frau. Der Gelähmte ist der Autor selbst. Minutiös erzählt er von den Höhen und Tiefen auf dem Weg zurück ins Leben - ein erschütternder Bericht, der anderen Betroffenen zugleich Mut macht.

Den Fernsehfilm nach diesem Buch sahen über sechs Millionen Zuschauer.

VERLAG NEUES LEBEN BERLIN

Erzählte Lebenshilfe

Frauen berichten vom Kinderkriegen
Hrsg. v. Doris Reim
dtv 10242

Roswitha Fröhlich:
Ich und meine Mutter
Mädchen erzählen
dtv 11194

Die geheimnisvolle Villa
Kinder der Kinderklinik Tübingen erzählen Geschichten zu einem Bild
Herausgegeben von Michael Klemm, Gerlinde Hebeler und Werner Häcker
Mit einer Zeichnung
dtv 30316

Gabriele M. Grafenhorst:
Abtreibung
Erfahrungsberichte zu einem Tabu
dtv 30300

Germaine Greer:
Daddy
Die Geschichte eines Fremden
dtv 30302

Torey L. Hayden:
Sheila
Der Kampf einer mutigen Lehrerin um die verschüttete Seele eines Kindes
dtv 10223

Kein Kind wie alle anderen
Wie eine Lehrerin mit ungewöhnlichen Methoden ihren Schülern zu einem besseren Leben verhilft
dtv 30004

Hüten und Hassen
Geschwister-Geschichten
Hrsg. v. Günter Franzen und Boris Penth
dtv 11512

Ich habe ein behindertes Kind
Mütter und Väter berichten
Hrsg. v. Edith Zeile
dtv 10859

Harlan Lane:
Mit der Seele hören
Die Lebensgeschichte des taubstummen Laurent Clerc und sein Kampf um die Anerkennung der Gebärdensprache
dtv 11314

Robert Lane:
Robby
Ein Zeugnis für die unglaubliche Kraft des Menschen, Leid durch Verständnis und Liebe zu überwinden
dtv 30016

Dorothee Lehmann:
Dagmar
Der gemeinsame Weg einer Mutter und ihres mongoloiden Kindes zu Reife und Lebensfreude
dtv 11372

Doris Lund:
Eric
Der wunderbare Funke Leben
dtv 11259

Jacques Lusseyran:
Das wiedergefundene Licht
Die Lebensgeschichte eines Blinden im französischen Widerstand
dtv/Klett-Cotta
dtv 30009

Das Leben beginnt heute
Erinnerungen und Begegnungen
dtv/Klett-Cotta
dtv 11311

Christopher Nolan:
Unter dem Auge der Uhr
Ein autobiographischer Bericht
dtv 30314

Claus Stephani:
Niemandmensch
Bericht einer Gedemütigten
Originalausgabe
dtv 30324

Anneliese Ude:
Betty
Protokoll einer Kinderpsychotherapie
dtv 30034

Anneliese Ude-Pestel:
Ahmet
Geschichte einer Kindertherapie
dtv 10070

Dietmar Zöller:
Wenn ich mit euch reden könnte …
Ein autistischer Junge beschreibt sein Leben
dtv 30018

Medizin

dtv-Atlas der Anatomie
Band 1:
Werner Platzer:
Bewegungsapparat
dtv 3017
Band 2:
Helmut Leonhardt:
Innere Organe
dtv 3018
Band 3:
Werner Kahle:
Nervensystem und
Sinnesorgane
dtv 3019

Adolf Faller:
Der Körper des
Menschen
Einführung in Bau und
Funktion
dtv-Thieme 3014

Robert E. Rothenberg:
Medizin für jedermann
Ärztlicher Rat
in Frage und Antwort
2 Bände
dtv-Thieme 3129 / 3130

Jacques Ruffié /
Jean-Charles Sournia:
Die Seuchen in der
Geschichte der
Menschheit
dtv / Klett-Cotta
dtv 11509

Heinrich Schipperges:
Der Garten
der Gesundheit
Medizin im Mittelalter
dtv 11278

Christine Sengupta:
Medikamentenführer
für die Bundesrepublik
dtv 10871

Christine Sengupta /
Peter Grob /
Hans Stüssi:
Natur in Pillen und
Tropfen
Naturheilmittel
Ein kritischer Ratgeber
für die Bundesrepublik
Originalausgabe
dtv 36000
(Sept. '92)

Stefan Silbernagl /
A. Despopoulos:
dtv-Atlas der
Physiologie
dtv-Thieme 3182

Walter Vandereycken /
Ron van Deth /
Rolf Meermann:
Hungerkünstler,
Fastenwunder,
Magersucht
Eine Kulturgeschichte
der Eßstörungen
dtv 11524

Frederic Vester /
Gerhard Henschel:
Krebs –
fehlgesteuertes Leben
Aktualisierte Neu-
ausgabe unter Mitarbeit
von Georg Snajberk
Mit Abbildungen
dtv 11181

Das Buch

Dan, an einem Sonntag zur Welt gekommen, ist ein Wunschkind. Obwohl es gleich nach seiner Geburt Komplikationen gibt und der Säugling sehr krank wird, vermuten seine Eltern noch nichts Ungewöhnliches. Sie sind verwundert über seine Marotte, sich auf dem Rükken liegend durchs Zimmer zu schieben, irritiert durch den Starrsinn, mit dem er an einem Fleck ausharrt, in die Betrachtung von Häuserecken und Feuerlöschern vertieft. Doch erst als der Junge, inzwischen anderthalb Jahre alt, noch immer nicht auf Rufe reagiert, kein einziges Wort spricht, werden sie von Argwohn und Angst erfaßt. Sie lassen verschiedene Tests mit ihm anstellen und müssen schließlich die bittere Wahrheit erkennen: Dan ist nicht nur hochgradig hörgeschädigt, sondern auch geistig behindert. Für die Eltern bricht eine Welt zusammen.
Aus der Sicht seiner Frau Aljonna, Dans Mutter, berichtet Klaus Möckel ohne Beschönigung und Selbstgefälligkeit von dem nervenaufreibenden Alltag mit diesem behinderten Kind. Von Verzweiflung und Verbitterung, von dem Versuch, trotz aller Belastungen ein kleines Stück Freiraum zu gewinnen. Aber auch von zaghaften Fortschritten, den unablässigen Bemühungen um den Sohn und der Hoffnung, die trotz allem nie ganz erlischt.

Der Autor

Klaus Möckel, am 4. August 1934 geboren, studierte Romanistik und arbeitete in verschiedenen Berufen, bevor er sich zunächst als Übersetzer und Herausgeber vor allem französischer Literatur, später als Schriftsteller einen Namen machte. Sein literarisches Werk umfaßt zwei ›Lebensberichte‹, Science-Fiction-Geschichten, Kriminalromane, Kinderbücher und satirische Gedichte. Er lebt mit seiner Familie in Berlin.